La sabia Flora malsabidilla

Juan de la Cuesta
Hispanic Monographs

Series: *Ediciones críticas*, Nº 38

FOUNDING EDITOR
Tom Lathrop
University of Delaware

EDITOR
Alexander R. Selimov
University of Delaware

EDITORIAL BOARD
Samuel G. Armistead
University of California, Davis

Annette G. Cash
Georgia State University

Alan Deyermond
Queen Mary, University of London

Daniel Eisenberg
Cervantes Society of America

John E. Keller
University of Kentucky

Steven D. Kirby
Eastern Michigan University

Vincent Martin
University of Delaware

Joel Rini
University of Virginia

Donna M. Rogers
Middlebury College

Russell P. Sebold
University of Pennsylvania, Emeritus
Corresponding Member, Real Academia Española

Noël Valis
Yale University

Amy Williamsen
University of Arizona

Alonso Jerónimo de Salas Barbadillo

La sabia Flora malsabidilla

Edited by

DANA FLASKERUD

Juan de la Cuesta
Newark, Delaware

Copyright © 2007 by Juan de la Cuesta—Hispanic Monographs
270 Indian Road
Newark, Delaware 19711
(302) 453-8695
Fax: (302) 453-8601
www.JuandelaCuesta.com

FIRST EDITION

MANUFACTURED IN THE UNITED STATES OF AMERICA

ISBN: 978-1-58871-118-2

Table of Contents

Introduction to *La sabia Flora malsabidilla* 7
Criticism to Date 8
Alonso Jerónimo de Salas Barbadillo 11
Plot summary of *La sabia Flora malsabidilla* 17
La sabia Flora malsabidilla and *La Celestina* 21
La sabia Flora malsabidilla and the Picaresque 30
La sabia Flora malsabidilla and the *Comedia* 42
The Function of Poetry in *La sabia Flora malsabidilla* 50
Conclusions 55

Criteria for this Edition 58
Abbreviations Used in this Edition 59
Appendix 60
Bibliography 61

Aprobación 71
Prólogo 77
Acto primero 78
Acto segundo 159
Acto tercero 215
Silva 266

Introduction

THIS EDITION AIMS TO make accessible a neglected work of Golden Age Spain and to familiarize students and scholars of Spanish literature with a prolific and well-known author of the day. Alonso Jerónimo de Salas Barbadillo stands out as a crsseative writer who explored, fused and adapted popular, conventional genres of his day. This edition of *La sabia Flora malsabidilla* is geared toward college-level students but, because of the lack of a modern edition, it will be of interest and useful to graduate students and scholars of Golden Age and comparative literatures. In addition to clarifying difficult words or passages and contextualizing references within a historical and literary framework, the edition also provides an interpretation of the work that explores both the portrayal of women in the text, and the text's generic hybridity that stems from the influences of *La Celestina*, the female picaresque, and the *comedia*.

First published in 1621 (Madrid: Luis Sánchez), *La sabia Flora malsabidilla* has been reprinted only once. Emilio Cotarelo y Mori edited the text in the first volume of *Obras de Salas Barbadillo* in 1907. While it has sparked some interest among Hispanists, it remains virtually unknown. Nonetheless, the work vividly portrays seventeenth century Madrid while furthering our understanding of the representation of women in both the lower class and the court. Moreover, because of Salas Barbadillo's fusion of popular, conventional genres, the text is dynamic and opens several paths for readers interested in Golden Age Spanish literature to explore: it facilitates a connection between Fernando de Rojas' fifteenth century *La Celestina* and the feminine picaresque novel, it parodies and satirizes conventions from the very popular Spanish *comedia*, and it intercalates both platonic, ideal love poetry typical of the seventeenth century and satirical poems. Contemporary issues such as honor, the high cost of courting a woman, jealousy, prostitution, marriage, class and gender are addressed and problematized throughout the piece. Through this hybrid novel-in-dialogue, Salas Barbadillo catalogues Golden Age models and conventions, while simultaneously creating a new and original form.

CRITICISM TO DATE

Although briefly mentioned by Edwin Place, Antonio Rey Hazas, J.A. van Pragg, Pablo Ronquillo, Francisco Cauz, Leonard Brownstein, and Myron Peyton, the work has been studied very little and deserves a modern edition. All of the above critics consider it a rich and notable work. Place, in his 1919 dissertation, *A Study of the Works of Salas Barbadillo and María de Zayas*, offers a very short, general interpretation about the text:

> There is nothing elaborate about the plot, although it is skillfully handled. The chief delight of the work is the characterization and the style. The satirical tendency is ever to the fore, but the satire is rollicking burlesque written in clear, concise language [...]. Salas seems merely to be trying to add thereby realism to his picaresque setting; and the delightful humor of the piece keeps any part of it from being offensive to any reader familiar with the tendencies of the period. (178)

Without providing specific or textual examples when he refers to the text's "characterization," and "style," Place's analysis is unsatisfying.

Similarly, Peyton gives some attention to *La sabia Flora malsabidilla* but offers another simplified analysis of the work. By focusing mainly on the plot, Peyton's explanation falls short of any literary analysis or historical contextualization:

> The whole piece is lively, with a well worked-out plot and excellent characterizations. The language is clear and direct, the dialogue intelligent and spiced with wit. Some of the talk is bold, which is to say that the subject matter is coarse, but the expression of it is not offensive. Double meanings are well-contrived and highly entertain-

ing. The style of the dialogue is live and fresh. The ending is plausible and better motivated than that of the average *comedia*, or than those of some of Salas' other work, for that matter. (134-35)

In contrast, Rey Hazas, editor of *Picaresca femenina*, briefly focuses his attention on the text's genre and its social implications through a comparison of Salas Barbadillo's more famous novella, *La hija de Celestina*. He finds many similarities in their treatment of the *pícara*: "[…] merece atención especial *La sabia Flora malsabidilla*, no sólo por ser una de las mejores obras de Barbadillo, sino también a causa de sus componentes picarescos, tan abundantes que han originado incluso su adscripción en la nómina de la picaresca femenina […]" (34). Rey Hazas insists on the work's originality, and highlights Salas Barbadillo's trademark of creating texts that challenge Golden Age convention: "Y es que el incesante experimentador narrativo que fue Barbadillo, enfrascado de continuo en ensayar formas originales, mezclas nuevas, módulos diferentes capaces de renovar el panorama novelesco español de hacia 1620, no se contentó nunca con seguir los esquemas heredados y archimanidos ni de la cortesana ni de la picaresca, y fraguó por ello relatos originalísimos […]" (35).

Brownstein's interesting book, *Salas Barbadillo and the New Novel of Rogues and Courtiers*, focuses on several passages of Salas Barbadillo's texts to confirm that Salas Barbadillo had great knowledge and respect for Italian literary theorists of the 16th century. He further argues that these key passages echo López Pinciano's formulations of literary theory and satire that Pinciano outlined in his *Philosophia Antigua Poética*. Brownstein rightly argues, "Like López Pinciano, [Salas Barbadillo] emphasized the value of virtue in the lives of men and lamented the absence of it in the society that surrounded him" (37).

Most recently, Páez Rivadeneira includes a chapter in his dissertation on *La sabia Flora malsabidilla* and concludes that the work reflects the historical need of the Spanish government to maintain and contain prostitutes within the religious structures of marriage: "[…] dentro del amplio marco de la crisis política y económica del período, se describen aspectos referidos a la pobreza, la prostitución, así como al matrimonio como salida socioeconómica y a la representación de la mujer y de los signos referidos a la sexualidad y las apariencias" (V).

Also helpful to my analysis have been the numerous recent studies on the female picaresque. Although not giving specific attention to *La sabia Flora malsabidilla*, probably because of the inaccessibility of the text, many critics have maintained that picaresque novels with a female as the protagonist form their own subgenre of the male-centered picaresque novel–the female picaresque.[1] Anne Cruz argues that the origins of these texts come not from the male picaresque, but from *La Celestina*: "The female picaresque [...] models its literary antiheroines on the already debased female characters of the *Celestina*. The picaresque thus becomes a gender-oriented genre, separated by the sex of the protagonists and differentiated by its distinct literary parentage. The female picaresque novels [...] all descend from a matriarchy which delimits the heroine's role solely to her sexual function" ("Sexual Enclosure" 136). These critical feminist readings of the female picaresque have popularized texts such as *La pícara Justina* by López de Úbeda, *Teresa de Manzanares, la niña de los embustes* and *La Garduña de Sevilla* by Castillo Solórzano, and *La hija de Celestina* by Salas Barbadillo. Other novellas that are "*pícara*-esque," such as *La gitanilla* and *La ilustre fregona* by Cervantes and *El castigo de la miseria* by María de Zayas, have also been studied as hybrids, adaptations and epigones of the male-centered picaresque.

My interest in the feminine picaresque genre has prompted me to research lesser known works by Salas Barbadillo that do not have accessible or modern editions. In my quest, I have found that *La sabia Flora malsabidilla* is comparable to other, available, and now popular female picaresque novels. In theme, the text is fascinating in its treatment of the prostitute and in Salas Barbadillo's ambiguous resolution for the problem of prostitution. Moreover, it is indebted to *La Celestina*, the picaresque novel, the *comedia*, and it includes a variety of love and satirical poetry that add various levels of narration to the work.

---

[1] See Marcia Welles, "The pícara: Towards Female Autonomy, or the Vanity of Virtue"; Anne Cruz, "Sexual Enclosure, Textual Escape"; Antonio Rey Hazas *Picaresca Femenina*; Edward Friedman.

Alonso Jerónimo de Salas Barbadillo
Alonso Jerónimo de Salas Barbadillo was born in Madrid on July 29th, 1581 to Licensiado Diego de Salas Barbadillo and María de Porras, and he died there in 1635. He was the eldest of six, though three of his siblings died as young children. Salas Barbadillo's family was financially comfortable and lived in the *Morería Vieja* neighborhood of Madrid. His father was *Agente de Negocios de Nueva España*, and his mother had a dowry of privately owned homes (Cotarelo y Mori XV). Salas Barbadillo never married but was thought to have courted two women, Belisa and Laura, both of whom he mentions in his work, but neither have been identified (Peyton 10).

In his prologue to his last work, *Coronas del Parnaso y platos de las Musas*, under the pseudonym don Rodrigo Alonso, Salas Barbadillo indicates that he studied both philosophy and law.[2] He completed his studies at the University of Alcalá in philosophy and had begun to pursue law at the University of Valladolid when the court was moved from Madrid to Valladolid: "[...] pasé a las riberas de Henares, donde el sutil estudio de la Filosofía me ocupó dos años. Trasladó Filipo tercero su corte a Valladolid, [...]. En su Universidad doctísima estudié los sagrados Cánones y recibí el primer laurel" (*Coronas de Parnaso*; Cotarelo y Mori XIV). His father passed away in 1603, and Salas Barbadillo abandoned his law studies and took over his father's business with his brother Diego.

Salas Barbadillo's life, in many ways, mirrors some of the actions of his *pícaro* characters, as he found himself in trouble with the law on several occasions. First, on the evening of January 20, 1609, Salas Barbadillo was wounded in the head after a street fight with his friend, Don Diego de Persia. Diego, apparently intoxicated, had wanted the group to serenade some women with a satirical poem. When his group refused, including Salas Barbadillo himself, Don Diego attempted to use violence to force them. Don Diego was wounded several times by Salas Barbadillo and Eugenio de Heredia, but Diego fled the scene, sought assistance, and returned. Seeking vengeance, Diego wounded Salas

---

[2] Cotarelo y Mori confirms these biographical facts. Salas Barbadillo completed his studies in philosophy by 1601 and studied law for two years 1602-03 (XV).

Barbadillo in the head. Later, Don Diego took Salas Barbadillo to court. It is interesting to note that, according to Uhagón, Don Diego and Salas Barbadillo eventually rekindled their friendship.[3]

Shortly thereafter, Salas Barbadillo was charged with slander after writing satirical verses about three constables of Madrid and their rumored adulterous wives. The verses specifically identified them and teased about their lack of honor. Salas Barbadillo openly admitted his culpability in a confession. When asked of his motives, the court report states that Salas Barbadillo said, "que solo le movió la curiosidad de poeta, y niega tener enemistad con ninguna persona de las susodichas" (Cotarelo y Mori XLVII). He was exiled from Madrid for two years and fined 50 ducats. However, he did not serve the full length of his sentence, as the king pardoned him in 1610. Yet, Salas Barbadillo would be banished from Madrid again very shortly after his pardon, this time for unknown reasons, but probably again, as Place speculates, for his now infamous, slanderous writing (*Works of Salas Barbadillo* 5).[4]

Not surprising, Salas Barbadillo's satirical prose and verse would become the center of his literary production. Perhaps Salas Barbadillo even alludes to the potential danger of writing satire based on real people in *La sabia Flora malsabidilla* when Camila recites a poem about a parrot that gossips about his adulterous mistress. Camila states that a lady of the court was enraged about these verses since she recognized herself as the victim of the satire: "Yo conozco el sujeto por quien se hizo la sátira[...]. Por su desgracia (y si ella quisiera enmendarse estuvo en su mano el haber sido por su ventura) oyó los referidos versos; al principio, desconociéndose a sí propia, celebró los donaires; mas entendiendo después la parte que en aquel castigo le tocaba, provocó la pluma de un poeta vecino para que respondiendo por ella, renovase sus ofensas en las mismas defensas" (I, 131). Salas Barbadillo was fined and exiled for

---

[3] Uhagón published a copy of the original testimony in his 1894 edition of Salas Barbadillo's novels, *El cortesano descortés* and *El necio bien afortunado*. The story is later recounted by Cotarelo y Mori in his prologue to *Obras: Tomo I* (XXXV-XXXIX) and by Place in his 1919 dissertation (4).

[4] Salas Barbadillo was exiled a second time for unknown reasons. Cotarelo y Mori states that he continued "ofendiendo á Dios y á su prójimo" (XL).

slander, however the victim of the verses in *La sabia Flora malsabidilla* commissioned a poet to write a rebuttal in her defense.

Salas Barbadillo became a prolific writer and created texts of various forms and genres. His literary career began in Madrid with the publication of *Patrona de Madrid restitutida* (1609), a romantic epic about the building of the Shrine of Our Lady of Atocha.[5] From 1611-12, the years of his second exile, Salas Barbadillo stayed in Burgos and Zaragoza and prepared to publish his most famous work, *La hija de Celestina*, a work very different from his *Patrona*, but one that would be typical of his future literary endeavors because of its picaresque characteristics. *La hija de Celestina* is a short story related in third person with long sequences of first person narrative in which the main character, Elena, relates the details of her life as a prostitute. The novel revolves around the picaresque adventures of the prostitute, Elena, and her lover and pimp, Montúfar. Elena is ultimately executed for her life of crime.[6]

Salas Barbadillo's later novels such as *El caballero puntual*, *El subtil cordovés Pedro de Urdemalas y El gallardo Escarramán* (1620), *El necio bien afortunado* (1621), *La sabia Flora malsabidilla* (1621), and *Don Diego de Noche* (1623) incorporate qualities of the picaresque, but many also contain smaller literary units and digressions. For example, part one (1614) and two (1619) of *El caballero puntual* narrate the life of the *pícaro* Don Juan de Toledo and his adventures at court. Smaller literary units include a letter to and from Don Quixote, an *entremés*, various poetry, and exemplary tales.

Corrección de vicios (1615) is a *novella* collection whose frame centers upon Salas Barbadillo's journeys in exile and his conversations with *Boca de todas verdades*, a wise and crazy man. It includes various discourses by

---

[5] Cotarelo y Mori documents that several poems were written by Salas Barbadillo for friends before the publication of *Patrona*.... The first of these poems to appear was a laudatory sonnet to Agustín de Rojas Villandrando's *Viaje entretenido* (1603), and then two more sonnets appeared in Pedro Espinosa's *Flores de poetas ilustres* (1605). See José Simón Díaz's edition of eighteen of Salas Barbadillo's laudatory verses.

[6] Much critical attention has been given to this text. See especially Anne Cruz, "Sexual Enclosure, Textual Escape," Coll – Telletxea, Edward Friedman, José Antonio Maravall, and Antonio Rey Hazas.

Boca on varying subjects such as make-up, the dishonesty of *escribanos* and *alguaciles*, sexual misconduct, and avarice. The bulk of the work is made up of eight tales in both prose and verse. Place notes the literary significance of this collection: "[Correción de vicios] marks the definite union of the Italian novella-framework with the Spanish picaresque tale" (*Casa* 282).

Similarly, Salas Barbadillo's *La casa del placer honesto* (1620) includes a frame tale that revolves around a literary academy in which four wealthy and educated members of the academy organize varied entertainments for the members. The work includes six novelas, four *entremeses*, and several poems. As Place notes, this collection is the "first important Spanish imitation of the *Decameron*" (*Casa* 317).

Salas Barbadillo's collection of poetry, *Rimas castellanas* (1618), includes both idealistic and satirical poetry of varying forms such as sonnets, tercets, epigrams, *canciones, silvas*, epitaphs and *romances*. Salas Barbadillo has two *comedias en verso*: *Prodigios de amor* (1619) which, as the title suggests, involves the trials and tribulations of different pairs of lovers, and *La escuela de Celestina y el hidalgo presumido* (1620), in which Celestina teaches three courtesans how to live "properly." Salas Barbadillo also published several *comedias en prosa*,[7] which are not meant for the stage. First, *El sagaz Estacio, marido examinado* (1620) deals with the search for a husband for the courtesan, Marcela. Second, *El cortesano descortés* (1621) concerns the pretentious and discourteous Don Lázaro and the tricks that are played on him. Finally, *La sabia Flora malsabidilla* (1621), as we will see, involves the former prostitute, Flora, and her elaborate scheme to marry Teodoro, an *indiano* who ruined her reputation at an early age. *Los triunfos de la beata sor Juana de la Cruz* (1621) is "en verso heroyco" (*octavas*) in four books, involving the life events of sor Juana. His final work, *Coronas del Parnaso y platos de las Musas* (1635), was published posthumously and is made up of several diverse literary pieces.[8]

It is clear that Salas Barbadillo created a diverse corpus of works. Furthermore, he frequently played with different genres and included

---

[7] Salas Barbadillo refers to these texts as *comedias en prosa*, though critics have given these texts other names such as *acción en prosa* or *novela dialogada*.

[8] See appendix for a complete list of Salas Barbadillo's works.

varied forms within single texts. *La sabia Flora malsabidilla* is typical of Salas Barbadillo's production that includes diverse forms within the *comedia en prosa* such as *romances*, a long sequence of *seguidillas*, a poem of *endechas*, a game of satiric questions and answers between *dama preguntona y don porque*, a poetry contest between Camila and Molina, and a final *silva* from Albanio to Laura.

Salas Barbadillo was a contemporary of some of the greatest writers in Spanish literary history, namely Cervantes, Lope de Vega and Quevedo. Salas Barbadillo and Cervantes had several connections. First, Salas Barbadillo belonged to a brotherhood in Madrid called the "Slaves of the Holy Sacrament" to which both Cervantes and Lope de Vega belonged (Peyton 30). Salas Barbadillo was also directly involved in the approval of Cervantes' *Novelas ejemplares* in 1613. Later, Cervantes paid tribute to Salas Barbadillo in his *Viaje de Parnaso* (1614): "Este sí que podías tener en precio / Que es Alonso de Salas Barbadillo / A quien me inclino y sin medida aprecio" (http://cervantes.uah.es/Parnaso/cap2.htm). Cotarelo y Mori emphasizes Cervantes' impact on Salas Barbadillo in the notable similarities between the two writers' short stories. There are close connections between their works' satirical and burlesque styles, such as their characterization of different types of people and professions in seventeenth century Spain. Cotarelo y Mori notes Salas Barbadillo's aptitude for satire:

> en el cuento o novela corta, en la anécdota ampliada y disuelta en un mar de ingeniosidades, chistes satíricos, paradojas e ironías; en el desarrollo de un carácter cómico burlesco llevado hasta los últimos perfiles y aspectos; en la pintura de profesiones y oficios en su lado ridículo o vicioso; en el sarcasmo y sangrienta befa de algunas debilidades y flaquezas de hombres y mujeres; en esto y otros géneros semejantes es un maestro consumado e insuperable. (CXXV-CCCVI)

Moreover, there is a similarity in the two authors' original and modern style that seems to make fun of old forms while adapting them to create innovative texts. For example, just as Cervantes' masterpiece *Don Quixote* parodies, fuses and adapts Golden Age conventions such as the pastoral, the picaresque, and the chivalric tradition, we will see that Salas Barbadillo, too, uses Golden Age genres and conventions as a point of departure for his own creative form. Scherer compares Salas Barbadillo to Cervantes in their innovative approaches to writing: "Salas Barbadillo was very much a participant in this development of new forms out of old –this process that gave rise to the picaresque and Byzantine novels, to Cervantes' *Novelas ejemplares*, and *Don Quixote*, and the numerous *novelas cortesanas*" (32).

Except for his years of study and his two years of exile, Salas Barbadillo lived exclusively in Madrid. The city afforded Salas Barbadillo many of the creative topics for his work, and touches of daily life in Madrid are reflected in his frequent descriptions of the city, people and courtly life. For this, his work is uniquely *madrileño*.[9]

Salas Barbadillo lived in a time in which Madrid continued to grow in population and problems. Aside from Spain's economic, political and international unrest, Spain's largest city was experiencing dramatic change and hardship, which resulted in social unrest and social confusion. The Baroque has been characterized a manifestation of an urban culture, and Madrid was its primary center of urbanization. In this increasingly urban city, large numbers of unsettled people poured into Madrid, and problems such as plague, hunger, and the disruption of traditional social roles caused Salas Barbadillo and many authors of the day to continue to turn to satire to reflect personal attitudes and opinions on the ever-changing Madrid. Maravall comments that much of Salas Barbadillo's literature is "para conservar y fortalecer el orden de la sociedad tradicional" (*cultura del barroco* 289). These shifting populations and assimilation of people is a preoccupation of Salas Barbadillo's that is certainly evident in *La sabia Flora malsabidilla*.

In his later years, Salas Barbadillo grew deaf, and he also was suffering financially. In the dedication to the Conde Duque in his last published work, *Coronas de Parnaso*, Salas Barbadillo refers to "[…] los

---

[9] Icaza, in his prologue to his edition of *La peregrinación sabia y El sagaz Estacio*, characterizes Salas Barbadillo and his work as "madrileño y madrileñísimo" (XXVI).

grandes trabajos en que nuestro Señor me ha puesto, quitandome a vn mismo tiempo la salud y la hazienda, que son las dos mayors felicidades de esta vida [...]" (Preliminary pages; Scherer 28). Salas Barbadillo passed away in Madrid on July 10th, 1635 at age 54 and was buried at the church of San Justo (Cotarelo y Mori CXVIII).

PLOT SUMMARY OF *LA SABIA FLORA MALSABIDILLA*
Act I begins with two friends, Flora and Camila, discussing the need to deceive in order to survive. Flora, a former prostitute, has come to Madrid's court to restore her honor, which she lost to Teodoro—the *indiano*—as a young girl in Cantillana. We learn that the search for her "honor" is just a façade, however, since Teodoro returns from the New World a wealthy man; Flora's motives, thus, are strictly for financial gain. Flora tells Camila that she has hocked all of her jewels, clothing and belongings she earned as a prostitute and has changed her appearance, had her virginity restored through hymen mending, and, in this disguise, will trick Teodoro into marrying her. She relates to Camila stories of her life as a *gitana* and prostitute in Seville, which she has enjoyed immensely.

Recognizing Teodoro's voice, Flora tells Camila to stay and watch how she will seduce Teodoro once again. Teodoro, not recognizing Flora, is impressed with Flora's virtuous and religious appearance, praises her for her withdrawn lifestyle, her religious devotion, and her unswerving dedication to embroidery. Teodoro, characterized as a buffoon throughout the work, has just returned from watching a mediocre *comedia* and relates that he is working on his own play. Explaining to Camila his lofty plans about a battle of clouds in which all creatures on earth are represented, Camila criticizes and ridicules him for his unreasonable and unfeasible *comedia*. Revealing herself to be very knowledgeable on art and literature, she explains the fundamental differences between *coplas* and *comedias*. Furthermore, Teodoro tells the women of his powers as a magician, much like Scot, a famous medieval scholar of occult arts. Flora, in her role as a virtuous woman, pretends to be scandalized by such heretical talk. Camila interrupts Teodoro by singing Flora a love poem.

Teodoro asks Flora when she will decide to remove her mourning clothes and asks Flora to tell him of her parents' deaths. Flora responds with ironic ambiguity that her father died a "just" death, as he should have. She continues that her father died a good, healthy and robust man, and the cause of death was a "sore throat." Teodoro never catches on that Flora's father was, in fact, publicly hung for his crimes as a thief. Similarly, Flora describes her mother to be a saintly, ascetic woman, but her ironic description also fits that of a prostitute or witch who was beaten to death for her crimes. Teodoro leaves at Flora's request because she is worried that her neighbors will gossip about having a man in her home at such a late hour. In the following scene, Camila and Flora eat dinner and sensuously exalt their meal.

Flora's supposed cousin "Claudia" enters and sings Flora and Camila a song about Salas Barbadillo's deceased brother, Diego, and another song about *damas* in the court. Camila recognizes that Claudia is not a woman, but a man, and Flora tells her that Claudia is indeed her lover who provides her with "entertainment."[10] Camila is jealous of Flora's sexual independence and audacity. Teodoro returns and Flora introduces the cross-dressed male as Claudia. Flora tells Teodoro that they embroider together and the verb "to embroider" becomes synonymous with sex. Flora constantly uses language to trick Teodoro and to display her wit and her love of the double entendre. Digressing, Teodoro relates a story about a horse he had in Mexico that jumped backwards instead of forward. The women again make fun of Teodoro for his pretentiousness. Flora, bored with Teodoro's anecdote and terrible storytelling skills, asks Camila to sing another song, which is about Philip II's palace and monastery, *El Escorial*. Teodoro then reveals his desire to build a convent much like *El Escorial* in which he will include his many paintings. Camila again ridicules him. Teodoro leaves the women, and Flora is finally alone with her lover "Claudia," who wishes to undress because he does not like masking his masculinity.

---

[10] The name of Flora's lover changes three times. In Act I, disguised as Flora's female cousin, (s)he is "Claudia." Camila later calls Claudia "Claudio," alluding to the fact that (s)he is a man. In Act II and III, (s)he becomes "Federico," a distant cousin and suitor to Flora. The reader never knows the true identity or name of this character, as it is Flora who names this character depending on her needs. This character is one of the few examples of male prostitution in the Spanish Golden Age.

Marcelo, Teodoro's brother, and Roselino, Marcelo's cousin, arrive to question Teodoro about an inheritance. Marcelo reveals that he is courting Camila, and his jealousy is beginning to flare. Roselino informs Marcelo that jealousy in the court is for idiots and that women use men for their money. Roselino criticizes the high cost of love at court, and because of this, he prefers the less celebrated woman who has no suitors. Marcelo believes that women are natural deceivers and vain. He maintains that even the smartest men are blinded and dumbstruck by women. Marcelo then tricks Roselino into staying with him while he is seeking out Teodoro and Camila.

Teodoro and Marcelo settle the question of Teodoro's inheritance, and they begin to discuss who it is Flora reminds them of. Marcelo immediately notices the similarities in the gypsy girl his brother once seduced in Cantillana, and the men discuss how terrible *gitanos* are to society. Flora can hardly contain herself, but staying true to her character as *dama*, condemns the unenclosed and sexually liberated woman.

Act I ends with a question and answer game between Claudia and Roselino about vices in the court, in which the two demonstrate their wit, and Salas Barbadillo reveals his love of *ingenio*. Flora and Camila retire for the night, and Camila again expresses her wonder at Flora's ingenuity.

Act II begins with a letter from a Francisco Gerónimo de Gurrea–actually from Flora—addressed to Teodoro, in which he is notified of the death of a young *gitana* that he once knew in Cantillana. Teodoro will collect masses for her soul. Roselino reveals his attraction to Claudia and asks for her hand in marriage. Flora explains to the men that Claudia hates men and, being extremely religious, has retired to a convent to live her life as a nun. Flora dismisses Claudia asking her to return to a man's clothing and pretend he is Claudia's brother, Federico, in order to rouse his jealousy. Claudia, happy to be liberated from female clothing—and Flora's enslavement—sings a very long sequence of *seguidillas*. The poem is so long that even Flora is amazed at the number of them. The poem catalogues the many sins and sinners of Salas Barbadillo's Spain, including corrupt lawyers, cuckolds, syphilitics, witches, Madrid's carriages that were mobile brothels, prostitution, innkeepers who water the wine, alcoholics, users of cosmetics, misers, and the washerwomen—prostitutes of the Manzanares.

The former Claudia now appears as Federico, Claudia's brother. The men are in awe at the resemblance between the two. Flora intends to use Federico as a way to rouse Teodoro's jealousy, and Camila informs him of their plan to flee and marry. Teodoro and Flora discuss the notion of "death for love," as is typical in courtly literature.

In Act III, Teodoro's servant Molina arrives on the scene after having been imprisoned in Seville for taking the virginity of a woman and refusing to marry her. Molina claims he was unjustly accused since the woman was already deflowered, and moreover, her mother is a notorious virgin-mender. Molina criticizes the hypocrisy of the judges, lawyers and bailiffs who, he claims, were some of the mother's most frequent customers. Molina relates tales from the prison, joking about the many types of people he met there. Teodoro tells Molina of his misfortune with Flora, and Molina decides that he will help persuade Flora to marry Teodoro. Teodoro, still jealous of Federico, hires two thugs, Cespedosa and Calvete, to kill him. Molina recommends that he abort his plans to murder and rely on his money to win over Flora. Federico pines for Flora and serenades her with two songs. Molina disguises himself as Federico, and the two men attempt to attack him. Teodoro's henchmen become scared and run away. Teodoro thanks Molina for saving his reputation.

After consulting with an attorney, Flora realizes that marriage must be based on honesty to be binding and confesses to Teodoro who she is. She then recants her story and orders Camila to inform Teodoro that her confession was only a ruse to free herself from Teodoro in order to marry Federico.

Teodoro, still believing that Flora is a *dama* who he has lost to Federico, proposes to Flora. Flora again admits that she is Gabriela, the daughter of gypsies. Teodoro pronounces to all witnesses that he truly loves her and the only remedy is to marry her. He will give his hand to Flora—Gabriela despite the fact that she comes from lowly origins. Molina recognizes that all was a ruse to get Teodoro to promise to marry her. Teodoro announces that they will travel to the New World where his wife will have the social equality of a *dama*. Federico departs for Barcelona, saddened that he must leave Flora. Flora tells Camila that she will always remain a dear friend. Camila states that Flora will no longer be thought of as "malsabidilla" but simply "sabia y prudente."

THE INFLUENCE OF *LA CELESTINA* ON *LA SABIA FLORA MALSABIDILLA*

An important influence on Salas Barbadillo's works, including *La sabia Flora malsabidilla*, is Fernando de Rojas' fifteenth century *La Celestina*. The direct influence *La Celestina* had on Salas Barbadillo's other works can be easily noted in several of his titles: *La escuela de Celestina, La hija de Celestina,* and *La Madre*. He also found Celestinesque inspiration while writing his novella collection *Corrección de vicios* (1612)–namely in two of his novellas, *La dama del perro muerto* and *La niña de los embustes*.[11]

In his dedication and prologue of *El sagaz Estacio, marido examinado* to Don Agustín Fiesco of Genova, Salas Barbadillo acknowledges the influence Fernando de Rojas' work had on his career, as he expresses his admiration for *La Celestina*: "[...] *La Celestina*, bien que ésta, aunque única, es de tanto valor, que entre todos los hombres doctos y graves, aunque sean de los de más recatada virtud, se ha hecho lugar, adquiriendo cada día venerable estimación, porque entre aquellas burlas, al parecer livianas, enseña la doctrina moral y católica [...]" (85-86). Menéndez y Pelayo affirms this important Celestinesque influence by stating, "nadie, salvo Lope de Vega, llegó a imitar [*La Celestina*] con tanta perfección como Alonso Jerónimo de Salas Barbadillo" (457).

Without doubt, the majority of Salas Barbadillo's works evoke memories of *La Celestina,* as many portray the same low-character types that are presented in the work, namely Celestina herself, as well as other picaresque types. Deviant women are often the subjects of Salas Barbadillo's works, and his female heroines have unquestionably descended from Celestina's character. La Grone studied and compared *La Celestina* with many of Salas Barbadillo's works and found influences, if not direct imitation, in the majority of his texts. Perhaps La Grone best sums up the influence *La Celestina* had on Salas Barbadillo's literary works, as he concludes that Salas Barbadillo uses the old bawd and Fernando de Rojas' celebrated work as a source of inspiration: "[...] Salas Barbadillo called on that knowledge of life and art which he had gained from his study of *La*

---

[11] Castillo Solórzano also has a later female picaresque novel of a similar title, *Teresa de Manzanares, la niña de los embustes* (1632), which is better known. Rey Hazas' modern edition, along with *La hija de Celestina* by Salas Barbadillo, can be found in *Picaresca femenina*.

Celestina. Of course, a great many other elements went into the composition of his work, and even in those cases where he most clearly follows the lead of *La Celestina*, he does not merely copy; he presents the ideas in a completely new and original form. It is influence of this kind that is really significant" ("Salas and the *Celestina*" 458).

One can draw clear connections between *La sabia Flora malsabidilla* and *La Celestina* in the structure, the depiction of women and men, and the themes. Indeed, Flora and Celestina both come from the lower-class, are promiscuous at a young age, and are socially marginalized. They also share many personality traits as well as skills and professions. Flora has Celestina's worldly wisdom, frankness, wit, and deviousness, and like Celestina, Flora easily manipulates her male puppet, Teodoro. Like Celestina, Flora is a disguise artist, a former prostitute, and a seductress. Both women are gifted in linguistic manipulation and use language to deceive and control the men that surround them. Celestina and Flora both move seamlessly between social classes. Flora herself comments that she gained access to the court through disguise and that it is easy to act like a *dama*. She maintains that everyday a "wandering prodigy"—like herself—comes to court in hopes finding a better life: "La necesidad de los tiempos ha sutilizado los ingenios, y en esta Corte se ven cada día peregrinos prodigios" (I, 79). Camila and Flora both agree that only through deceptions—*malos medios*—can one obtain status and security. Camila states that in today's world, one must lie. Morevoer, the art of lying is an asset and necessary to a person's well-being. She alludes to declining ethics but recognizes that deceit is born out of necessity: "Ya sé que hoy la mentira, si no es riqueza, es medio para conseguirla; y que los que pasan adelante a los virtuosos y modestos son aquellos que se atribuyen las hazañas que no hacen y las ciencias que no saben; y es que como ya reparte los puestos grandes la fortuna, que es madre de la ignorancia, no hace distinción entre los hijos legítimos o bastardos de la sabiduría" (I, 85).

Like Celestina, who is both mentor and *madre* to her band of cohorts, Flora, too, is a mentor to Camila who aspires to learn her industry so that she can pass it along to her own future daughter: "[…] para mí aprenderé lo que para ella pudiera; y si acaso la tuviere, tus industrias, calificadas ya con mi experiencia, la servirán de senda segura, con que ella cogerá fruto y tú la vanagloria de ver tan extendida tu doctrina" (I, 80). Camila recognizes Flora's deceitful abilities as an art that should be passed down from mother to daughter because such experience, industry, and genius are powerful doctrines to live by and will bring about continued success. Moreover, a deceitful mother's legacy is passed through breast milk, and the evil matrilineal is constantly emphasized as inescapable.[12] Camila confirms: "¿No es bueno, Flora amiga, que aun hechicero se hace este vuestro fabuloso pariente? A no serlo más nosotras, no estuvieran tan bien logrados nuestros estudios, y más vos, que siendo, como habéis confesado, gitana, era fuerza que lo mamásedes en la leche" (I, 90).[13]

Flora and Celestina are comparable in their ability to "mend hymens."[14] Camila and Flora discuss Flora's ability to transform herself from prostitute to virgin through the common practice of repairing virgins. Camila is surprised at Flora's ability to disguise herself and restore her virginity: "Posible es que en este lugar donde el año pasado fuiste ramera pública, sólo con haber mudado el nombre y barrio pasas por honesta virgen? ¿Cómo que sepas fingir aquello que la misma naturaleza no puede enmendar, y hacer que se piense que eres lo que ya es imposible que seas?" (I, 78). Salas Barbadillo makes reference to this strange phenomenon in several of his works and no doubt draws from *La Celestina* who, too, was a "hymen-mender." Both Gossy and González Echevarría have studied this metaphor of mending virgins as a motif for "weaving stories" or "making fiction." Maintaining that there is a strong association between a mended hymen and literature, the mended virgin becomes a metaphor for stories that women create to deceive and control (González Echevarría 26).

Salas Barbadillo builds on this metaphor of restoring virginity through the reparation of the hymen in *La sabia Flora malsabidilla*, thereby

---

[12] For information on breast milk and matrilineal inheritance, see Patricia Grieve's *Floire and Blancheflor and the European Romance*, and Valerie Fildes' book on the history of wet nursing.

[13] On Celestina as a terrible mother, see Patricia Grieve, "Mothers and Daughters in Fifteenth-century Spanish Sentimental Romances: Implications for *Celestina*," and Jane Hawking, "Madre Celestina."

[14] See Mary Gossy's study *The Untold Story: Women and Theory in Golden Age Texts* for an excellent analysis of this motif in *La Celestina* and Golden Age texts.

evolving the notion of mending hymens as "weaving stories" or deceiving men. Flora and Camila create stories for Teodoro by using his own naiveté and ignorance. He falls into language traps consistently. For example, Flora tells Teodoro that she and her cousin Claudia—Flora's lover disguised as a woman—embroider together. The term *hacer labor* (to embroider) becomes a synonym for sex and *abuja de marear* (a compass) becomes a substitute for an erect penis. Teodoro cannot understand the double meaning:

> TEODORO En verdad que si vuestras mercedes me diesen licencia, que las ayudaría yo muchos ratos a hacer labor; porque, como dije esta mañana, me crié entre las mujeres de la casa de mi madre, y soy gran labrandero, si no es que ya con las navegaciones largas se me ha olvidado y sé más de la abuja de marear que de la del labrar.
>
> CLAUDIA ¿Piensa vuestra merced que nuestra labor se hace sin abuja de marear? Pues no, señor, porque es verdaderamente una navegación sujeta a tempestades y borrascas, mas de tal modo, que muchas veces de la mayor tempestad sale la seguridad de la bonanza para muchos días. (I, 109)

Language, therefore, plays an integral part of Teodoro's deception and Flora's character. While Flora metaphorically repairs her hymen to Teodoro every time she mentions *"hacer labor"* —a skill that was considered most virtuous—she also alludes to literarily breaking her hymen. She frequently uses this metaphor of sewing and weaving when describing her sexual relationship with Claudia. The continued reference to this visual image of the needle (penis) piercing the fabric (hymen) is a constant reminder of Flora's lasciviousness and her ability to manipulate language. Through her use of disguise and wit, Flora creates a new fiction for Teodoro by reinventing herself as the ideal and perfect *dama*. She simultaneously controls her own sexual necessity and fulfills her appetite as *prostituta* and *pícara* within the closed doors of the court.

The various plays on language and allusions to sex have an important role in *La sabia Flora malsabidilla*. Flora perfects her manipulation of linguistic and social conventions so as to misrepresent herself to Teodoro and to convey hidden meanings and entertain her friend, Camila. She tells Camila to listen carefully to Teodoro's lies and to her own astute replies, as they are sure to delight and entertain her: "La voz he conocido; este es Teodoro. No te vayas, Camila amada, porque no pierdas la galantería de sus mentiras y la astucia de mis cautelas, que de entrambas cosas sacarás deleite, y de la una sumo provecho" (I, 85).

Another similarity between *La Celestina* and *La sabia Flora malsabidilla* revolves around their treatment of men. Calisto and Teodoro are comic characters that live in the world of fiction—that of courtly love. Both are caricatures of certain types: Calisto, of the foolish lover, and Teodoro, of the *indiano*. Calisto, much like Teodoro, attempts to follow the life of a courtly lover despite the fact he is surrounded by *pícaros* and prostitutes. Dorothy Severin has noted that Calisto is meant to be a comical figure, despite the fact that he dies at the end of *La Celestina*: "Calisto es el personaje de la *Comedia* original más claramente marcado con un matiz cómico. [...] Calisto actúa como un típico loco de amor; sus criados le insultan regularmente y se burlan de él, en su cara y a sus espaldas [...]" (27-28).

Similarly, Teodoro is the source of *burla* for Flora and Camila. Upon meeting Teodoro, Camila rightly acknowledges that Teodoro "es tan majadero que no lo entiende" (I, 95). Flora relies on and profits from the foolishness and arrogance of Teodoro—an *indiano* who faked his status as a *hidalgo* in the New World, then became so rich that he was able to buy his title upon his return to Spain. Flora alludes to this common occurrence of buying titles: "Caminaba a las Indias cierto mozuelo, que allá se atrevió a decir que era hidalgo, y se salió con probarlo, cosa que a los más sucede; porque juntándose a concejo los que son de una propia patria, juran los unos por los otros, y se despachan ellos mismos las ejecutorias" (I, 81).

In Spain, selling titles was a financial necessity but was the source of much caricature in Golden Age literature. The *indiano* is characterized in satirical literature as miserly and stupid. Ripodas Ardanaz has studied the figure of the *indiano* in Golden Age literature and confirms that, "Por su tesitura provinciana, por sus riquezas, por sus mentiras, por su credulidad, por su mala traza e indumentaria fuera de moda, por su torpeza en el actuar en suma, evocan a los protagonistas de las llamadas comedias de figurón y, [...] su persona y sus peripecias suelen ser objeto de un tratamiento caricaturesco" (XI; Páez Rivadeneira 282). Two notable examples of the *indiano* in Golden Age literature are Carrizales in *El celoso extremeño* by Cervantes and one of Teresa's lovers in *Teresa de Manzanares, niña de los embustes* by Castillo Solórzano. Teresa remarks, "Era hombre muy miserable, de la data de muchos que vienen de Indias; pero éste no tenía la causa por qué serlo, porque las haciendas de los indianos, ganadas con trabajo obligan a ser bien guardadas y esto les hace miserables; esta se la había venido al capitán sin poner ningún cuidado de su casa, con lo cual debería ser generoso" (Castillo Solórzano; Maravall 264). Thus, Teodoro, like Flora, enters the court not as a nobleman by birth, but because he has bought his title.

Teodoro is characterized as arrogant and foolish, especially in his lofty artistic aspirations. In the work, women are not only cunning and clever but also learned when it comes to art and literature. Both Flora and Camila discuss on several occasions poetic convention, satire, and the state of contemporary literature. Teodoro, on the other hand, is characterized as pompous, having little understanding of literature despite his literary pretensions. For example, in the following exchange, Teodoro claims to be a playwright who is just finishing a *comedia*. Camila understands the strict conventions to which the *comedia* must adhere, advising Teodoro on the classical rules of space, time and verosimilitude. She explains to Teodoro that the *comedia* cannot be divided in twelve acts (the *comedia* must be three acts). Camila also criticizes the subject matter of Teodoro's play, which does not involve human characters but depicts battles between clouds. She explains to Teodoro the unfeasibility of his play:

> TEODORO Señora: yo vengo de la comedia [...] es casi imposible juntar copia de agudezas y fábula de ostentación. Sólo yo lo he conseguido en [...] una que acabé anoche, de doce jornadas, en que pongo todas las Monarquías del mundo.
>
> CAMILA Por cierto, señor, que las jornadas me parecieron infinitas; mas después que sé la materia, digo que son pocas,

Teodoro	respecto del mucho mundo que vuestra merced ha corrido en ellas: y señor, ¿qué figuras tienen? Que es fuerza que sean muy buenas, siéndolo también el autor. Naves, galeras, casas de placer, selvas, montañas, elefantes, hidras, salvajes, panteras; y entre todos los pasos, uno de los mejores es una batalla que se dan las nubes.
Camila	Basta, que aun entre las nubes ha metido vuestra merced disensión: ¡Oh batallador poeta! Pues aun el cielo, que es paz, ha querido vuestra merced que lo sea de guerra […]. (I, 187)

Confusing the restrictive concepts of the *comedia* with poetry, Teodoro responds foolishly, "mal conoce vuestra merced el brazo poderoso de los poetas, que en estas materias cuanto queremos podemos" (I, 101).[15]

Despite her lowly origins, Flora, too, reveals herself as being educated in the arts. She understands the purpose and importance of satire, of which, ironically, Salas Barbadillo makes her the subject: "El sabio destos tiempos ha de estudiar en las malicias de que la corrompida edad es autor, no para ejercitarlas, sino para prevenir la enmienda en las que caen debajo de su gobierno" (I, 132). Flora seems to be alluding to Salas Barbadillo himself as *"el sabio destos tiempos"* whose purpose is to study and write of deceitful characters to warn and prevent against the potential harm they may do.

Teodoro, like Calisto, is similarly characterized as a "loco enamorado" and is blinded by his love for Flora—she is simply too beautiful and too clever. Even upon Flora's confession that she is indeed a gypsy and not a woman of the court at all, Teodoro has fallen for her. His only remedy is to marry her, as he concludes, "esto no podía tener otro medio para mi remedio" (III, 264). Flora has easily taken control of him, much like Celestina controls the men that surround her, until ultimately they rebel and kill her. Much unlike the tragic ending of *La Celestina*, Flora and

---

[15] For an excellent article on "foolish comedias," see Gonzalo Sobejano's "El mal poeta de comedias en la narrativa del siglo XVII," in which he refers to Salas Barbadillo's 1623 work *Don Diego de noche*.

Teodoro's ending is quite happy, as they marry and travel to the New World.

The other men in *La sabia Flora malsabidilla*, too, are controlled and deceived by the women in the work. For example, Roselino, generally the voice of reason, maintains that he is always moderate and reasonable, and therefore, unharmed by women: "puedo decir que nunca me han engañado; pero que he dejado engañarme muchas veces por conseguir mis intentos" (II, 167). He warns of the dangers of passion, irrational love, and jealousy in the court—a recurring topic in the work. For Roselino, the more attached one becomes to a woman, the more money it will cost: "Celos en la Corte es achaque de sujetos ignorantes […] celad poco y regalad lo suficiente […] creedme que no ha mayor cordura que vivir en Madrid sin dama ni jardín propio, porque deste modo todos y todas serán vuestros; […] por más que los celéis, de más de ser vuestros las costas y el cuidado, los han de gozar muchos" (I, 117). However, despite Roselino's supposed lucid and rational judgments when it comes to women, he too becomes a source of Flora and Camila's *burla* when he falls irrationally in love with Claudia, a man disguised as a woman. While the falling of Roselino for "Claudia" charges the scene with humorous homoeroticism, it also gives the women more opportunities to use their love of the double entendre to further deepen their own intimacy. Camila listens in as Flora deceives Marcelo, who has come to declare Roselino's love for Claudia, with jokes, innuendos, and allusions that only Camila will understand:

MARCELO […] Pregunto, prima mía, ¿es muy deuda de vuestra merced doña Claudia?

FLORA Tan deuda, señor, que de nadie alcanzo tanta sangre como della; nuestro parentesco es muy estrecho, que parece se aumenta más cada día con la voluntad y con las obras.

MARCELO El señor don Roselino, mi primo, la quiere tiernamente, y siendo mujer de la calidad que vuestra merced nos significa, se podrían en esta casa celebrar las bodas a pares […].

FLORA Señor, esta muchacha aborrece a los hombres, y tanto,

> que tiene determinado de entrarse religiosa, porque es tan amiga de mujeres, que desea vivir y morir en compañía de muchas; más me quiere ella a mí que a todos los hombres del mundo, y es porque se ve a tiempos con algunas necesidades que yo sola se las remedio. (II, 180)

The high cost of courting a woman is also critiqued on several occasions. True love, as Roselino maintains, has little to do with love at court. One must possess material wealth if one expects to marry a desired woman. Thus, Roselino advises Marcelo that he would be wise to court the "less celebrated" woman since they are less costly:

> Yo, amigo, siempre he buscado las damas menos celebradas, porque suelen ser las otras las más caras y menos sanas; competencias siempre las huí, porque estas socarronas, a título de la porfía, suben de precio el gusto; yo gozo sin oponerme a nadie, y hallo por más hermoso lo que me sale más moderado de precio; excuso las ocasiones, procurando que las salteadoras de nuestras bolsas no me encuentren en tan malos pasos como son la Platería, calle Mayor, y puerta de Guadalajara; (II, 166)

Similarly, in Act I, Claudia sings a humorous sequence of *seguidillas* about buying and selling love in the Court: "El amor de la Corte / camina apriesa / porque va caminando / de venta en venta" (I, 104). The poem concludes by blaming women for their materialistic and thieving natures: "Lindo oficio se tienen / niñas y damas, / en Madrid son ya todas / jueces de sacas" (I, 105).

Through clever word games that ingenious women win, Salas Barbadillo playfully warns his fellow men of such intelligent and beautiful women who can easily manipulate foolish men like Teodoro, marry them and live happily ever after. Such women, moreover, can trick even the most rational of men, like Roselino. Though Flora, unlike Celestina, has no direct connection to witchcraft, she nonetheless has a dangerous combination of wit, beauty, sexual independence, and the desire to deceive in order to ultimately succeed financially and socially. Ultimately, Salas Barbadillo does not punish Flora, rather he rewards her with the success of marriage and sends the couple to the New World, a resolution I will discuss in the following section.

THE PICARESQUE AND *LA SABIA FLORA MALSABIDILLA*
While not a picaresque novel, *La sabia Flora malsabidilla* is indebted to and is significantly influenced by the popular genre that began in Spain with *Lazarillo de Tormes* (1554). As I explained in the previous section, there are clear similarities between Flora and Celestina, and *La Celestina* seems to be the connecting text between Salas Barbadillo's own work and the female picaresque novel, which is generally viewed as beginning with Francisco López de Úbeda's *La pícara Justina* (1605).

La Celestina has long been interpreted as a notable precursor of the female picaresque novel for its deviant characters, underground network of thieves, prostitutes, and a maternal leader who is infamous for her astuteness, witchcraft, and deviance. For this reason, Stephen Gilman has asserted that, "historically the Lazarillo lies in the immediate tradition of *Celestina*" ("Death of Lazarillo" 156). Anne Cruz also argues that female picaresque novels draw from *La Celestina*: "It is this lower-class stratum of [*La Celestina*], inhabited by the lascivious servants and the old bawd, that the female picaresque novels reconstruct as their milieu [...] the female picaresque fully acknowledges its debt to the *Celestina* as the novel that first redirected the focus of the picaresque genre from its male protagonists to the *pícara*" (Sexual Enclosure 136-142).

The title *La sabia Flora malsabidilla* immediately indicates a relationship with the picaresque. As the title suggests, the work depicts the adventures of Flora—a woman so clever she is bad (*mala*). Alluding to her trickster character traits, the title contains the diminutive *-illa* reminding one of Lazar-*illo*, Guzman-*illo*, and Esteban-*illo*. However, unlike the male-centered picaresque, the title categorizes Flora by a negative attribute (*mal*) and thus is reminiscent of works belonging to the feminine picaresque such as *La ingeniosa Elena, La hija de Celestina* (1612) by Salas Barbadillo, *Teresa de Manzanares, la niña de los embustes* (1634), and *La Garduña de Sevilla* (1642) by Castillo Solórzano that pre-create their protagonists by giving them a title that negatively characterizes them.[16]

---

[16] *La ingeniosa Elena, La hija de Celestina* is an ironic title that compares Elena

The term *malsabidilla* is probably derived from *marisabidilla* meaning, "an uncultured, distasteful woman who is pedantic and presumptuous" (Moliner 284).[17] As we will see, this title defines Flora as a woman belonging to the lower class and epitomizes her character as witty and presumptuous.

In his introduction to *Lazarillo de Tormes*, Claudio Guillén writes that one of the essential characteristics of the picaresque novel is the autobiographical or "pseudo-autobiographical" form (13). It fills a number of functions, but primarily, the narrative has been seen as both a confession and a justification for past events. Though *La sabia Flora malsabidilla* begins *in medias res* and relates the current adventure and only one episode in the *pícara's* life, Salas Barbadillo experiments with autobiography and adopts at least the façade of the autobiography for a short amount of time. As Flora relates her life story to Camila, she describes past events that have caused her to be degraded. Flora narrates: "Sabe, pues, que mis padres fueron Gitanos, que yo no he de fingir calidades en mi abono, cuando lo que voy a referir de mí se halla tan lejos de ser calificado; así quiero disculpar mis obras con la naturaleza de mis padres, o que por lo menos vean que, siendo ellos de tal generación, recibí en su sangre semejantes hazañas" (I, 80). Although Flora's explanation is short, we sense the author's deterministic picaresque vision—one that the authors of both *Lazarillo de Tormes* and *Guzmán de Alfarache* (*Part I* 1559, *Part II* 1604) embrace: the lower class is destined for a life of crime and deceit. *Pícaros* traditionally come from a lineage of thieves, prostitutes and witches, and their life stories attempt to justify their present dishonorable states. Through their pseudo-autobiography, authors raise the question of the feasibility of controlling crime.

While male picaresque novels have a confessional flavor, and even at times a repentant flavor, Flora's account does not. Though she does acknowledge that she was expected to become a prostitute, she does not

---

to Celestina. It is precisely their ingenuity that causes both of their downfalls and deaths. As a "daughter" of Celestina, Elena encompasses all of the negative qualities of Celestina.

[17] "mujer de poca cultura, pedante o redicha, que habla con presunción" (MOL).

seem saddened or remorseful about her life adventures. She will continue to be a trickster admitting that renunciation of her prior life is impossible "porque las viles costumbres nunca se pierden" (I, 84). In Act III, Flora does confess who she is to Teodoro, not because she is sorry or because she has learned any grand lesson; the purpose of her confession is for purely practical reasons: to protect herself legally. Flora states that she must confess to Teodoro because, after having consulted with an attorney, she must tell Teodoro the truth for the marriage to be binding: "Yo consulté el caso deste matrimonio mío con un letrado muy amigo, y me dice que no será válido, y que podrá anularse siempre que Teodoro llegue a entender el engaño que se le ha hecho dándole mujer diferente de la que él piensa; [....] tengo de decir los verdaderos nombres de mis padres y el mío, y juntamente su naturaleza y calidad" (III, 261). Through this artificial confession, Salas Barbadillo seems to parody the idea of confession that is so typical of the picaresque novel. Here, Flora's admission of deceit continues to be a rouse in order to achieve her final goal of marrying Teodoro.

The significance of class remains an important picaresque topos in *La sabia Flora malsabidilla*. In conversation with Camila, Flora alludes to her inescapable dubious class status, her disreputable parents, and her bad reputation: "[…] caí en las manos del desprecio común, que como la bajeza de mi calidad era tan sospechosa, mayor dificultad hubiera en persuadir lo contrario" (I, 82). As a young girl in Cantillana—unable to escape preconceptions—Flora becomes what is initially expected of her and turns to her gender, sex, and devious nature to make ends meet. Only through beauty, disguise, prostitution, and wit does she climb in society.

Guillén confirms that another essential characteristic of the picaresque novel is the absence of the *pícaro's* parents, who often times even abandon their child. Lazarillo, as Guillén states, "[…] has been lonely since early childhood. In the history of narrative forms *Lazarillo de Tormes* represents the first significant appearance of the myth of the orphan. This is surely one of the conditions of its considerable originality and influence […]. Left without a father or a mother, or both, [he] is obliged to fend for himself in an environment for which he is not prepared" (12). Similarly, Flora's parents remain unnamed, and she has been parentless since childhood. Flora, like Lazarillo, is tongue-in-cheek about her father's profession and untimely death when Teodoro questions her:

> TEODORO ¿De qué murió? que he deseado saber [...].
> FLORA   Señor: sin ningún achaque pasó desta vida, bueno, sano, robusto [...].
> TEODORO Al fin, señora, ¿no tuvo algún mal?
> FLORA   Señor: sí tuvo un dolor de garganta que no le duró medio cuarto de hora, y con éste murió, llamando muy devotamente a Cristo crucificado y al que le pusieron a la mano derecha, porque tuvo causas muy evidentes para semejante devoción. (I, 94)

Flora, witty and *sabia*, never technically lies to Teodoro about her father, who is hanged for stealing. Again, using her adeptness at linguistic manipulation and love of the double meaning, she describes her father's "admirable" qualities, including his colored, strong and quick hands (for stealing) and his immense speed (for running away). Teodoro never catches on to the double meanings: "[...] mi padre antes fue más feroz que hermoso de rostro; pero en lo que él tuvo grande perfección fue en las manos, grande persona por sus puños, sus dedos parecían de hierro en la color y en la fortaleza; corría como si volara; más era ave que hombre, y ave de rapiña" (I, 95). Similarly, Flora's mother is painted to be a saintly ascetic woman, but Flora's ambiguous description of her mother ironically also matches that of a poor prostitute and thief who, like Flora's father, was publicly punished for her crimes: "Mi madre murió moza, porque fue mujer de extraordinaria penitencia; andaba descalza, dormía en el suelo, y muchas veces recibía tan grandes disciplinas, que llegaban los azotes a doscientos; y una vez que se dobló este número, dio su alma a su Criador" (I, 95). Teodoro, again fooled by Flora's manipulation and careful selection of words responds, "quisiera haberla conocido para reverenciar las muchas perfecciones que della se refieren" (I, 95).

This important exchange regarding Flora's parents is closely tied to the picaresque, and the convention reflects the seventeenth century's obsession with familial, racial and religious genealogy. Both Lazarillo and Guzmán, although desperately attempting to escape their degraded origins, eventually become what is predetermined of them. Flora, too, having been born into the lower class, will, like her mother, perpetuate the problem of crime and prostitution. However, unlike Lazarillo, still explaining his state of dishonor, or Guzmán, who, detained, writes his autobiography from prison, Flora successfully avoids punishment and establishes a stable position in the court.

Despite her class and her disreputable parents, Flora strives and succeeds in ascending the social ladder. Men, in *La sabia Flora malsabidilla*, are fools, and women, for Salas Barbadillo, are doubly dangerous, as they have intelligence and beauty that result in the deception of men. Flora easily changes her name and appearance to trick Teodoro, the *indiano*, into marrying her. Throughout the ruse, we discover that Flora's "cousin," Claudia, is actually her cross-dressed lover, Federico, who provides Flora "buena labor y mucha" (I, 107). While Flora uses sex as a means to survive, she also enjoys her sexual industry and takes pride in her ability to satisfy men. Flora's sense of pride echo the voices of other well-known *pícaras*, such as Lozana, Elena and Teresa de Manzanares.[18] We hear the unlikely voice of a former prostitute who is sexually insatiable due to her natural propensity toward lasciviousness: "Dejéme llevar luego de la travesura golosa de algunos lucidos mozuelos, y hecha pasta común, a todos serví con mis deleites, de todos recibí satisfacciones" (I, 83).

Flora's character is typical of the Celestinesque and female picaresque tradition in which money, sex and deception motivate the pícara She recognizes that she is dangerously beautiful and is renowned for her wit, which is why she has earned the name "el Sol de Egipto" and "La sabia Flora": "Llamábanme en Cantillana, lugar del Andalucía, y que está en las vecindades de Sevilla, el Sol de Egipto, título que se dio a los méritos de mi belleza, más ilustrada con los donaires de mis labios imitadores del pimiento en estar colorados, y en picar más vivos" (I, 81).

---

[18] Damiani argues that *La lozana andaluza* is a precursor to the picaresque and compares Lozana's character with other *pícaras*: "[Lozana] takes delight in her achievements, prides herself on her skills as courtesan and go-between, and ostentatiously claims to be the most celebrated woman in Rome. Lozana's sense of fame and her presumed refinement find a parallel in the aspirations of Elena […]" (60).

Flora can freely infiltrate the aristocratic world by faking her status as a *dama*. Gathering up money and items she has collected from her life as a prostitute, she enters the court, already financially secure: "Puse en pregón mis joyas y galas, y juntando el dinero que fue precio dellas con el demás que yo tenía, mudé barrio, el nombre propio, el apellido, las criadas y el traje" (I, 83). Flora uses the stereotypical image of the *dama* to her advantage, an easy appearance to fake, through simply dressing the part, enclosing herself in her home, expressing a passion for embroidery, and appearing in public only for mass and religious holidays. Flora, as the *dama*, embodies Covarrubias' definition of the *dama*, who, in his words, is "discreta, callada, noble [...]. Pues digamos que dama vale la señora que en las ocasiones de días de fiesta y saraos, sale en público con mucha gallardía y se dexa ver de todos; y esta mesma, fuera de tales ocasiones, guarda su encerramiento y retraymiento, que ni ve a nadie ni puede ser vista" (COV., *s.v. dama*). Flora's reinvention of herself as a *dama* perfectly echoes Covarrubias' description. For example, she describes to Camila her new self and her ability to suppress her sexual appetite, masking it now with the desire for worship. Though once a mobile prostitute, as the *dama*, Flora is committed to staying at home and out of public: "[...] aquí disimulando mi naturaleza y revenciendo mis apetitos he vivido con honesto ejemplo, [...] solo salgo los días de fiesta con la luz del aurora a oír la primera misa echado el manto sobre los ojos, de modo que ni aun los sacerdotes del templo ven mas que un bulto, cuyo recatado extremo admiran" (I, 83). However, though Flora assures Camila initially that she has suppressed her sexual appetite, she does not, as we immediately find out that she has hired and disguised her lover as "Claudia" to keep her sexually satisfied while she attempts to maintain the appearance of the good *dama* at court.

The problem of prostitution, another topic often found in the picaresque, is reflected in *La sabia Flora malsabidilla*. For Maravall, the frequency of the topic is a testament to a deterioration of social order due to prostitution (676). The topic is also depicted in Salas Barbadillo's, *La hija de Celestina*, when his character Elena narrates that she was sold "as a virgin" three times to upstanding members of society: "Tres veces fui vendida por virgen. La primera a un eclesiástico rico. La segunda a un señor de título. La tercera a un genovés, que pagó major y comió peor"

(Rey Hazas; *Picaresca femenina* 59).

Similarly, Flora tells Camila of her own rich, upper class clients: "[…] entregué a un rico lo que le hizo pobre en dos años, pasando de sus manos a las mías cuanto adquirió en muchos. Yo bien vestida y él mal desnudo, nos dividimos; él se fue a buscar más ganancias para perderlas, yo más pérdidas para ganarlas. Entré en esta Corte […] [y] elegí la amistad de un hombre, ministro en la ocupación, Creso en la riqueza, y Alejandro en el ánimo. Su amistad recatada y atenta me disfamó poco, me fructificó mucho" (I, 83). Flora is a self-fashioned and financially independent prostitute who has earned considerable money through her rich clients. Like Elena, Flora also serves wealthy—supposedly respectable—members of the community. In Flora's case, her most lucrative job was an administrator who was wealthy like Croesus and energetic like Alexander the Great. Both Flora and Elena earn significant revenue, which enables them to dress and behave like *damas* and easily assimilate. In this way, the text alludes to the prevalence of legalized prostitutes that became financially independent as a result of the profession.[19] (Cruz "Sexual Escape" 141)

Another topos central to the picaresque form is the theme of hunger. The constant need to move and find food or money causes the structure of the picaresque novel to become episodic. Experimenting with this convention, Salas Barbadillo superficially replaces the theme of physical hunger with Flora's sexual hunger. The focus on sex pervades the female picaresque novels, and, as a result, Flora and Camila cannot separate food from sex. In a highly erotic and hyperbolic banquet scene, Salas Barbadillo uses food as a way to criticize the natural lasciviousness of women. As Flora and Camila sit down to eat, Flora explains to Camila that food gives

---

[19] Elizabeth Perry documents the ways in which Spain attempted to control prostitution. Throughout the Early Modern period, prostitution had wavered between being legal and illegal, and the government ultimately found prostitutes a "necessary evil" for many reasons. On the one hand, it helped them to control the spread of syphilis since prostitutes were forced to have frequent medical exams. Moreover, prostitution provided many jobs to women that would bring in substantial revenues. By legalizing prostitution within the confines of the brothel, the government and church could more easily define and control prostitution ("Deviant Insiders" 138-58).

the greatest pleasure and one must always satisfy the needs of the body. Food becomes a metaphor for sex in the following exchange: "[…] la vista de las flores y plantas deleita y no sustenta, y esta recreación del ánimo viene muy bien después de estar satisfecho el cuerpo, que, al fin, como más grosero, en las cosas de su gusto quiere ser preferido en lugar y en tiempo" (I, 97). Camila, picking up on the metaphor, sexualizes the food that is set before her by exclaiming, "¡Oh qué buen melón, qué dulce! Ignorantes andan los poetas en no comparar el gusto y el deleite de los amantes a un melón como éste" (I, 97). Later she exclaims, "la cara deste torrezno y la del capón que viene a su lado me enamoran mucho" (I, 98). Camila continues in her excessive and expressive delight of the food with constant sensual and even homoerotic undertones.[20] The height of this exchange is reached when Flora throws cold water upon her breast and Camila excitedly exclaims, "¡Jesús, Jesús, y qué grande golpe de agua! […] ¿Qué es esto? ¿Estáis loca? ¿Segunda vez os le echáis a pechos? Vos debéis de encenderos; a fe que es grande el fuego donde aun tanta agua parece poca" (I, 100).

The erotic banquet scene is reminiscent of the banquet scene that comes in the ninth *auto* of *La Celestina*. During the banquet, Celestina encourages the two prostitutes and the servants to enjoy each other's young bodies. As in *La Celestina*, the banquet is a place in which there is a glorification of the base, food, and the mundane, and, consequently, sex. Mikhail Bakhtin has studied the history and significance of the banquet scene, in general, and emphasizes the importance of the body transgressing its own limits thereby "erasing limits between man and the world" (28). While the classical symposium stresses philosophy and serious conversation, the banquet scenes in *La sabia Flora malsabidilla* and *La Celestina* are carnivalesque and emphasize love but, more importantly, sex (González Echevarría 28-30). The sexual nature of the banquet scenes in both texts emphasizes the hypersexual nature of women.

I would now like to return to the question of voice in *La sabia Flora*

---

[20] Páez Rivadeneira argues this point: "El juego sensual de Camila y Flora permite a poner en evidencia las posibilidades transgresivas sexuales que, a pesar de las estrictas prohibiciones y castigos en la época, era una costumbre conocida en la gente dedicada al placer en las cortes" (293).

malsabidilla. As I have already noted, in the male picaresque, the *pícaro* speaks in the autobiographical and first person form. There is some reflection in Lázaro's voice as he looks back on his life as the young Lazarillo, while Guzmán's own moral digressions saturate his autobiography. Without doubt, for both Lazarillo and Guzmán, there has been some psychological development, as they have proceeded from child to adult and now look back on their lives with criticism, anticlericism, cynicism, and moral reflection.

In contrast, *La sabia Flora malsabidilla* is not an autobiography, and thus there is not much reflection or psychological development. Moreover, Flora's voice is not always consistent. Depending on her audience, she both arrogantly self-applauds her *pícara* qualities but then denounces female mobility and independence. On the one hand, Flora's astute linguistic manipulation, her keen observations, and her seemingly profound knowledge of art and literature celebrate Flora as a smart and free woman. Salas Barbadillo gives Flora power in the text and through her own linguistic strategies, she tricks men and controls the story. However, Salas Barbadillo, who chooses the novel-in-dialogue, not the autobiographical form, to occasionally assume the feminine voice of Flora, often puts words in her mouth and takes advantage of her dual-personality as both *pícara* and *dama*. As the *pícara*, for example, Flora proudly confirms her natural, womanly tendencies toward promiscuity, but acting as the *dama* she condemns such women. Thus, Flora's speech, as a *pícara*, is subject to the satirical voice of the author. She reflects on the nature of women and her natural propensity toward evil by constantly referring to her delight in satisfying men and to her superficial quest for money: "a todos serví con mis deleites, de todos recibí satisfacciones" (I, 83). There is no sense of remorse for her prior life in Cantillana. In fact, she relishes in the entertainment tricking men provides.

However, when assuming the voice of a *dama*, Flora criticizes the scandalous nature of free women. For example, when Marcelo details the deceptions of the little gypsy girl Gabriela they all once knew in Cantillana, Teodoro asks him to stop for fear of offending the "virgins" Flora and Camila. Flora, acting as the *dama* now, responds in such a way that ironically reprimands her true self—the *pícara* Gabriela—as a free and unenclosed woman. She states that such women must be punished and contained: "Si esa mujercilla era tan vil, hace mi primo muy bien en hablar con desprecio de la bajeza de tal sujeto. Bien es que las mujeres libres tengan este castigo, porque si no, ¿qué premio podemos esperar las honradas y principales si de todas se habla igualmente?" (I, 149). Similarly, Flora, again as the *dama*, is scandalized and offended when Teodoro speaks to her of witchcraft, even though early on in the text, Flora lovingly alludes to her own mother, who was a witch: "[…] lo que me ha dado disgusto es oír tratar de materias supersticiosas, y mucho más el entender que vuestra merced tenga originales de un hombre tan escandaloso como fue Escoto el mágico; cierto que se me ha puesto una nube delante del corazón, y temo […] ¡ay, ay, Jesús y qué mal hombre!" (I, 90).

In addition to Flora herself, several of the male characters also express antifeminist sentiments throughout the work. There are a number of explicit statements on women's deficiencies. For example, Molina and Teodoro discuss women's "best" qualities—they ask too much, they talk too much, and they are natural liars:

MOLINA   Quería que me casase con ella.
TEODORO   ¡Cómo! ¿Eso se atrevió a pedir?
MOLINA   Para pedir esto y otra cualquier cosa todas las mujeres tienen atrevimiento.
TEODORO   Tan natural es el pedir en ellas.
MOLINA   En nada se prueba más que en esto de los casamientos, pues es gente que aun pide palabras.
TEODORO   Piden lo mismo que dan, y muchas veces en lo mismo que dan se quedan.
MOLINA   Por qué gustan tanto de hablar?
TEODORO   Por ser este el campo donde se ejercita el mentir.
MOLINA   Admírome mucho de la osadía con que hablan siempre.
TEODORO   Eso nace de la superioridad que tienen en todos, porque vencidos de su apetito las oímos con veneración y respeto. (III, 218-219)

Though not specifically referring to Flora, such statements allude to Flora's true character as too talkative and deceitful. She is the ideal example of everything that is dangerous in a woman.

One topic the male characters frequently criticize is the growing independence of women. Flora, of course, is the most extreme example of the sexually independant and mobile woman. In one of several passages related to the unenclosed woman, Roselino complains that women have become too visible and are out and about "kicking up dust":

> ¿No habéis visto el ejército pedestre de tanta mujer que imposibilita a veces el paso en las calles más principales y públicas?... en unos [días] salen a título de ver la comedia nueva.... otros hay visitas de amigas, y en ellas se cumple también con los amigos; cuando esta traza falta, fingen que van a comprar alguna cosa, y es más lo que llevan a vender que lo que van a comprar.... Puestas en corto y en zapatos, navegan más tierra en un día que en muchos años en un coche; caminan aprisa, y como llevan las faldas largas, levantan tanto polvo, que han menester ir aparte donde se le sacuden, y así lo hacen... (II, 166)

Similarly, Roselino, at the beginning of Act II, relates a story in which a supposed enclosed woman had so many suitors, one could not find a vacant seat, despite the fact that the woman assured him that she was only breaking her rules of enclosure for him. He ironically praises Flora—the *dama*—for setting the standard for how good women should behave: "Ponderáis muy cuerdamente la soledad de la casa haciendo della justa estimación, porque en Madrid apenas entraréis en parte alguna que no la halléis llena de trastos vivos" (II, 162). Roselino's characterization of Flora's home as quiet and solitary is quite humorous, as Flora has yet again tricked another male into believing that she is an innocent *dama* only interested in religion and embroidery.

Voice, thus, becomes an important difference between the male picaresque and *La sabia Flora malsabidilla*. Because the text is not in the first person, nor is it an autobiography, the text lacks the reflective spirit of Lazarillo's or Guzmán's account. Moreover, by assuming both the voice of the *pícara* and the *dama*, Flora is able to at times arrogantly praise the deceits of the *pícara* and later denounce them, depending on which role she plays and who her audience is.

La sabia Flora malsabidilla ends with Flora and Teodoro's impending trip to the New World, as Teodoro recognizes that the only remedy for his lovesickness is to marry and take her to the New World, where Flora, as Teodoro states, will be recognized as a *dama* and not a *gitana* or a former prostitute. She will begin a new life, far from Madrid: "[...] volverme con ella a las Indias, donde pasará por mujer de la calidad que yo quisiere darla, que verdaderamente yo estaba tan enamorado, que esto no podía tener otro medio para mi remedio" (III, 264).

Travels to the New World are typical of the picaresque novel in which characters leave Spain in search of social and economic freedoms. Though a trip to the New World was not without risk, it was also considered a "tierra libre y bienaventurada," as Las Casas wrote (245). Colonial Spain, however, was also often depicted as an uncivilized and savage world, filled with non-Christians.

Because of the limitless opportunities such a trip could offer, the New World, according to Maravall, attracted delinquents and *pícaros* of all kinds: "Las Indias atraen a una multitud abigarrada de desesperados, delincuentes, jugadores, aventureros, desvalidos, mujeres de mala vida" (264). As a result, the New World became infamous for being a lawless frontier. The well-known quote from Cervantes' *El celoso extremeño* affirms that the New World is a refuge of Spain's pariahs: "[...] las Indias, refugio y amparo de los desesperados de España, iglesia de los alzados, salvoconducto de los homicidas, pala y cubierta de los jugadores a quien llaman ciertos los peritos en el arte, añagaza general de mujeres libres, engaño común de muchos y remedio particular de pocos" (175).

Thus, in literature, there are many instances of *pícaros* who make the trip. Maravall further argues that in the picaresque the New World provides authors a romantic and imaginary space to send their deviant characters. It also offered the *pícaro* a space free from Spain's constrictive social structures where they could begin a "more modern" life: "La situación en España ofrecía un amplio campo para intentar saciar la sed de tales desplazamientos. Responde a ello la frecuente aparición del espacio de las Indias, como un orbe en el que la desvinculación podría llevarse al máximo, en que la novedad se ofrecía al paso, en el que cabía se comenzara una vida 'moderna', conforme a las apetencias del individuo renacentista, descargado del peso de la herencia social abrumadora y constrictiva" (263).

The impending trip of the *pícaro*, so frequent in the picaresque novel, adds another level of ambiguity to the genre. While authors send their characters to the New World for new opportunity and freedom, they also succeed in separating them from Spain in a "lawless" and "uncivilized" space that is appropriate for them. This tension is apparent in *La sabia Flora malsabidilla* in which, on the one hand, Salas Barbadillo celebrates Flora's ingenuity and gives her a chance to, as Teodoro states, "achieve the social equality of a *dama*." However, Salas Barbadillo successfully divides Flora from Madrid, like many other *pícaros*, through this resolution.

While *La sabia Flora malsabidilla* does not adhere to all of the characteristics of the picaresque novel, there are nonetheless major elements of the genre throughout the text that are utilized and adapted. Experimenting with the picaresque's most important conventions, Salas Barbadillo explores what happens when a female takes on the role of the trickster.

LA COMEDIA AND *LA SABIA FLORA MALSABIDILLA*

Salas Barbadillo draws from the *comedia* and focuses on several conventions typical of the genre in order to problematize and satirize them in *La sabia Flora malsabidilla*. His adaptations and inversions center around some of the *comedia's* defining characteristics: the theme of honor, the restoration of honor through marriage, and the excessive identity and gender mix-ups as a result of disguise and cross-dressing.

Lope de Vega in his *Arte nuevo de hacer comedias* advises his contemporary dramaturgs that "los casos de la honra son mejores, / porque mueven con fuerza a toda gente" (18). Indeed, the driving force for the *comedia* is no doubt the restoration of honor, with which seventeenth-century Spain was obsessed. In Spanish drama, honor is a reflection of one's virtues and one's proper code of conduct while dishonor often revolves around the loss of a *dama's* chastity, whether through the loss of her virginity, or through acts of adultery. Therefore, dishonor typically centers on the female sex. *La vida es sueño* by Calderón and *El burlador de Sevilla* by Tirso de Molina are two famous examples in which the *dama* seeks out the perpetrator of her dishonor. In both plays, the female, having been tricked into sleeping with a man with the promise of marriage, takes it upon herself to dress as a male, leave her home, find the perpetrator, and either seek vengeance or restore her lost honor. The *comedia* is generally resolved through the restoration of honor through marriage.[21]

Salas Barbadillo plays with the notion of honor in *La sabia Flora malsabidilla* and problematizes it by presenting Flora as its abuser. If honor is a birthright, Flora's code of conduct does not and can never match that of the *dama* of the *comedia* because of her lowly origins. As a former prostitute, any question of restoring her virginity is a façade, and it will only be artificially repaired through her disguise as a *dama*. Nonetheless, Flora claims the reason for her disguise and deceptions are for her "lost honor": "Yo, que ocho años merecí el nombre de la Malsabidilla, y de doce me intitularon la sabia Flora, perderé la acción que a tan ingeniosos renombres tengo si no le engañare de modo que me vengue del desprecio que hizo de mi honestidad, haciéndole que se case conmigo después de tantas afrentas, para que con su propia honra se enmiende de la deshonra a que con sus engaños dio principio" (I, 84). While Flora gives lip service to the restoration of her lost honor through marriage, the true motive for her travels to Madrid continue to be for Teodoro's fortune, thus revealing her *pícara* tendencies—that is, her economic interests. If honor is the central theme of the Spanish *comedia*, Salas Barbadillo's work does not adhere to the convention because of Flora's lack of social status and her misuse of honor. She has married Teodoro for his money, not for her honor, and the superficial and idealistic restoration of honor has been replaced with the more practical concerns of the picaresque world: money and social status. For this reason, Antonio Cao has defined Salas Barbadillo's works as "*anticomedias*": "'Anticomedias,' ya que la ausencia del honor como temática sería, asi como la transposición del mundo de la picaresca a la escena contravendría esencialmente lo establecido por Lope en su 'Arte nuevo de hacer comedias'"(799-800).

---

[21] Catherine Connor examines this convention of resolving the *comedia* with marriage—the so-called "happy ending"—and concludes that marriage is not a resolution, but rather a "subversive staging of societal conflicts" (26). She suggests that marriage as a resolution may have evoked, especially for the female spectator, a cyclical pattern of conflict and disorder.

Though Salas Barbadillo ends his work in marriage, he further questions marriage as a viable solution for truly restoring Flora's honor or for even containing her. As Kerrigan has rightly argued, though courtship is a time of a woman's greatest liberty and power over men, marriage in the *comedia* is typically a male-controlled realm meant to neutralize the woman by containing and confining her to her home (192). Flora, however, continues to have power over Teodoro, and her pairing with him alludes to her continued domination of men, since the foolish Teodoro will never be strong enough to contain her—she is simply too manipulative. Having finally succeeded and ascended to the title of *dama*, Camila affirms that Flora will lose her infamous and diminutive nickname *malsabidilla*, which once identified her as *pícara*. With her new title, she becomes just "sabia y prudente," superficially obtaining virtue and honor via marriage. Through this artificial restoration of honor, the text seems to suggest that honor is a façade. For Flora, honor is just a matter of clothing and titles.

For Rey Hazas, Flora's marriage to Teodoro reflects the vulnerability of the court in which such ascents occur. Through Flora's success, Salas Barbadillo shows the ease in which Flora can trick foolish men and climb in society via disguise and marriage: "Porque la decadente sociedad barroca española está tan desvirtuada, que hace posibles tales ascensos […] Aquí, el ser de más baja estofa, una gitana logra ennoblecerse, hacerse igual a un hidalgo, con inteligencia, belleza y dinero. De ese modo, Salas Barbadillo critica la decadencia de su mundo, de su sociedad, desde una óptica picaresca, sí, pero conservadora" […]. (Picaresca femenina 36).

As we have seen, the text's resolution of marriage is problematic on various levels: her notion of honor is artificial; she has gained access to a title that is not her birthright; she will not be neutralized via marriage; and she will continue to thrive as a sexually independent woman. As such, Salas Barbadillo's story and his depiction of Flora may serve as a realistic scenario to his male readers. Seeing this, both Thomas Hanrahan and Anne Cruz have argued that the didactic purpose of the female picaresque is not necessarily meant to censure women, but is instead directed toward reforming the male readers (Hanrahan *La mujer en la novela picaresca*; Cruz 148).

Another convention of the *comedia* that Salas Barbadillo plays with is the notion of disguise and cross-dressing, which is one of the *comedia's* most entertaining and defining characteristics. Lope de Vega acknowledges this and, in fact, includes it in his *Arte nuevo de hacer comedias* as a sure way to win over the audience. Lope advises dramaturgs: "Las damas no desdigan de su nombre / Y si mudaren traje, sea de modo / que pueda perdonarse, porque suele / el disfraz varonil agradar mucho" (17). Cross-dressing was a vital part of the *comedia*, and its prevalence indicates that it must have been appealing to dramaturges and audiences.[22]

The cross-dressed female fulfils a number of functions. Donning a man's clothing enables the female protagonist to venture beyond her home, seek out the perpetrator of her lost honor, and implore him to restore it. More importantly, by temporarily becoming male, the female acts out in ways not permitted to women, taking active measures to ensure the restoration of her honor. As a result of cross-dressing, there are typically gender confusions and mix-ups in which women fall for the cross-dressed female, and / or men become intimate friends with her. Critics have noted that cross-dressing is sexually titillating for the male audience and have emphasized that the gender confusion can often charge the play with hints of homoeroticism.[23] However, any threat of sexual transgression is neutralized and repressed by the end of the *comedia* when the disguise is revealed, and the couple unites in a heterosexual marriage.

McKendrick, in her study on the convention, defines the *mujer varonil* as "the woman who is masculine not only in her dress, but also in her acts, her speech or even her attitude of mind" (ix-x). With McKendrick's pivotal study in mind, Amy Williamsen in her article "Sexual Inversion," builds on McKendrick's theory by using a Bakhtinian approach to explain the sexual inversion that takes place in the case of the *mujer varonil*. Through the application of Bahktin's theory of carnival, Williamsen maintains that this sexual inversion belongs in the realm of the "mundo al revés," or the "world upside down." This is a world in which social

---

[22] Anita Stoll writes that "of 460 plays by Lope de Vega, 113 include the use of the disfraz varonil, almost 1/4 of his production that remains to us [...]."(86).

[23] Bravo Villasante argues this point in her book, and Gail Bradbury maintains that cross-dressing charges the play with homoerotic tension.

order and codes are temporarily inverted in order to reestablish and reaffirm existing social and patriarchal structures. For Williamsen, the *mujer varonil* becomes the "woman on top," or the most dominating and empowered character. By donning male clothing, she is granted certain freedoms that would traditionally be relegated to male roles only. Such role reversals (female to male) suspend regularity and convention causing a "temporary liberation from the prevailing truth and the established order–it marks(s) the suspension of all hierarchical rank, privileges, norms, and in essence, prohibitions" (10).

If we accept that cross-dressing and disguise causes this carnivalesque inversion and feminine liberation to occur, this theory becomes particularly interesting in its application to *La sabia Flora malsabidilla* and the excessive disguises and inversions present in the text. The abundance of disguises indeed reflect a spirit of Carnival since Salas Barbadillo explicitly offers this text in celebration of Carnival: "Carísimo vulgo, *la sabia Flora Malsabidilla* sale a festejarse estas Carnestolendas, segura de que sus embustes no han de admirarte, ni ofenderte" (Prologue, 77). The plot revolves around tricks and mix-ups caused by disguise—Flora, Claudia and Molina all disguise themselves.[24] However, there are key differences between the function of the inversions found in the *comedia* and those found in *La sabia Flora malsabidilla*: they are neither conventional role reversals nor, more importantly, are they temporary.

The example of cross-dressing that occurs in the text is not conventional—it is a man dressed as a woman. "Claudia" is a murky character throughout the text whose true identity is never really revealed. (S)he is called both Claudia and Claudio in Act I and II and Federico for the remainder of the work. In Act I, Claudia is Flora's lover, cross-dressed as Flora's virtuous cousin, who Flora tells Teodoro is a companion with whom she "embroiders." The initial disguise as "Claudia" has several key purposes. First, (s)he is the butt of multiple jokes throughout the text and the raw material for Flora's many double meanings that fool the men. Claudia enables Flora to linguistically deceive Teodoro through the use of allusion and double entendre by building on the metaphors that come

---

[24] Much of the satirical poetry in the text also focuses on the damaging effects of cosmetics (*afeites*) to alter one's appearance.

to mean sex. Second, (s)he confirms Flora's sexual insatiability and natural promiscuity, even though Flora dons the disguise of the *dama*. Finally, Claudia's disguise is the center of yet another amorous intrigue in which Roselino, the voice of reason, falls in love with Claudia, thereby creating yet another opportunity for Flora to ridicule the men. Moreover, Roselino's falling for Claudia/o, charges the scene with a comical homoeroticisim, implicating Roselino as potentially sexually transgressive, and definitely foolish, despite the fact he believes he is a man of great reason and unable to be tricked by women.

In the second act, Claudia is liberated from Flora's home and is disguised as "Federico," Claudia's cousin. Claudia, according to Flora, has retired to a convent and is unable to marry Roselino because, "aborrece a los hombres" (II, 180). Again, Flora uses her love of the double entendre to make more linguistic jokes about the fact that "Claudia" prefers the company of women and hates men: "Señor, esta muchacha aborrece a los hombres, y tanto, que tiene determinado de entrarse religiosa, porque es tan amiga de mujeres, que desea vivir y morir en compañía de muchas; más me quiere ella a mí que a todos los hombres del mundo, y es porque se ve a tiempos con algunas necesidades que yo sola se las remedio" (II, 180).

Claudia's transformation to Federico is all part of Flora's scheme to marry Teodoro. She continues to control Claudia/Federico as per her needs:

> FLORA [...] Al fin, señor, tiempo es que te vayas; y determinado que en hábito varonil, fingiendo llamarte Federico, a título de que eres hermano de Claudia, y primo mío [...].
>
> CLAUDIA [...] ¡Oh qué bien descubres en esto como en lo demás tu ingeniosa agudeza! [...] y dándoles de camino algunos celos que los encienda en su pretensión, principalmente a Teodoro [...]. (II, 196)

Salas Barbadillo is clearly playing with the convention of cross-dressing. Traditionally, in the *comedia* a woman dresses as a man; being a male gives her the freedom, and moreover, the power to restore her honor. In contrast, the male is dressed as a female. Instead of gaining power as a female does when she dons a male's clothing, he, by virtue of dressing as a female, becomes imprisoned. The male character thus takes on a passive role as Flora's personal sex slave. Camila comments on Claudio's captivity in Flora's home and alludes to Flora's complete domination of him: "Claudio dice que está ya muy cansado de ser Claudia, [...] y tu continuo recogimiento de prisión estrecha; pide licencia para irse" (II, 181). This unconventional cross-dressing creates a humorous variation on the carnivalesque theory of sexual inversion in which the man, now dressed as a woman, becomes passive to the dominant Flora. Even after Claudio is released from his imprisonment and becomes "Federico," Flora maintains control over him using him to later rouse Teodoro's jealousy. Despite being imprisoned, controlled, and sexually subjugated by Flora, Federico still later confesses his true love for Flora: "[...] hoy, que es fuerza apartarme de los ojos de Flora, a quien he debido la voluntad que nunca podré pagarla, quiero llegar a despedirme de sus rejas cantando todo lo que a sus alabanzas debo. Sean estos últimos suspiros significación de mi agradecimiento, pues quiere amor que aquello que nunca amé cuando lo poseía lo adore cuando ya es forzoso perderlo" (III, 249). Clearly, the inversion from male to female and the revealing of masks, in Claudia/Federico's case, is not just temporary. Flora remains in complete control of Federico—whether dressed as a woman or a man—as he remains subserviant to Flora.

Claudia's cross-dressing is unusual on yet another level: while it is typical that the cross-dressed female seeks to restore her lost honor, the purpose of the cross-dressed male within this text is to further implicate Flora as sexually independent and lascivious. Flora continuously calls attention to her own insatiability by maintaining that, while Claudia is an excellent lover, he still could not provide her sexual satisfaction. The women joke that there is never enough sex (*labor*):

> FLORA   La labor confieso que ha sido buena, pero no mucha.
> CAMILA Siempre semejante labor, en pareciendo buena, parece poca. (II, 181)

In this way, Flora alludes to her oversexual desires, but she also reiterates her domination of men, including Claudia/Federico.

Flora's disguise is another important inversion that is central to the text and to the spirit of Carnival so present in the text. Flora's disguise, however, is not cross-gender but cross-social. With her transformation from *pícara* to *dama*, she disguises her social status—not her sex—and creates a different instance of Carnival in which social class is inverted. As a *pícara*, she is afforded sexual freedom but is constrained financially and unable to move vertically within social class. However, disguised as a *dama*, she retains sexual freedom within the closed doors of her home. Through her marriage to Teodoro, Flora will finally obtain her ultimate goal: social and financial security. Ironically, her so-called enclosure at court allows her more freedoms and social liberties than as a *pícara* in Cantillana.

As McKendrick and Williamsen have noted, inversions in the *comedia* are temporary liberations. However, Flora's role reversal from *pícara* to *dama* is not just temporary. Moreover, while the unveiling of masks and the final marriages in the *comedia* are generally restorative and neutralizing forces, Flora's marriage to Teodoro and her ultimate move to the New World seem to imply that Flora's own Carnival—and her dominating role as "woman on top"—is a permanent reality. She is neither punished nor sorry for her deceits. The instability of Carnival is reflected in Flora's continuous deceits, in the celebration of her as a dominant character, in the frequent song and dance, in Flora's continuous word play, and in her disguise as a *dama*. Camila's final words praise Flora for her ability to take control of her own destiny by virtue of her empowerment. Her words now take on subtle but darker interpretation, as they affirm this conception of Flora's permanent Carnival: "Mil años te goces con todas las felicidades que se suelen juntar en un buen casamiento, y de aquí adelante, pues tan bien has sabido valerte de tu entendimiento para tu bien [...]" (III, 265).

Though the work is not meant for the stage, Salas Barbadillo uses some of the *comedia's* defining conventions but twists and distorts them. Flora's understanding of honor laughs in the face of that convention, while marriage functions not as a neutralizing force for Flora, but as a tool that will further empower her making her both rich and titled. Finally, while the disguises—both cross-gender and cross-social—reflect a spirit of Carnival, the text alludes to an ongoing instability, or a permanent

Carnival, in which Flora, whether disguised or not, will always be "woman-on-top."

Poetry in *La sabia Flora malsabidilla*

Poetry has an important role in *La sabia Flora malsabidilla*. At times poetry dominates the text and diverts attention away from the plot. This diversion is purposeful and useful to both Flora with her listeners and to Salas Barbadillo with his readers. There are four main functions of the poetry in the text. First, the love poetry sets up an important contrast between the artificial and unrealistic world of fiction of the court—as epitomized by the love poetry—and the story of Flora and her deceptions, professions, and economics. Similarly, the satirical poetry parallels some of the topics such as prostitution, disguise, and witchcraft, which Salas Barbadillo deals with throughout the text providing another place for Salas Barbadillo to satirize contemporary issues and problems. Third, the love poetry suspends time and thereby diverts the attention of the men whom Flora is attempting to trick. Finally, poetry serves as a form of entertainment for Flora and her guests, who are both entertained and edified by its content–a convention typical of the *novela cortesana*.

Primarily, the intercalated love poetry creates two contrasting worlds–that of fiction, the court, and the lofty ideals of poets and lovers and that of *pícaras* and their trickery. Such love poems are typical of the pastoral romance in which shepherds lament their unrequited love for idealized women and perfect nature. The pastoral poetry sets up an idyllic, superficial space within the context of this satirical-picaresque framework. This juxtaposition and clash between the world of the idealized woman and the world of the deviant female trickster satirizes the notion of courtly love.

Through the juxtaposition of love poetry and satirical prose and, accordingly, literature and life, Salas Barbadillo satirizes poetic convention. For example, in Act II, Teodoro, saddened to hear of the gypsy girl's death, goes about collecting masses for her soul: "¡Oh muerte avara; imposible será que no celebre con lágrimas tan infelices exequias" (II, 167). Teodoro's sentiments are melodramatic in his reaction to the death of a gypsy girl he once used. In the following scene, Claudia sings Flora a somber love poem picking up the theme of death and love, but is quickly stopped by Flora's excitement when Camila arrives to tell her about how her ruse has succeeded. Cutting Claudia off, Flora exclaims, "Basta, basta, no prosigas, que ya viene nuestra fiel Camila. ¡Oh, amiga! Señora, despéname luego diciéndome el efecto que ha hecho mi industria y hasta dónde puedo volar con mis esperanzas" (II, 169). Salas Barbadillo has cleverly juxtaposed the world of poetry and the world of deceit. By abruptly interrupting the love poem for more saucy developments in the story, Flora indirectly scoffs at the conventional poem Claudia sings.

Additionally, poetry is used as a device to suspend time and distract the men while the ruses are taking place. According to Maravall, song and dance are frequently used in the female picaresque as a device or a "mala arte" to seduce, deceive, and distract the men. Song and dance provide freedom of expression and therefore reflects the liberty the *pícaras* are allowed. Moreover, song and dance can be sexy. Maravall remarks: "[…] hay que hacer mención la fuerza que se le reconoce al canto y al baile. El papel de ambos se puede decir que se incrementa en toda sociedad que se presente con un inusual índice de libertad de comportamiento" (682). In one instance of distraction, Camila sings to Teodoro while Flora organizes a way to make him jealous, thereby forcing him to fall even more deeply in love with her. Informing Teodoro that Federico is also in love with Flora, and that she intends to flee with him, Camila suspends time with her poem, thereby causing his jealousy to flare:

> TEODORO ¿Cómo, mi señora? Hable vuestra merced claro.
> CAMILA Aquí no puedo […] presumirán que hablamos, y de lo que hablamos […]
> TEODORO La dilación será mi muerte.
> CAMILA […] Al fin, señor, canto un Romance que, por ser él y el tono nuevos, podrán ser parte para divertir a vuestra merced, o por lo menos deseo yo que lo sean, si no es que esto mismo lo asegura menos, en la contradicción de mi desdicha. (II, 209)

Another example of suspension via poetry comes in Act I, as Camila attempts to calm Marcelo's jealousy with her song. Marcelo informs her that the song, because of her alluring voice, has the opposite effect on him: "¿Piensa vuestra merced que por haber cantado ha puesto quietud en mis celos? Antes los ha despertado mayores, porque presumo yo que este romance, pues vuestra merced le celebra con tanto gusto, se escribió en su alabanza" (I, 142).

Finally, Camila's love poetry reaffirms her intelligence and extensive knowledge of literature and art. These poems, while derived from the pastoral, are also utilized in the *novela cortesana* as a way to provide entertainment and edification for the listeners. As Claudia notes to Flora, the poem dedicated to "Laura"—Salas Barbadillo's ideal woman—is meant to teach through positive example. Though Flora could never compare to the "honesta Laura," she can learn from example: "[…] el sujeto de su alabanza la honesta Laura; porque, aunque no la pareces en las costumbres, que los malos recibimos bien las alabanzas de lo que conocidamente son buenos" (II, 167). While the poetry is entertainment for Flora and her guests, the idea of "edification," which Camila mentions, is meant to be humorous since Flora is never acts on any moral or lesson learned from the poetry. The women idolized in some of the poetry function in sharp contrast to Flora.

The satirical, burlesque poetry parallels and repeats topics that are alluded to in the text. The most significant and difficult satirical poem comes in Act II. Written in *seguidillas*,[25] Flora herself states how excessive in length they are: "¿De dónde ha salido tanta variedad de seguidillas? No sé cuál admire más, su agudeza y gracia, o su innumerable número; parece que toda la vida has empleado solamente en este estudio" (232). The poem is sung by Claudia after having learned that Flora is going to free him from imprisonment. He is so happy about his freedom that it is as if he has been liberated from a Moorish prison, as Flora exclaims: "como si salir de mi casa fuera haberse librado de las prisiones de Argel" (II, 183). In length, the poem is a significant part of Act II and thus is an integral part of the text. In many ways, the poem functions as an interlude or *entremés*, much like a piece that would be offered as a break in the action during a *comedia*. Again, Salas Barbadillo plays with convention.

---

[25] The *seguidilla* is a popular Spanish poetic form that originated as a dance and was popular in the underworld. It is a four-line strophe with varied verse lengths and assonance (Preminger 758).

Much like an *entremés,* the poem mirrors many of the themes the text depicts.

For example, the poem, like the text itself, reflects the spirit of Carnival. It plays on the word *Carnestolendas,* and the poet develops a series of conceits related to the lack of meat or *carne,* as the word *Carnestolendas* means "taking away of flesh" (*carnera levare*). Using this motif of the taking away of flesh, Salas Barbadillo creates complex and witty comparisons and associations between *carne* and sin, and moreover, sins of the flesh. Salas Barbadillo uses complicated conceits frequently in this poem. By playing on the double and triple meanings of words, the poet constructs intricate comparisons and wordplays which have seemingly nothing to do with each other.

Building on the image of *carne* and *flaqueza,* Salas Barbadillo catalogues vices and sins of different types. The presence of the grotesque is striking, as the poet constantly depicts the aged and diseased prostitute who has no *carne* because of the various *flaquezas* she happily commits. Linking physical decay with sin (*flaquezas*), Salas Barbadillo writes of the excesses of carnival and the importance of abstention: Mil flaquezas cometes sin tener carne, / di, ¿con qué te disculpas de lo que haces? (II, 184)

Always returning to link the image of *carne* with sin, the poet continues to catalogue sinners by drawing from types and professions of seventeenth-century Spain. In one instance, Salas Barbadillo ridicules tailors and accuses them of being thieves. Ironically, the tailor (*sastre)* goes to Hell naked—*en carnes*—for having robbed his clients throughout his life: "Por lo mal que ha vestido robando a muchos, / al infierno mi sastre se fue desnudo. / El suceso parece muy peregrino, / ¿cómo se fue desnudo por lo vestido? / El no sabe qué hacerse, muere de hambre, / que andan en el infierno todos en carnes" (II, 185). By characterizing the tailor as naked in Hell, Salas Barbadillo cleverly plays on the double meaning of *en carnes* by linking once again the literal meaning of *en carnes*—naked— with the metaphorical association of *carne* and sin. Morevoer, the tailor eventually dies of hunger in Hell since people in Hell walk around naked and have no need for a tailor. Ironically, they, too, are naked in Hell because of their carnal sins.

The poem's most fierce criticism centers around prostitutes. Whether fat, skinny, syphilitic or decrepit, Salas Barbadillo links them to the image of *carne*. In the following verses, the prostitute is *gorda* and appeals to the scribe, who is depicted as a carnivorous cat. The prostitute's flesh is excessive and overflowing: "Fuiste cuando más gorda de un escribano / porque son carniceros siempre los gatos" (II, 184).

The prostitute's flesh later becomes decrepit and decayed as a result of her lascivious lifestyle, and she gives herself to the "Jewish dog," who then gnaws at her bones. Here, the poet uses the chewed flesh of the prostitute to make an anti-Semitic comparison between the *converso* and a dog: "A un confeso le diste después tu cuerpo, / que es de perros muy propio roer los huesos" (II, 184). The prostitute travels the two extremes of the body: she is both abundantly fat and later excessively withered. In both instances her excesses are linked to the image of *carne* and Carnival. The Manzanares River is notoriously dry and is infamous for housing many prostitutes who are disguised as *fregonas* (washer-women). The poet, like many of his contemporaries, enjoys depicting the river as a dried-up and unpleasant live there as snakes and compares the snakes of the desert of Libia to the prostitutes of the dried-up Manzanares: "Bien se ve Manzanares que eres muy seco, / pues del agua salen con tanto fuego. / Tus arenas parecen a las de Libia, / por las muchas serpientes que en ellas crías" (II, 194).

The poet perverts the classical and artificial image of a beautiful siren by depicting the Manzanares' contemporary "sirens" as codfish. Even the ugliest Galician siren is better than the prostitutes of the Manzanares: "La Sirena gallega de peor cuerpo / vale más que las que andan entre abadejo" (II, 194). Once again, Salas Barbadillo links physical ugliness to prostitution and sin.

While the use of poetry in *La sabia Flora malsabidilla* seemingly diverts attention away from the plot, it has an important role and provides levels of complexity to the text. The love poetry contrasts the world of fiction with the world of Flora and is simply used to entertain and edify Flora and her guests. The satirical poetry reflects some of the themes of deception and vice depicted in the text. Finally, at certain times in the text, poetry is used as a device by the female characters to divert attention and suspend time, thereby further manipulating the men in the text further.

CONCLUSIONS

La sabia Flora malsabidilla is a Baroque text that plays with the notion of disguise and deception on many levels: the clever women deceive the foolish men through ruses, word-play, poetry, and disguise, and Salas Barbadillo deceives the reader by twisting and distorting conventions typical of the Spanish Golden Age such as the picaresque and the *comedia*. Deceit and disguise, along with the festive ambiance of the text, such as the erotic banquet scene, the many games played, and the frequent songs and poems throughout the text cause there to be an ubiquitous spirit of Carnival. This festive and humorous atmosphere is a key component in the text. The first obvious example of the presence of Carnival is the fact that Salas Barbadillo offers the text in celebration of Carnival. Second, the long poem that comes in the middle of the work returns to the image of *carne* and sins of the flesh. Finally, there are two examples of disguise—both cross-gender and cross-social—that occur and thereby create a sense of instability, liberation, female empowerment and lack of prohibition. This mood is typical of Carnival in which there are frequent inversions of power and a temporary absence of stability. However, because of Flora's successful ascent and the ultimate lack of punishment, the text seems to allude to the idea of a permanent Carnival and permanent instability—a world in danger of having Flora forever on top.

Furthermore, the text focuses on two individuals, Flora and Teodoro, who are not natives of the court, but who have come to court as a result of the money Teodoro earned in the New World and the money Flora earned as a prostitute. The significant revenues they have earned as an *indiano* and a prostitute have allowed them the possibility of, in Teodoro's case, buying a title, and, in Flora's, combining her assets, hocking her jewels and disguising herself as a *dama*. Teodoro, though not technically disguised, is, after all, just acting the part of the nobleman. Flora, too, as I have explained, is assuming the role of a *dama,* a status easy for her to fake on the surface. The ease in which the two have succeeded at court seems to point to a sense of confusion and dilution that was occurring in Madrid.

Perhaps this confusion of identity is a reflection of the times in Madrid—a place of growing transformation during this time period.

Madrid was a political and a spiritual center where all walks of life including beggars, students, *pícaros*, and prostitutes mixed with the *damas*, *caballeros* and *indianos*. This amalgamation must have created a sense of confusion, which is certainly reflected in the text. Throughout the work, characters allude to this sense of social confusion, which has caused hypocrisy and declining values. For example, Marcelo complains about the "lack of virtue" in contemporary life despite the fact that virtue is widely preached: "El día de hoy están todas las cosas tan confusas, que parece que no se ven con distinción, porque no es día, sino una noche obscurísima […]; […] al fin los que remamos con la miseria deste siglo, necesitamos de mucha advertencia, y de igual sufrimiento; porque la virtud todos la predican, pocos la siguen" (II, 203).

The most important and interesting aspect of the work revolves around the portrayal of women. Flora, because of her dual-personality and dichotomized character as both *pícara* and *dama*, embodies the stereotypes of both classes of women. Flora, as the *pícara*, is practically a descendant of Celestina and is dangerous on several levels. She is beautiful, sexually independent, mobile, witty and deceitful, preying on foolish and rich men, such as Teodoro, using his ridiculousness and arrogance to her advantage. She is fully capable of succeeding in deceiving all of the men present in the text. Like a good *dama*, she appears dedicated to religion, embroiders, and stays out of public. These are easy façades to adopt, since her enclosure at court allows for her to behave badly behind the closed doors of her home.

Flora takes advantage of the foolish men that surround her. The reader never feels sorry for Teodoro. In contrast, we come to celebrate Flora's ingenuity and praise her for exploiting such a ridiculous man. Similarly, Roselino, who also repeatedly falls into Flora's traps, maintains that he could never be deceived by a woman. This is very humorous, and the reader applauds Flora for her wit and genius. Salas Barbadillo has created a powerful opportunist female character who will take full advantage of the fools at court. In this regard, perhaps the text is more about the dangers of foolish and arrogant men than the perils of ingenious women. However, as I have argued, there are many poems, statements made by other characters, and statements made by Flora herself, that denounce the independent and mobile woman. In this way, the text continues to deceive, causing ambiguity and even discrepancy when attempting to interpret Salas Barbadillo's true intentions. We are left questioning whether female ingenuity is celebrated or denounced. What are Salas Barbadillo's motives for creating such a wise *sabia* character? Is the message, indeed, to warn fellow men of the dangers of powerful women? Or is it, more likely, to warn of the dangers of foolish men and foolish love? Perhaps Marcelo sums up this point best as he states that women are more powerful than men because love makes men foolish. Moreover, it is not that men lack ingenuity, but it is that women have an excessive amount of it: "Mucho me corro de que presumáis que las mujeres llegan a tener tan dilatado artificio; todas son vanas, y aunque confieso que discurren con agudeza, no con profundidad, que si nos engañan cada día a los hombres, no es porque sepan más que nosotros, sino porque nos cogen enamorados, que es en el estado que sabemos menos; [...] no es por falta de ingenio en los hombres, sino por sobra de rendimiento natural a las mujeres" (I, 120).

The text deceives on yet another level: genre. Salas Barbadillo is clearly playing with convention in this text, as he creates a hybrid, innovative, and complicated text that uses qualities of *La Celestina*, the picaresque, and the *comedia* as fuel for his story, his character development, and his form. Taking the conventions typical of the picaresque, for example, Salas Barbadillo cleverly tells one episode in a *pícara's* life. Like a *pícaro*, Flora is of lowly origins, has criminal parents who were prosecuted for their crimes, is a trickster, and attempts to move upward in society. More importantly, however, she is a *pícara*, and because of this crucial clarification of gender, her deceits revolve around her sex and her sexuality. Flora embodies everything that we associate with the infamous bawd and go-between, Celestina. She has the ability to repair hymens, can move seamlessly between classes, is sexually dangerous and controls—even enslaves—men. Like Celestina, she is linguistically adept and manipulative, and she is financially independent because of her prior profession as a prostitute. However, there is a key difference in the two texts. Unlike Celestina who is ultimately killed for her life of crime, Flora thrives, succeeds, and inevitably continues as the dominant female.

The influence of the *comedia* also has a very important role in the text, as Salas Barbadillo plays with the notion of honor, the resolution of marriage, and disguise. In contrast, however, he shows what conspires when an ingenious—indeed *malsabidilla—pícara* is married. Though marriage is typically used in the *comedia* to neutralize the female character, Flora's pairing with Teodoro indeed seems to imply quite the opposite. Flora will continue to thrive as the dominant, mobile and independent woman for an eternity, or "mil años," as Camila confirms. For Salas Barbadillo, Flora's confession and her marriage to Teodoro will simply not be enough to contain her. His solution: send her to the New World, an appropriate space far from Spain that is filled with *pícaros* and *pícaras*, but one that will also provide her financial and social freedoms.

CRITERIA FOR THIS EDITION

This edition is intended for advanced undergraduate students of Spanish literature, graduate students, and instructors of Spanish literature. It is a work that literary scholars of Golden Age literature and undergraduates will now have access to. It will be of interest in classes relating to the picaresque, Celestina's legacy, or secondary authors of seventeenth century Spain. I have transcribed and been faithful to first edition of the early modern printed book from 1621 (Madrid: Sánchez) and have consulted when necessary the 1907 introduction and edition of *Obras completas* by Cotarelo y Mori. I have worked from a microfilm of the early modern printed book from the archives of the Hispanic Society of America in New York City.

I have modernized orthography. Some examples include:

(T = CT) vitoria = victoria / efeto = efecto,
(G = H) agora = ahora
(G = J) muger = mujer
(SS = S) esso = eso
(X = J) introduxo = introdujo / truxera = trajera,
(Ç = Z) esfuerços = esfuerzos
Vuesa merced = Vuestra merced
(E = O) Escuridades = Oscuridades
(IE = I) Apriesa = Aprisa
(Z = C) Hazen = hacen / luzes = luces
Ombros = hombros

I have added accent marks, retained contractions such as *destos, dellas,* entreambos, esotros, dél, etc. I have retained such forms as *lúcesele, dejéme, ocasiónele,* etc., so that it still reads as a seventeenth century text and have kept capitalization such as *Corte, Reyes, Sol, Criador, Ninfas, Caballero, Poeta,* etc.

ABBREVIATIONS FOR COMMON REFERENCES:

AH: *The American Heritage Dictionary of the English Language.* 4th ed. Boston: Houghton Mifflin, 2000. www.bartleby.com/61.

CE: *The Columbia Encyclopedia.* 6th ed. New York: Columbia University Press, 2001. www.bartleby.com/65/.

DA: *Diccionario de autoridades.* Compuesto por la Real Academia Española. Biblioteca románica hispánica. Madrid: Gredos, 1963.

COV: Covarrubias Orozco, Sebastián de. *Tesoro de la lengua castellana o española.* Ed. Felipe C.R. Maldonado; revisada por Manuel Camarero. 2nd Ed. Nueva biblioteca de erudición y crítica. Madrid: Editorial Castalia, c1995, 1994.

COR: *Diccionario crítico etimológico castellano e hispánico.* Ed. Joan Corominas.

HCM: Howe, George & G.A. Harrer. *A Handbook of Classical Mythology.* London: Oracle Publishing, 1996.

GDL: *Larousse gran diccionario.* México: Ediciones Larousse, 1984.

MOL: Moliner, María. *Diccionario de uso del español.* 2 vols. Madrid: Gredos, 1984.

PF: Brewer, E. Cobham. *Dictionary of Phrase and Fable.* Philadelphia: Henry Altemus, 1898. www.bartleby.com/81/.

PE: Alex Preminger, Ed. Frank J. Warnke and O.B. Hardison, Jr., Associate Eds. *Princeton Encyclopedia of Poetry and Poetics.* Princeton: Princeton UP, 1974.

RET: Marchese, Angelo y Joaquín Forradellas. *Diccionario de retórica, crítica y terminología literaria.* Barcelona: Editorial Ariel, 1986.

Appendix

Complete Works by Salas Barbadillo

1609 *Patrona de Madrid restituida*
1612 (Lérida y Zaragoza); 1616 (Milan) *La hija de Celestina*
1615 *Corrección de vicios*
1620, 1621 *El sagaz Estacio, marido examinado*
1614, 1616 *El caballero puntual*, Part I
1614 *La ingeniosa Elena* (Augmented edition of *La hija de Celestina*)
1618 *Rimas castellanas*
1619 *El caballero puntual*, Part II
1619 *Prodigios de amor*
1620 *El caballero perfecto*
1620 *El subtil cordovés Pedro de Urdemalas y El gallardo Escarramán*
1620 *La escuela de Celestina y el hidalgo presumido*
1620, 1624 (Barcelona) *La casa del placer honesto*
1620, 1621 *El necio bien afortunado*
1621 *Triumfos de la Beata Sor Juana de la Cruz*
1621 *La sabia Flora malsabidilla*
1622 *Fiestas de la boda de la incasable malcasada*
1621 *El cortesano descortés*
1623 *Don Diego de Noche*
1627, 1629 *La estafeta del dios Momo*
1634 *El curioso y sabio Alejandro, fiscal y juez de vidas ajenas*
1635 *Coronas del Parnaso y platos de las Musas*

Bibliography

Primary Texts

Alemán, Mateo. *Guzmán de Alfarache*. Ed. José María Micó. 2 vols. Madrid: Cátedra, 1987.

Alvarez y Baena, José Antonio. *Hijos de Madrid*. 4 vols. Madrid: B. Cano, 1789-91.

Boccaccio, Giovanni. *The Decameron*. Trans. G.H. McWilliam. 2nd Ed. New York: Penguin Books, 1995.

Calderón. *La vida es sueño*. Ed. Ciriaco Morón. Madrid: Ediciones Cátedra, 1984.

Castillo Solórzano, Alonso de. *La garduña de Sevilla y anzvelo de las bolsas*. Ed. Federico Ruiz Morcuende. Madrid: Ediciones de "La Lectura," 1922.

———. *Niña de los embustes, Teresa de Manzanares*. In *Picaresca femenina*. Barcelona: Clásicos Plaza y Janés, 1986.

Cervantes, Miguel de. *El celoso extremeño. Novelas ejemplares II*. Ed. Harry Sieber. 14th ed. Madrid: Cátedra, 1992.

———. *Entremeses*. Ed. Nicholas Spadaccini. 7th ed. Madrid: Cátedra, 1989.

Cotarelo y Mori, don Emilio. *Obras de Alonso Jerónimo de Salas Barbadillo: Tomo I*. Madrid: Escritores Castellanos, 1907.

Casas, Bartolomé de las. *Brevísima relación de la destruición de las Indias*. Ed. Consuelo Varela. Madrid: Editorial Castalia, 1999.

Lazarillo de Tormes. Ed. Francisco Rico. Madrid: Cátedra, 1987.

Lazarillo de Tormes. Ed. Claudio Guillén. New York: Dell Publishing Co., 1966.

Lope de Vega. *Arte nuevo de hacer comedias*. 5th Edition. Madrid: Austral, 1981.

López de Ubeda, Francisco. *La pícara Justina*. Ed. Bruno E. Damiani. Madrid: Porrúa Turanzas, 1983.

Luis de León. *La perfecta casada*. Ed. Mercedes Etreros. Madrid: Taurus, 1987.

Quevedo, Francisco de. *Poesía varia*. Ed. James O. Crosby. 10th Edition. Madrid: Cátedra, 1996.

———. *El Buscón*. Ed. Domingo Ynduráin. 11th Edition. Madrid: Cátedra, 1990.

Rojas, Fernando de. *La Celestina*. Ed. Dorothy S. Severin. 9th Ed. Madrid: Cátedra, 1995.

Salas Barbadillo, Alonso Jerónimo. *La sabia Flora Malsabidilla*. Madrid: Luis Sancehz [for] Andres de Carrasquilla, 1621.

———. *La sabia Flora Malsabidilla*. In *Obras completas de Alonso Jerónimo Salas Barbadillo: Tomo I*. Ed. Emilio Cotarelo y Mori. Madrid: Revista de archivos, 1907.

———. *Escuela de Celestina*. Madrid: Andrés de Porras, 1620.

———. *El cortesano descortés*. In *Dos novelas de Salas Barbadillo*. Ed. Francisco R. de Uhagón. Madrid: Sociedad de bibliófilos españoles, 1894.

———. *El necio bien afortunado*. In *Dos novelas de Salas Barbadillo*. Ed. Francisco R. de Uhagón. Madrid: Sociedad de bibliófilos españoles, 1894.

———. *La ingeniosa Elena (La hija de Celestina)*. Ed. Jesús Costa Ferrandis. Lleida: Artis, Estudios Gráficos, 1985.

———. *La hija de Celestina*. Ed. Antonio Rey Hazas. In *Picaresca femenina*. Barcelona: Clásicos Plaza y Janés, 1986.

———. *La peregrinación sabia y el sagaz Estacio, marido examinado*. Ed. Francisco Icaza. Madrid: Ediciones de "La Lectura," 1924.

Tirso de Molina. *El burlador de Sevilla*. Ed. Alfredo Rodríguez López-Vázquez. Madrid: Cátedra, 1989.

Vives, Juan Luis. *Instrucción de la mujer cristiana*. Trans. Juan Justiniano. Introducción, revisión y anotación de Elizabeth Teresa Howe. Madrid: Universidad Pontificia de Salamanca, 1995.

SECONDARY SOURCES

Bakhtin, Mikhail. *Rabelais and His World*. Trans. Helen Iswolsky. Bloomington: Indiana UP, 1968.

Bataillon, Marcel. *Pícaros y picaresca: La pícara Justina*. Madrid: Taurus Ediciones, 1969.

Bradbury, Gail. "Irregular Sexuality in the Spanish *Comedia*." *Modern Language Review* 76, 3 (1981): 566-80.

Bravo Villasante, Carmen. *La mujer vestida de hombre en el teatro español*. Madrid: Revista de Occidente, 1955.

Cao, Anthony F. "La anticomedia de Salas Barbadillo, transposición genérica y desplazamiento de la figura mítica." *Actas del X Congreso de la Asociación Internacional de Hispanistas*. Vol 1. Ed. Antonio Vilanova. Barcelona: PPU, 1992. 799-812.

Cauz, Francisco A. *La narrativa de Salas Barbadillo*. Ediciones Colmegna: Santa Fe, Argentina, 1977.

Chandler, Frank. *Romances of Roguery*. New York, London: Macmillan, 1899.

Coll, Reyes. "Pícaras en la picaresca: Función social de la adaptación literaria." Diss. U Minnesota, 1993. Ann Arbor: UMI, 1993. 9331902.

———. "Subjetividad, mujer y novela picaresca: El caso de las pícaras". *Journal of Interdisciplinary Literary Studies* 6 (1994): 131-48.

Connor, Catherine. "Marriage and Subversion in *Comedia* Endings: Problems in Art and Society." *Gender, Identity, and Representation in Spain's Golden Age*. Eds., Anita Stoll and Dawn Smith. Lewisburg: Bucknell University Press, 2000. 23-46.

Cox Davis, Nina. "Breaking the Barriers: The Birth of López de Ubeda's *Pícara Justina*." *The Picaresque: Tradition and Displacement*. Ed. Giancarlo Maiorino. Minneapolis: University of Minnesota Press, 1996. 137-58.

Covarrubias Orozco, Sebastián de. *Tesoro de la lengua castellana o española*. Ed. Felipe C.R. Maldonado; revisada por Manuel Camarero. 2nd Ed. Nueva biblioteca de erudición y crítica. Madrid: Editorial Castalia, c1995, 1994.

Cruz, Anne. "Feminism, psychology, and search from M/Other in Early Modern Spain" In *Indiana Journal of Hispanic Literature* 8 (1996): 31-54.

———. "Sexual Enclosure, Textual Escape." *Seeking the Woman in Late Medieval and Renaissance Writings : Essays in Feminist Contextual Criticism*. Eds. Sheila Fisher and Janet E. Halley. Knoxville: University of Tennessee Press, 1989. 135-159.

———. "Studying Gender in the Spanish Golden Age." *Cultural and Historical Grounding for Hispanic and Luso-Brazilian Feminist Literary Criticism*. Ed. Hernan Vidal. Minneapolis, MN: Institute for the Study of Ideologies and Literature, 1989. 193-218.

———. "The abjected feminine in the *Lazarillo de Tormes*." *Crítica hispánica* 19 (1997): 99-109.

———. "The picaresque as discourse of poverty." *Ideologies and Literature* 1 (1985): 79-94.

———. *Discourses of Poverty: Social Reform and the Picaresque Novel in Early Modern Spain*. Toronto: University of Toronto Press, 1999.

Damiani, Bruno. "*La lozana andaluza* as Precursor to the Spanish Picaresque." *The Picaresque: A Symposium on the Rogue's Tale*. Eds. Carmen Benito-Vessels and Michael Zappala. Newark: University of Delaware Press; London; Cranberry, N.J.: Associated University Presses, 1994. 57-68.

———. "El nuevo mundo en la novela picaresca española." *Relaciones literarias entre España y América en los siglos XVI y XVII*. Ed. Ysla Campbell. Colección conmemorativa quinto. Centenario del encuentro de dos mundos. Universidad Autónoma de Ciudad Juárez: Mexico, 1992. 225-50.

Davis, Natalie Zemon. "Women on Top: Symbolic Sexual Inversion and Political

Disorder in Early Modern Europe." *The Reversible World: Symbolic Inversion in Art and Socity.* Ed. Barbara A. Babcock. Ithaca: Cornell UP, 1978. 147-90.

Del Monte, Alberto. *Itinerario de la novela picaresca española.* Trans. Enrique Sordo. Barcelona: Lumen, 1971.

Dunn, Peter. *Spanish Picaresque Novel.* Boston: Twayne Publishers, 1979.

Fildes, Valerie A. *Wet nursing: a history from antiquity to the present.* Oxford and New York: Basil Blackwell, 1988.

Forcione, Alban K. *Cervantes and the Humanist Vision: A Study of Four Exemplary Novels.* Princeton: Princeton UP, 1982.

———. *Cervantes and the Mystery of Lawlessness: A study of El casamiento engañoso y El coloquio de los perros.* Princeton: Princeton UP, 1984.

Friedman, Edward H. *The Antiheroine's Voice: Narrative Discourse and Transformations of the Picaresque.* Columbia, MO: University of Missouri Press, 1987.

Gilman, Stephan. *The Art of La Celestina.* Madison: University of Wisconsin Press, 1956.

———. "The Death of Lazarillo de Tormes." *PMLA* 81 (1966): 149-66.

González Echevarría, Roberto. *Celestina's Brood: Continuities of the Baroque in Spanish and Latin American Literature.* Durham and London: Duke UP, 1993.

Gossy, Mary S. *The Untold Story: Women and Theory in Golden Age Texts.* Ann Arbor: U Michigan Press, 1989.

Grieve, Patricia E. "Mothers and Daughters in Fifteenth-century Spanish Sentimental Romances: Implications for *Celestina*," *BHS* 67 (1990): 345-355.

———. *Floire and Blancheflor and the European romance.* Cambridge and New York: Cambridge UP, 1997.

Hamilton, Michelle. "Celestina and the Daughters of Lilith." *Bulletin of Hispanic Studies* 75 (1998): 153-171.

Hanrahan, Thomas. *La mujer en la novela picaresca de Mateo Alemán.* Madrid: Ediciones José Porrúa Turanzas, 1963.

———. *La mujer en la novela picaresca española.* Madrid: Ediciones José Porrúa Turanzas, 1967.

Hawking, Jane. "Madre Celestina." *Annali Sezione Romanza* IX (1967): 177-90.

Iffland, James. *Quevedo and the Grotesque.* London: Tamesis, 1978.

Jones, R.O. *Historia de la literatura española 2: Siglo de Oro: Prosa y poesía.* 10th Edition revised by Pedro M. Cátedra. Trans. Eduardo Vázquez. Barcelona: Editorial Ariel, 1989.

Kaler, Anne K. *The Pícara: From Hera to Fantasy Heroine.* Bowling Green, OH: Bowling Green State UP, 1991.

Kerrigan, William. "Female Friends, Fraternal Enemies." *Desire in the Renaissance: Psychoanalysis and Literature.* Eds. Valeria Finucci and Regina Schwartz.

Princeton: Princeton UP, 1994. 184-203.
La Grone, Gregory. "Quevedo and Salas Barbadillo." *Hispanic Review* 10 (1942): 223-243.
———. "Salas Barbadillo and the Celestina." *Hispanic Review* 9 (1941): 440-457.
———. "Some Poetic Favorites of Salas Barbadillo." *Hispanic Review* 13 (1945): 24-44.
Maravalll, José Antonio. *La cultura del barroco: análisis de una estructura histórica*. Barcelona: Ariel, 1975.
———. *La literatura picaresca desde la historia social*. Madrid: Taurus, 1986.
McKendrick, Melveena. *Theatre in Spain: 1490-1700*. Cambridge: Cambridge UP, 1989.
———. *Woman and Society in the Spanish Drama of the Golden Age: A Study of the Mujer Varonil*. Cambridge: Cambridge UP, 1974.
Menéndez y Pelayo, Marcelino. *Orígenes de la novela III*. Madrid: Consejo Superior de Investigaciones Científicas, 1961.
Parker, Alexander. *Literature and the Delinquent: The Picaresque Novel in Spain and Europe 1599-1753*. Edinburg: University Press, 1967.
Páez Rivadeneira, Iván. *La narrativa de Alonso de Salas Barbadillo: Representación del enfrentamiento estatutario en la corte*. Diss. U Iowa, 1996. Ann Arbor: UMI, 1996. 9715178.
Pellón, Gustavo y Julio Rodríguez Luis. Eds. *Upstarts, Wanderers or Swindlers: Anatomy of the Pícaro*. Amsterdam: Rodopi, 1986.
Perez-Erdelyi, Mireya. *La pícara y la dama: La imagen de las mujeres en las novelas picaresco-cortesanas de María de Zayas y Sotomayor y Alonso de Castillo Solórzano*. Ediciones Universal: Miami, 1979.
Perry, Mary Elizabeth. "Deviant Insiders: Legalized Prostitutes and a Consciousness of Women in Early Modern Seville." *Comparative Studies in Society and History* 27.1 (1985): 138-158.
———. *Crime and Society in Early Modern Seville*. Hanover, N.H.: University Press of New England, 1980.
———. *Gender and Disorder in Early Modern Seville*. Princeton: Princeton UP, 1990.
———. "From Convent to Battlefield: Cross-Dressing and Gendering the Self in the New World of Imperial Spain." *Queer Iberia: Sexualities, Cultures, and Crossings from the Middle Ages to the Renaissance*. Eds. Josiah Blackmore and Gregory S. Hutcheson. Durham and London: Duke UP, 1999. 394-419.
Peyton, Myron. *Alonso Jerónimo de Salas Barbadillo*. New York: Twayne Publishers, 1973.
Place, Edwin. *A Study of the Works of Salas Barbadillo and María de Zayas*. Diss. Harvard U, 1919.

———. "Salas Barbadillo, Satirist". *Romanic Review* 17 (1926): 235-239.
Praag, J. Van. "La pícara en la literatura española." *Spanish Review* 3 (1936): 63-74.
Rey Hazas, Antonio. *La novela picaresca*. Madrid: Anaya, 1990.
———. "La compleja faz de una pícara: Hacia una interpretación de *La pícara Justina*." *Revista de literatura* 45, no. 90 (1983): 87-109.
———. *Picaresca Femenina*. Barcelona: Clásicos Plaza y Janés, 1986.
Rey, Alfonso. "El género picaresco y la novela." *Bulletin Hispanique* 89 (1987): 85-118.
Rico, Francisco. *The Spanish Picaresque Novel and the Point of View*. Trans. Charles Davis and Harry Sieber. Cambridge: Cambridge UP, 1984.
Ripodas Ardanaz, Daisy. *Lo Indiano en el teatro menor español de los siglos XVI y XVII*. Madrid: Ediciones Atlas, 1991.
Rodríguez Luis, Julio. "Pícaras: the modal approach to the picaresque." In *Comparative Literature* 31 (1979): 32-46.
———. "Aspectos de la primera variante femenina de la picaresca española." *Explicación de textos literarios* 8 (1979-80): 175-181.
Ronquillo, Pablo. *Retrato de la pícara*. Madrid: Playor, 1980.
Scherer, Sherinda Idyll. *The Literary Vision of Alonso Jerónimo de Salas Barbadillo*. Diss. U California, Riverside, 1981. Ann Arbor: UMI, 1981. 8122923.
Schwartz Lerner, Lía. "'Mulier... milvinum genus': La construcción de personajes femeninos en la sátira y la ficción áurea." *Homenaje al Profesor Antonio Vilanova*. Eds., Adolfo Sotelo y Marta Cristina Carbonell. Barcelona: Universidad de Barcelona/PPU, 1989. 629-47.
Sieber, Harry. *Language and Society in La vida de Lazarillo de Tormes*. Baltimore and London: The Johns Hopkins UP, 1978.
Simón Díaz, José. "Textos dispersos de clásicos españoles." *Revista de literatura* 65-66 (1968): 121-67.
Sobejano, Gonzalo. "El 'Coloquio de los perros' en la picaresca y otros apuntes." *Hispanic Review* 43 (1975): 25-41.
———. "*Bernardinas* en textos literarios del Siglo de Oro. Tirada aparte del *Homenaje al Prof. Rodríguez-Moñino*. Madrid: Editorial Castalia, 1966. 1-13.
———. "El mal poeta de comedias en la narrativa del siglo XVII." *Hispanic Review* 41 (1973): 313-30.
Stoll, Anita. "Cross-dressing in Tirso's *El amor médico* [Love, the Doctor] and *El Aquiles* [Achilles]." *Gender, Identity, and Representation in Spain's Golden Age*. Eds., Anita Stoll and Dawn Smith. Lewisburg: Bucknell UP, 2000. 86-107.
Uhagón, Franciso R. de. *Dos novelas de D. Alonso Gerónimo de Salas Barbadillo*. Madrid: Sociedad de Bilíófilos Españoles, 1894.
Wagschal, Steven. *Monsters Light as Air: Representations of Jealousy in Spanish*

Golden Age Literature. Diss. Columbia U, 1999. Ann Arbor: UMI, 1999. 9930825.

Welles, Marcia L. "Cervantes' *Coloquio de los perros*: Why the Witch?" *Romance Language Annual* 2 (1990): 591-595.

———. "The pícara: Towards Female Autonomy, or the Vanity of Virtue." *Romance Quarterly* 33 (1986): 63-70.

La sabia Flora malsabidilla

Tasa

Yo Hernando de Vallejo escribano de Cámara del Rey nuestro señor, uno de los que en su consejo residen, doy fe, que habiéndose visto por los señores de un libro, que con su licencia fue impreso, intitulado, La sabia Flora, compuesto por Alonso Jerónimo de Salas Barbadillo, tasaron cada pliego del dicho libro a cuatro maravedíes, el cual tiene veintidós pliegos, que al dicho precio monta cada libro en papel ochenta y ocho maravedíes: y mandaron que al dicho precio se venda, y no a mas; y que esta tasa se imprima y ponga en el principio del primer pliego; y que no se pueda vender ni venda de otra manera. Y para que dello conste, de mandamiento de los dichos Señores, y pedimiento de la parte del dicho Alonso Jerónimo de Salas Barbadillo, di esta fe en Madrid, a ocho de Febrero de mil y seiscientos y veinte y un años.

Hernando de Vallejo

Suma del privilegio

Tiene licencia y privilegio por diez años Alonso Jerónimo de Salas Barbadillo, para que ninguna persona sin su licencia pueda imprimir este libro intitulado, La sabia Flora Malsabidilla, so graves penas, como en el dicho privilegio mas largamente se contiene. Su fecha en Madrid a 31 de Diciembre de 1620 años. Pasó en el oficio de Hernando de Vallejo escribano de Cámara, refrendado de Pedro de Contreras, Secretario del Rey nuestro señor.

Este libro intitulado, La Sabia Flora Malsabidilla está bien y fielmente impreso con su original. Madrid y Febrero 8 de 1621.

El Licencioso Murcia de la Llana

Aprobación

Por comisión del señor Doctor Vela Vicario general desta villa de Madrid y su partido por el serenísimo señor Infante Cardenal, he visto un libro intitulado, La sabia Flora, en quien no hallé cosa que ofenda a la piedad cristiana y buenas costumbres, antes es digno de comunicarse a todos por la agudeza y elegancia de su autor. Este es mi parecer, y lo firmé a último de Octubre de mil y seiscientos y vente.

Presentado fray Andrés Sánchez de la Costa

El Doctor don Diego Vela Canónigo de la Santa Iglesia se Palencia, Vicario general desta villa de Madrid por su Alteza del serenísimo señor Cardenal Infante mi señor, doy licencia de mi parte para que se imprima un libro contenido en esta petición y decreto, intitulado, La sabia Flora, atento ha sido visto y examinado, y no tiene cosa contra la Fe y buenas costumbres. Dada en Madrid a 31 de Octubre de 1620.

Doctor Diego Vela
Por su mandado, Diego de Ribas

Aprobación de don Juan Varona Zapata Capellán del Rey N.S.

Muy poderoso Señor:

Por mandado de Vuestra Alteza he visto un libro intitulado La sabia Flora Malsabidilla, compuesto por Alonso Jerónimo de Salas Barbadillo, y no he hallado en él cosa alguna por donde se le pueda negar la impresión, es sutil y curioso, y bastantemente acreditado con el nombre de su dueño, en quien alabo la virtud del recogimiento, pues parece que siempre está escribiendo, y nunca fatigado; y admiro la facilidad, pues en el tiempo que otra pluma no perezosa gastara solo en escribirlos, dispone y saca a luz tantos libros, tan ilustres todos en su perfección, que uno solo bastara a ser ocupación de la vida de un grande ingenio; y así en este como en cualquiera de los que yo he visto, merece que Vuestra Alteza le haga la merced que suplica. En Madrid a 8 de Noviembre de 1620.

Don Juan Varona Zapata

Don Diego Carrillo de Mendoza

Soneto

    Rompa la esfera del hermoso cielo
A la casa del Sol buril canoro
Voz de la fama, y en columnas de oro
Plus ultra ponga de tu heroico vuelo.
    Lo que tu pluma escribe, por el velo
Celeste se dilate, y con decoro
Cada letra será de tu tesoro
Estrella fija sin errante velo.
    Apercibes memorias inmortales
Con dulces hijos, que en doradas cunas
De Roma eternizaran los anales.
    Tus libros de Virgilios nombres cobran,
Y dicen ya con número de Lunas,
Mecenas faltan, que Virgilios sobran.

Don Fernando Hurtado de Mendoza

    No ya con canas espumas
de Mantua bese la planta,
ni con sañuda corriente
el Pó, tesoro en Italia.
    No con soberbia y coraje
el Ródano bañe a Francia,
ni con aguas cristalinas
fertilice sus campañas.
    No el Tibe divida undoso
a la gran Roma que aguarda
no humildades de su río,
sí inundaciones de plata.
    Ni el Betis con onda opima
dulce admiración de España,
de espejo sirva a Sevilla,
de fortaleza y de guarda,
    Pues hoy Manzanares tiene
en sus arenas doradas
un ingenio peregrino
digno de laurel y palma.
    Pero a ti divino Alfonso
no Daphnes brillante aguarda
a coronar esas sienes
que es indigna por humana,
    Sino Ariadna te ciña
con la corona estrellada,
que a pensamientos divinos
estrellas hacen la paga.
    Y luego canora trompa
al viento publique ufana
por milagroso tu nombre,

por deidad sublima y alta.
    Y en bronce escuepido quede
cuyas láminas sagradas
a inmortal memoria sirvan
de blasón de nuestra España.

Don Diego de Contreras Pamo, Caballero de Habito de Santiago, en alabanza del autor

    La que a una tabla, o papel,
Espíritu da excelente,
Mano es sin duda valiente,
O pluma rija, o pincel:
Pero su mismo laurel
Apolo cede, no esquivo,
al que hizo volar altivo
Un sujeto humilde y rudo,
Mas otro esperar no pudo
Tal Laurel siendo vos vivo.

De Andrés de Carrasquilla, en alabanza del autor

    Todo el Orbe es a tu fama
Círculo poco espacioso,
Aspira para el glorioso
Campo del Sol y su llama:
De tu ciencia cualquier rama
Ciñe de Apolo la frente,
A ningún mortal consiente
Que se atreva a tu alabanza
Que aun él pierde la esperanza
De cantalla dignamente.

Iván Baptista Colombres, en alabanza del autor

Vuestra divina elocuencia
Levanta tan alto el vuelo,
Que parece que del cielo
Desciende su inteligencia,
Con cuya heroica eminencia
Muestra su altivo conecto
En el más humilde objeto
Tan alta sabiduría,
Que es de los ingenios guía,
Y de los sabios precepto.

A Don Iván Andrés Hurtado de Mendoza Marques de Cañete, Señor de las villas de Arjete y su partido, montero mayor de su majestad, guarda mayor de la ciudad de Cuenca.

Como en esta edad, servil aduladora de los vicios, padecen las generosas virtudes tanto deslucimiento, apenas hay quien ocupe la pluma en celebrar las hazañas de ilustres y valientes capitanes, cuya insigne memoria sirviéndoles a ellos de premio, fuera para los presentes utilísimo ejemplo; que a no ser así, tantos felices ingenios como hoy se conocen, todos juntos en común, y cada uno en particular, cantaran los hechos de Don García Hurtado de Mendoza, padre de Vuestra Señoría, y glorioso ornamento de la nación española, pues desde sus primeros años, despreciador de la muerte, tratando el hierro y el acero, apenas hubo parte en todo lo descubierto del orbe, a quien no hiciese calificado testigo de su valor, siendo igualmente admirable a los varones políticos de la Europa, como a los rebeldes bárbaros de Chile; que parece que viniéndole estrecha la tierra y mar deste mundo nuestro, que solo conocieron los antiguos, se fue a buscar otro nuevo, donde en mas dilatado campo se pudiesen extender sus obras invencibles y magníficas. Yo como mas obligado ardo en los ínclitos deseos de su alabanza: más mientras llega este para mi día venturoso, ofrezco a los pies de Vuestro Señoría un humilde y deslucido discurso, ya justamente confiado; porque se asegura con las armas y blasones de Vuestra Señoría, que puestos al principio deste libro defienden la puerta a los atrevimientos vanos de la envidiosa emulación. Guarde nuestro Señor a Vuestra Señoría largos y felices años. De Madrid a 10 de Febrero de 1621.

        ALONSO JERÓNIMO DE SALAS BARBADILLO

Al Vulgo

Carísimo vulgo, la sabia Flora Malsabidilla sale a festejarse estas Carnestolendas[26], segura de que sus embustes no han de admirarte, ni ofenderte, por ser tu artífice de otros mayores; por cortesía te pide (que bien sabes tu que a las damas se debe, si ya no es que en el vulgo vil no cabe tan generosa virtud) que no quieras penetrar lo interior desta alegoría con daño y ofensa de los terceros, atribuyendo muchas cosas de las que aquí se te proponen, a quien tu quieres satirizar con pluma ajena, terminillo de que otras veces te has amparado, dando enemigos a quien ni los busca, ni los merece. Esta es una fábula verosímil, no verdad histórica, la doctrina que debajo della se contienen, si en algo te puede tocar, recibe con silencio: mas dirás que cuando llegué a semejante petición, se me debió de olvidar que hablaba con el vulgo, rompedor violento de las mas santas leyes, risa y desprecio seré de tus confusas voces: ojalá me viera yo en tan alta estimación, pues ya no hay mas segura alabanza que la que viene encubierta en tu desprecio.

---

[26] Salas Barbadillo offers this work in celebration of Carnival, a religious holiday which marks the beginning of Lent. The spirit of Carnival is reflected in several aspects of the work. See Introduction.

La sabia Flora malsabidilla[1]

Las personas que hablan:
FLORA
CAMILA, su amiga.
TEODORO, amante de Flora.
CLAUDIA
MARCELO, hermano de Teodoro.
ROSELINO, su primo.
MOLINA, criado de Teodoro.

Acto primero

Flora y Camila

CAMILA   Tus años son diez y siete, Flora, y tus habilidades no se reducen a número, exceden la presunción humana, porque tú engañas con ellas aún con más facilidad a los sabios, con que carecen de alabanza los que se te oponen con mayor resistencia, quedando en semejante batalla más infamados los que no fueron vencidos. ¿Posible es que en este lugar donde el año pasado fuiste ramera pública,[2] sólo con haber mudado el nombre y barrio[3] pasas por honesta virgen? ¿Cómo que sepas fingir aquello que la misma naturaleza no puede enmendar, y hacer que se piense que eres lo que ya

---

[1] **Malsabidilla**: while **sabidilla** signifies a **sabelotodo** or a *know-it-all* (MOL), the name **malsabidilla** was probably adopted from **marisabidilla** meaning a crude, uncultured and presumptuous woman (MOL). See intro on the title's association with the picaresque genre (30).

[2] **Ramera pública:** *prostitute*

[3] **Sólo con haber...:** *by only having changed your name and your home*

	es imposible que seas? O comunicas con los espíritus infernales o las personas a quien engañas carecen de racional espíritu; que saber tanto en mala parte sólo compete al infierno, y tanto ignorar a los brutos.[4]
FLORA	La necesidad de los tiempos ha sutilizado los ingenios,[5] y en esta Corte se ven cada día peregrinos prodigios; nunca la naturaleza estuvo más prevenida adelantando el ejercicio de la razón, tanto, que los que hoy nacen pueden ser maestros de los que ha muchos años que nacieron: la causa en las mismas desdichas que experimentamos viene encubierta; muchos la lloran, pocos la enmiendan, ríndense fáciles, no se oponen sabios; de aquí nace el ponerse en manos de la malicia, y buscar por malos medios, lo que por buenos, aunque con un poco de más fatiga, fuera también posible conseguirlo.
CAMILA	¿Qué fines te llevan a esta doncellez fingida[6]? ¿Quién tan presto te pasó de tan licenciosa libertad a este recogimiento estrecho? ¡Oh ingenio superior! Solamente por la osadía de tan aguda novedad merecías premio:[7] mucho estimara poder coronar tanta industria, mas ¡ay! que en tales ocasiones quien desea no puede; y quien puede no desea, causa de que las más veces las grandes habilidades queden desfavorecidas.
FLORA	¿Novedad llamas fingir una doncellez? El artificio usurpador de las obras de la naturaleza muchas veces empresa tan grave ha intentado y conseguido; esto es tan común, que su

---

[4] This reference to repairing virgins is common in satirical literature. It refers to the belief that witchcraft could be used to repair hymens and return sexually active women to virgins. Salas Barbadillo often refers to the practice in many of his works, such as in *La hija de Celestina*: "Aquí se fue la venta repitiendo / de la enmendada virgen cuatro veces, / al apetito bárbaro mintiendo" (Salas Barbadillo; Rey Hazas 51).

[5] **Ha sutilizado los ingenios**: *has weakened ingenuity*

[6] **Doncellez fingida**: *false virginity*

[7] **Solamente por la osadía…**: *you deserve a prize for such a bold act of ingenuity and novelty*

propia vulgaridad lo pudiera haber hecho en mí despreciable, si el modo y los intentos no fueran diversos, por quien mereceré alabanzas, aunque yo más busco utilidades, que los aplausos plebeyos en tales cosas sólo sirven de ser pregoneros de la infamia, que no tiene más descuento que aumentarse en riquezas, porque con ellas se doran los yerros[8] de la más afrentosa vida: la mía es la que te referiré ahora, y el engaño que voy formando incluiré en la misma narración della, por despenar tus deseos solícitos en curiosidad tan vana, si ya no tienes alguna hija para quien aprender la treta;[9] bien que ni fuera de mí puede ser ejecutada, ni otra que yo tuviera aun para intentarla, osadía.

CAMILA Hija no tengo, porque apenas estoy en edad de haber sido madre; para mí aprenderé lo que para ella pudiera; y si acaso la tuviere, tus industrias, calificadas ya con mi experiencia, la servirán de senda segura, con que ella cogerá fruto y tú la vanagloria de ver tan extendida tu doctrina.[10]

FLORA Sabe, pues, que mis padres fueron Gitanos,[11] que yo no he

---

[8] **Yerros**: *errors*

[9] **Aprender la treta**: *to learn my tricks*

[10] Reminiscent of the mentor-protégée relationship between Celestina and the prostitutes Elicia and Areusa. Celestina's deceitful legacy is passed down to her protégées and, in literature, to **pícaras**. Such learning is also depicted in *La pícara Justina, Teresa de Manzanares, la niña de los embustes,* and *La hija de Celestina,* whose mothers and grandmothers play crucial roles in teaching their daughters skills such as repairing virginity, witchcraft, and disguise.

[11] Gypsies, a nomadic culture originally from Northeastern India, have a long history of repression and discrimination in Spain. They migrated into Europe in the 11th century and came to Spain between 1415 and 1425. Traveling in groups of 50 to 100, they were led by one leader known as the **conde** or **duque**. When the official persecution began against Moors and Jews in 1492 as an attempt to cleanse the Iberian peninsula of non-Christian groups, the gypsies were included in the list of peoples to be assimilated or driven out. Their image in Spanish literature is a negative one, and they are often portrayed as thieves, prostitutes, beggars, and tricksters (Comunidad gitana <http://www.andalucia.cc/comunidadgitana/historia.htm>). As an example of the discrimination against them Covarrubias defines them as "gente perdida y vagabunda, inquieta,

de fingir calidades en mi abono,[12] cuando lo que voy a referir de mí se halla tan lejos de ser calificado; así quiero disculpar mis obras con la naturaleza de mis padres, o que por lo menos veas que, siendo ellos de tal generación, recibí en su sangre semejantes hazañas.[13] Llamábanme en Cantillana, lugar del Andalucía, y que está en las vecindades de Sevilla, el Sol de Egipto,[14] título que se dio a los méritos de mi belleza, más ilustrada con los donaires de mis labios imitadores del pimiento en estar colorados, y en picar más vivos.[15] Caminaba a las Indias cierto mozuelo, que allá se atrevió a decir que era hidalgo, y se salió con probarlo, cosa que a los más sucede;[16] porque juntándose a concejo los que son de una propia patria, juran los unos por los otros, y se despachan ellos mismos las ejecutorias;[17] éste me vio en los doce años de mi edad cuando, como la rosa que ostenta

---

engañadora, embustidora… Las mugeres son grandes ladronas y embustidoras, que dizen la buenaventura por las rayas de las manos, y en tanto que ésta tiene embevidas a las necias, con si se han de casar o parir o topar con buen marido, las demás dan buelta a la casa y se llevan lo que pueden" (COV).

[12] **En mi abono**: *in my defense*

[13] This passage is closely connected to the autobiographical picaresque form as Flora relates her genealogy, her birthplace, and begins to justify her current dishonor by blaming her lowly parents for her own natural propensity for evil.

[14] This name given to Flora, **el Sol de Egipto**, refers to her gypsy heritage; many Spanish gypsies migrated through Northern Africa.

[15] **Mis labios imitadores… picar más vivos**: refers to Flora's beautiful and witty lips that easily seduce and deceive. Literally, her lips are more colorful and spicier than peppers, alluding to Flora's wittiness. Also, **picar** can mean to rob or to deceive and was probably the origin of the word **picaresca**.

[16] Flora makes reference to Teodoro's as an **indiano** and **hidalgo**. Teodoro is rich from his stay in the New World and has recently inherited his uncle's fortune. It was common in the 17th century for men to make their fortunes in the New World and later buy their title as **hidalgo**. These men, defined by Covarrubias as **pecheros**, are caricatured and ridiculed in Golden Age literature. The **indiano** is usually characterized as arrogant and cheap. See Páez Rivadeneira (278-83).

[17] **Ejecutorias**: *honors* (MOL).

colores entre las espinas, despertaba deseos, y aun encendía llamas con los mismos desprecios. Encubriendo, pues, los fines de su jornada solicitó sus gustos y mis daños con mucho escándalo y ningún provecho de entrambas[18] partes. Fuéle forzoso partirse, porque el tiempo de la embarcación se llegaba, y entonces descubrió sus cautelas, que yo sentí poco, porque no le amaba; antes las estimé porque se fuese, que este era mi deseo. Corrido de no haber llevado victoria de una mujer tan humilde,[19] se alabó de que había gozado con las obras aquello de que ni aun él sí tuvo con las palabras. Voló la voz desta infamia, y caí en las manos del desprecio común, que como la bajeza de mi calidad era tan sospechosa, mayor dificultad hubiera en persuadir lo contrario, cuando él a un mismo tiempo volviera, como era justo, por su verdad y mi decoro; que en el honor que procede de virtudes naturales todos tenemos igualdad, y no es desvanecimiento, sino justa estimación la que una mujer humilde hace de su honesta fama. Viéndome en este estado pasé a Sevilla,[20] donde, mudando traje, hice verdad lo que de mí se sospechaba en Cantillana: entregué a un rico lo que le hizo pobre en dos años, pasando de sus manos a las mías cuanto adquirió en muchos. Yo bien vestida y él mal desnudo, nos dividimos; él se fue a buscar más ganancias para perderlas, yo más pérdidas para ganarlas. Entré en esta Corte muy aprisa, y ella con el mismo paso se ha entrado tanto en mí, que nunca pareció haber estado fuera della según me dejé llevar de sus fueros y costumbres. En ella

---

[18] **Entrambas:** *both* (**ambas**)

[19] **Corrido de no haber...:** *[Teodoro was] humiliated for not succeeding in seducing such a humble girl*

[20] Seville had a high crime rate and was considered the capital of criminals. Prostitutes, thieves and beggars would assemble in Seville to earn a living. Prostitution was legalized and commercialized by the city fathers and was the only source of income for many young women (Perry, *Gender and Disorder* 118-36).

elegí la amistad de un hombre, ministro en la ocupación,[21] Creso en la riqueza, y Alejandro en el ánimo.[22] Su amistad recatada y atenta me disfamó poco, me fructificó mucho; estuve en su obediencia tres años, hasta que la muerte arrebató con brevedad un hombre que, siendo pecador libre en ofensa del cielo, era tributario mío en servicio del infierno. Dejéme llevar luego de la travesura golosa de algunos lucidos mozuelos, y hecha pasta común, a todos serví con mis deleites; de todos recibí satisfacciones. En estos tiempos heredó en las Indias el autor de mi perdición, de un tío suyo, hacienda gruesa con que supe que volvía a España, más poderoso para ejecutar insolencias, menos enmendado para satisfacer injurias. Puse en pregón mis joyas y galas,[23] y juntando el dinero que fue precio dellas con el demás que yo tenía, mudé barrio, el nombre propio, el apellido, las criadas y el traje; luego compré juros, fundé censos,[24] aquí disimulando mi naturaleza y revenciendo mis apetitos he vivido con honesto ejemplo: y para excusar por todos los medios que nadie de los que me conocen pueda reconocerme, sólo salgo los días de fiesta con la luz del aurora a oír la primera misa echado el manto sobre los ojos, de modo que ni aun los sacerdotes del templo ven más que un bulto, cuyo recatado extremo admiran.[25] Habrá ocho días

---

[21] **Ministro en la ocupación**: *a state official* (MOL). Such satire is typical of picaresque literature and often implies that such officials were engaged in immoral activities such as prostitution.

[22] **Creso en... Alejandro en el ánimo**: Croesus, the King of Lidia, was famed for his wealth (MOL), while Alexander the Great in classical literature came to signify liberality, magnificence and generosity. Flora's lover was rich and generous.

[23] **Puse en pregón...**: *I hawked my jewels and best clothes*

[24] **Luego compré... fundé censos**: **juros** and **censos** are two economic terms that relate to credit. Translation is, *I collected for my services*.

[25] Flora's reinvention of herself as **dama** nearly mocks Covarrubias' definition of **dama**: "[La dama es] discreta, callada, noble… Pues digamos que dama vale la señora que en las ocasiones de días de fiesta y saraos, sale en público con

	que llegó a esta Corte el tal hidalgo más necio que fue, porque viene más rico, y no menos ruin, porque las viles costumbres nunca se pierden. Ocasionéle a que me viese, y por haberme yo puesto su mismo apellido, por esto presume que somos deudos,[26] y con la vista de mi semblante, renovando las memorias de la voluntad antigua (persuadiéndose a que es diverso el sujeto), ama la misma belleza mejorada en su opinión en calidad y sangre, hallando en el estado que me ve (como por el traje me desconoce) para su apetito, fuego; para su autoridad, decoro; mas yo, que ocho años merecí el nombre de la Malsabidilla, y de doce me intitulaban la sabia Flora, perderé la acción que a tan ingeniosos renombres tengo, si no le engañare de modo que me vengue del desprecio que hizo de mi honestidad, haciéndole que se case conmigo después de tantas afrentas, para que con su propia honra se enmiende de la deshonra a que con sus engaños dio principio.
CAMILA	Déjame poner la boca donde tienes los pies, porque ocupada en la humildad deste ejercicio, callando pregone tus alabanzas, si no es que con las propias admiraciones te ofendo, pues doy a entender que hallo novedad en lo mismo que es en ti tan común. Las partes deste novio saber quisiera, porque si son desiguales con tu gusto, sería, pensando vengarte, dar venganza.
FLORA	Todas son a mi propósito, tanto que en las mismas que algunos juzgarán inconvenientes, hallo yo mis mayores conveniencias. ¡Oh qué bien que miente! Lúcesele mucho el haber estado en las Indias, y te prometo que para los tiempos que corren, que no es menor riqueza que la del oro.
CAMILA	Ya sé que hoy la mentira, si no es riqueza, es medio para

---

mucha gallardía y se dexa ver de todos; y esta mesma, fuera de tales ocasiones, guarda su encerramiento y retraymiento, que ni ve a nadie ni puede ser vista" (COV).

[26] Flora changes her name to match Teodoro's name so that he will believe they are relatives.

	conseguirla; y que los que pasan adelante a los virtuosos y modestos son aquellos que se atribuyen las hazañas que no hacen y las ciencias que no saben; y es que como ya reparte los puestos grandes la fortuna, que es madre de la ignorancia, no hace distinción entre los hijos legítimos o bastardos de la sabiduría. Mas parece que suenan pasos, quiero callar, pues podría ser que me escuchase alguno que fuese interesado en las mismas injurias que estoy diciendo.
FLORA	La voz he conocido; este es Teodoro. No te vayas, Camila amada, porque no pierdas la galantería de sus mentiras y la astucia de mis cautelas, que de entrambas cosas sacarás deleite, y de la una sumo provecho.
TEODORO	¡Oh bellísima prima! ¿Siempre con la almohadilla?[27] Gran virtud, aunque hubiera de comer vuestra merced del estudio de su abuja no trabajara con más cuidado, si no es que con este entretenimiento engaña las horas, que no sé cómo se pasan y no se quedan suspensas contemplando tan hermoso sujeto. Más ¿por qué desdeña vuestra merced tanto el paseo de la calle Mayor,[28] de las damas tan favorecido, de los caballeros tan celebrado?
CAMILA	¡Jesús señor, Jesús! Mal conoce vuestra merced a este ángel y su recogimiento.[29] ¿Calle Mayor dijo vuestra merced? Apenas la sabe el nombre; sus paseos son de su casa a la Iglesia, y para ella no hay mejor calle que este aposento, donde ejercita virtudes y excusa murmuraciones;[30] algunas

---

[27] **Almohadilla**: *pincushion for sewing*. Flora is now feigning that she practices the most virtuous of activities in order to convince Teodoro of her goodness; spinning and sewing would have been the epitome of good women's work. However, the sewing reference becomes a motif and allusion for sexual activity and deception.

[28] Madrid's most famous street, **la calle Mayor,** ran through the center of courtly life.

[29] **Recogimiento**: *withdrawal or enclosure*. The women who were believed to be most virtuous kept out of sight from men, within the closed doors of a convent or home, spinning or weaving.

[30] **Y para ella... murmuraciones**: *for her there is no better street than this room,*

	horas gasta en consultar libros de devoción, y las otras en esta labor tan limpia y tan curiosa, que en la una parte se retrata su honestidad y en la otra su ingenio.
TEODORO	Ningún hombre desdeñará tan santa ocupación, y menos yo, que fui a las labores de las mujeres tan inclinado que, cuando niño, labraba[31] entre las criadas de mi madre tan bien que quedando viuda, se sustentó la casa más de dos años con las randas[32] que yo hacía. ¡Oh con cuánta velocidad movía aquellos bolillos,[33] que se llaman comúnmente majaderos, admirándome de que, teniendo este nombre, pudiesen ser tan ligeros y dar tan buen fruto, porque nunca los tales suelen ser útiles ni poco pesados![34]
FLORA	Está atenta, Camila, que ya empieza a desflorar embustes, y verás una maravilla grande, que el conocer que le han conocido que miente, le esfuerza a mentir con mayor aparato: y, últimamente, si llega a verse vencido, en vez de correrse, lo hace gala, y quiere que pase por sutileza de ingenio lo que fue bajeza de ánimo.
CAMILA	Yo estoy loca, y me parece que he de pagar el deleite de oírle con el martirio de disimular la risa: porque los entretenimientos que, dando causa a descomponerse una persona, obligan también a que se mesure, de presente más congojan que agradan; pero por descubrir un tesoro tan peregrino como el de su humor, iré poniéndole las piedras en que tropiece, aunque él parece persona de tal despejo, que no ha menester ayudas de costa para su gasto, porque su propio caudal tiene suficiencia para mayores empleos. ¿De dónde bueno viene vuestra merced ahora, señor Teodoro? Que los que son tan entendidos y galanes, aun no saben perder un

---

where she can practice virtue and avoid gossip
   [31] **Labraba**: *I used to embroider*
   [32] **Randas**: *lace*
   [33] **Bolillos**: *bobbins*
   [34] **Majaderos**: play on words which means both *lace bobbins* and *stupid* or *foolish*.

	paso, porque como prudentes, son tan avaros del tiempo, cuanto del hacienda liberales.
TEODORO	Señora: yo vengo de la comedia,[35] que me ha entretenido, porque tuvo muy donosos chistes, aunque el caso era flojo; verdad es que es casi imposible juntar copia de agudezas y fábula de ostentación. Sólo yo lo he conseguido en muchas, y más en una que acabé anoche, de doce jornadas,[36] en que pongo todas las Monarquías del mundo.
CAMILA	Por cierto, señor, que las jornadas me parecieron infinitas; mas después que sé la materia, digo que son pocas, respecto del mucho mundo que vuestra merced ha corrido en ellas: y señor, ¿qué figuras[37] tienen? Que es fuerza que sean muy buenas, siéndolo también el autor.[38]
TEODORO	Naves, galeras, casas de placer, selvas, montañas, elefantes, hidras, salvajes, panteras; y entre todos los pasos, uno de los mejores es una batalla que se dan las nubes.
CAMILA	Basta, que aun entre las nubes ha metido vuestra merced disensión: ¡Oh batallador poeta! Pues aun el cielo, que es paz, ha querido vuestra merced que lo sea de guerra. ¿Sepamos qué nubes son éstas, de qué casta y los fundamentos de su disgusto?
TEODORO	Señora: el caso es que salen del Poniente cuatro nubes, en

---

[35] **La comedia**: a three-act play, in verse, that ranges in subject matter from the tragic to the comic. Honor, in general, is a central theme.

[36] **Jornadas**: Spain's first dramatic theorist, Bartolomé de Torres Naharro (1485?-c.1520), accepted Horace's division of the play into five acts which he called **jornadas** (McKendrick 27).

[37] **Figuras**: *characters*

[38] Camila is making fun of Teodoro's play. This would have been funny to the 17th century audience who would have been knowledgeable about the classical rules of space and time in order to be a successful comedy. A **comedia** must be verosimil and believable to the audience. It must be divided in three acts, not twelve. Camila criticizes the subject matter of Teodoro's play, which is too fantastic. It does not involve human characters but depicts battles between clouds. Salas Barbadillo is cleverly painting Teodoro to be an arrogant buffoon and Camila to be as sharp as Flora and well-versed in literature and art.

	el color rucias rodadas,[39] y del Mediodía otras cuatro, vestidas de un pardo oscuro; torciendo el camino las del Poniente, se encuentran en un paso dificultoso con las del Mediodía, y sobre quién ha de pasar primero se dan una batalla rigurosa.
CAMILA	¡Cómo, señor! ¿Entre las cosas inanimadas quiere formar vuestra merced la misma competencia que suele haber entre las criaturas racionales?
TEODORO	¡Ah mi señora! Mal conoce vuestra merced el brazo poderoso de los poetas,[40] que en estas materias cuanto queremos podemos; y si no, revoque vuestra merced a la memoria las palabras del otro poeta que dijo: [41]

Encontrándose dos arroyuelos
al pasar de un verde valle
uno a otro se tiran perlas,
riñen, rifan, y saltan, y bullen:[42]
y porque se amansen
meten paz cantando las aves.

	Pues si dos arroyuelos humildes tienen tan gallardos humos y bríos, ¿es mucho que las nubes, de cuyos partos se engendran, no arroyos pequeños, sino soberbios mares, se traten con las mismas competencias?
CAMILA	Eso dicho en una copla en la forma que ésa se ve, tiene gracia y agudeza; pero querer vuestra merced hacerlo representativo es imposible: porque, señor, dígame vuestra merced, ¿esas nubes hablan? Aunque mal he preguntado,

---

[39] **El caso es que… rucias rodadas**: *the story is about four smooth and gray clouds that come from the west wind*

[40] See Gonzalo Sobejano's "El mal poeta de comedias en la narrativa del siglo XVII." See introduction pg. 27.

[41] Lope de Vega (La Grone, "Some poetic favorites" 36).

[42] **Riñen… bullen**: *[the streams] quarrel, fight, hop and bubble*

	que en estando debajo de su mano y gobierno, aun las nubes no serán mudas.[43]
TEODORO	Si como soy grande hablador lo fuera malo, corriérame infinito; pero en siendo sin este defecto, antes en mi opinión es una parte digna de mucha alabanza, porque hablar bien es señal de saber; hablar bien y mucho, evidencia de saber un hombre mucho. Pero dejando esto, y volviendo al punto principal, digo que cada una lleva un hombre dentro que habla, y con este se hace la apariencia con grande facilidad, y es cosa que yo hice muchas veces en Lima, festejando a los Virreyes,[44] de que hay hoy en aquella ciudad muchos testigos que, envidiosos y admirados, lo refieren.
CAMILA	Sospechosa hace vuestra merced su verdad, cuando para su confirmación busca los testigos ausentes y tan remotos; debióse de valer vuestra merced de las industrias de algún Indio, que dicen que los hay allá grandes hechiceros; y siendo esto así, no me espantaré de que en su poder hablen los mudos peces, ni aun las piedras, en virtud de aquellos espíritus infernales, que por hallar modo corriente para introducir sus mentiras gustarán de estar hablando siempre.
TEODORO	Prometo a vuestra merced que todas estas apariencias se hacen naturalmente; bien que no puedo negar que sé yo algunas particularidades de mucha curiosidad porque están en mi poder los papeles de Escoto, aquel famoso mágico,[45] y con ellos puedo hacer cosas que vistas parecen soñadas, y aun soñadas pondrán miedo vistas; pero recátome mucho por excusar escándalos a mis amigos y peligros evidentes a

[43] Camila again explains to Teodoro the difference between poetry (**coplas**) and theatre (**comedias**). She argues that speaking and fighting clouds would be impossible to represent on stage.

[44] **Virreyes**: *Viceroys*. Leaders of Peru during Spanish colonialization.

[45] **Escoto** or Duns Scotus (c.1175–c.1234) was "a Scottish medieval scholar who served as an astrologer and physician at the court of the Holy Roman Emperor, Frederick II. [**Escoto**] was best known as a magician; however, he was famed for his occult learning and reputed supernatural powers. Numerous legends arose concerning his miraculous feats" (CE).

mi persona.

CAMILA ¿No es bueno, Flora amiga, que aun hechicero se hace este vuestro fabuloso pariente? A no serlo más nosotras, no estuvieran tan bien logrados nuestros estudios, y más vos, que siendo, como habéis confesado, gitana, era fuerza que lo mamásedes en la leche.[46]

FLORA Amiga: en esta materia todos sabemos poco; mi madre hizo grande ostentación de sabia, y al fin vine a entender que todo era invención y embuste; que ya después que el mundo está desconversable, aun los diablos no quieren ser familiares, y yo pienso que siempre deben haber reusado este oficio, porque ellos son muy soberbios, la ocupación servil.

TEODORO Prima mía: parece que está vuestra merced triste, y no es justo, señora, que se dé tan larga materia a la melancolía, dejándola cebar en esa labor prolija, que ya pienso que más cansa que entretiene; suelte vuestra merced el almohadilla, que yo quiero esta vez degradarme del deudo, y que se me trate con cumplimiento porque vuestra merced descanse.

FLORA Antes me divierten que me entristecen mis labores; lo que me ha dado disgusto es oír tratar de materias supersticiosas, y mucho más el entender que vuestra merced tenga originales de un hombre tan escandaloso como fue Escoto el mágico; cierto que se me ha puesto una nube delante del corazón, y temo... ¡ay, ay, Jesús y qué mal hombre!

CAMILA Desmayóse el Sol, desamparando su rostro el Abril que se esparcía por sus mejillas y labios; ¡ay, señor!, vuestra merced la ha muerto con los escándalos de sus hechizos; mas ya se va cobrando, y yo quiero las cuerdas deste instrumento, divirtiendo la plática, alegrarla el ánimo.[47]

---

[46] It was a common belief that deviant mothers passed down the art of deceit to their children through breast milk. Mothers are often depicted negatively and as the cause of their children's perdition. See Grieve, *Floire...* and Fildes.

[47] Camila's song is a romance–octosilabic with assonance. The romance is traditionally a song that can be danced. Songs, debates and storytelling were

La belleza más ilustre
que es, siendo rosa y estrella,
lo más lucido del cielo,
lo más galán de la tierra.

De uno, aunque muerto, feliz,
mortal, honró las exequias,
que aun más allá de la muerte
su dicha le lisonjea.

Que a esperar igual piedad,
cuantos hoy el aire alientan
por gozar honor tan grande
haberse muerto pudieran.

Banda negra al cuello pone,
ostentación de tristeza,
aumentando gloria al muerto
los indicios de su pena.

En su hermosura y aliño,
con que a las demás afrenta,
lucidas imitaciones
hallar el Abril pudiera.

Previno Amor en sus ojos
dulces puntas a sus flechas
por matar más que la muerte,
con más causa y menos fuerza.

Vióla un dichoso, y pagando
a los cielos tanta deuda,
ejercitó con los ojos
la ocupación de la lengua.

Con ellos dice su gloria,
que el amor quiere que sean
los que son del alma luces
ministros de su elocuencia.

---

common in courtly life and abound in courtly literature. Poetry adds a courtly flair to the text and entertains the guests that visit Flora.

    Con honestidad la mira,
que a las deidades supremas
no se debe amor humano,
sino casta reverencia.
    Sin interés de pasiones
mortales, servirla intenta,
que es deuda común de cuantos
ojos a mirarla llegan.
    Tan limpio se sacrifica,
que con industria desea
que el cuerpo grosero y rudo
no tenga parte en la ofrenda.
    Mas todo se debe a Laura,[48]
en quien contempla la tierra
un cielo menos distante,
y de beldad más perfecta.
    Tal es el nombre lucido
desta deidad, porque intenta
que aun su nombre generoso
servir de corona pueda.

FLORA   Amiga mía: Dios la consuele, que cierto que me ha divertido mucho con esto que ha cantado; mas ¿cómo es posible que los hombres se ocupen en escribir alabanzas de criaturas humanas, teniendo un Dios tan bueno y tan hermoso como tenemos? ¡Oh vanidad ciega de los mortales! ¡Oh locura sin disculpa! Servir con el ingenio, que es divino, a un sujeto humano, tan incierto, tan inconstante, que de los alientos con que respira no sabe cuál ha de ser el último: oh qué bien lo sintió el que dijo:

¿A quién no pone espanto, a quién no admira,
que le dieron por cuenta los alientos,

---

[48] Laura is often the subject of Salas Barbadillo's poetry. He is thought to have courted Laura, but he never married.

	y que a cuenta del número respira?
TEODORO	Siempre en la alabanza de las criaturas tiene el Criador la parte principal o toda, porque como ellas no se formaron ni fueron dueños de sus perfecciones, ¿qué se les puede alabar a ellas que no redunde en gloria del que las formó? En la misma obra se alaba siempre el artífice, en la pintura el pintor, y en la joya el platero; y en el platero y pintor a Dios, artífice de los artífices. ¿Sabe vuestra merced que me parece que se quitase ese luto, y vistiéndose algunas galas con la variedad de los colores alegrase el ánimo, que si mi tío, y padre de vuestra merced, como esperamos, está en el cielo, o por lo menos en el purgatorio, perdonará este modo de sentimiento, supuesto que se le pueden hacer otros beneficios más útiles a su alma, como son misas y oraciones?
FLORA	Primo: ¿quiéreme granjear por enemiga? ¿Eso me dice? El luto por la muerte de mi padre no sólo quiero yo que se manifieste en mis vestidos, sino que salga tanto el sentimiento al rostro, que lo pálido del color publique mi pena. Cierto que cuando me acuerdo de su muerte pierdo el juicio, aunque él murió muy como debía, porque hecho moneda por los caminos,[49] les restituyó lo mismo que les había quitado.
TEODORO	No entiendo eso que dice vuestra merced de mi tío. Que, ¿mandó que se diese alguna limosna a los pasajeros que van a Monserrat o a Guadalupe?[50] Que si es menester que para el cumplimiento della yo acuda con toda cuanta hacienda traigo de Indias, juzgaré su empleo por dichoso, y nunca me estimaré por más rico que cuando por tan santa causa me viere pobre. Y señora, ¿de qué murió? que he deseado saber

---

[49] **Hecho moneda por los caminos**: *having made a lot of money along the way*

[50] **Montserrat and Guadalupe** were two monasteries that were popular pilgrimage destinations. **Montserrat** is a celebrated Benedictine monastery in **Catalonia** and is considered one of the greatest religious shrines in Spain while **Guadalupe** is a Franciscan monastery located in **Extremadura** (CE).

	mucho qué achaques dieron fin a su vejez venerable.[51]
FLORA	Señor: sin ningún achaque pasó desta vida, bueno, sano, robusto, y tanto, que cuando murió pudiera poner una tienda de salud, y vendiendo mucha, quedarle bastantísima parte para vivir muchos años.[52]
TEODORO	Luego, ¿fue su tránsito de repente? ¡Oh gran dolor! ¡Y qué mal prevenido iría en viaje tan largo y tan incierto!
FLORA	No, señor; sino muy de pensado y con no pocos pronósticos de su muerte, de modo que siempre la trujo él tragada desde el día que tuvo uso de razón; mas cierto que me consuela mucho la buena fama que dejó, tanto, que dicen todos los que se hallaron presentes que su muerte fue muy para ver, y así quiso él que la cama estuviese muy alta.[53]
TEODORO	Al fin, señora, ¿no tuvo algún mal? ¿Cómo se pudo acabar tan gallarda vida sin muchos accidentes rigurosos?
FLORA	Señor: sí tuvo un dolor de garganta que no le duró medio cuarto de hora, y con éste murió, llamando muy devotamente a Cristo crucificado y al que le pusieron a la mano derecha, porque tuvo causas muy evidentes para semejante devoción.
TEODORO	¿En qué capilla está depositado, porque yo acuda a encomendarle a Dios con mis oraciones y los sacrificios de algún sacerdote santo?
FLORA	Señor: antes que muriese estuvo algunas horas encerrado en una capilla, pero después de su muerte, él era tan poco vano que excusó esta pompa funeral, y mandó que repartiesen su cuerpo o diferentes partes por cumplir con todos, porque debía mucho a todos.
TEODORO	¿Parécese vuestra merced a él? Porque tendría bellísima cara, con que la memoria de su muerte vendrá a ser para mí de mayor lástima.

---

[51] **Que he deseado... vejez venerable:** *I have wanted to know what ailments brought an end to his venerable old age*

[52] Flora's father died a healthy man and not of natural causes.

[53] Flora's father was publicly executed.

	La sabia Flora malsabidilla 95
FLORA	No, señor; que mi padre antes fue más feroz que hermoso de rostro; pero en lo que él tuvo grande perfección fue en las manos, grande persona por sus puños, sus dedos parecían de hierro en la color y en la fortaleza; corría como si volara; más era ave que hombre, y ave de rapiña. Y fui yo tan desgraciada, que por no vivir un año más, dejó de ser señor de título.[54]
CAMILA	Qué bien le ha dicho que si viviera su padre un año más llegara a ser Conde de Gitanos;[55] pero él es tan majadero que no lo entiende; aunque no me admiro, que quien no va sobre la malicia de las cosas engendra confusión que le entorpece el discurso y queda muchas veces admirado y corrido.
TEODORO	¿Cómo, señora, que dejó de ser señor de título? ¡Válame Dios y qué notable desgracia! Por cierto que vuestra merced perdió una calidad bien grande, aunque a quien tiene virtud propia poco la aumentan honores vanos del mundo. Y su madre de vuestra merced, ¿ha mucho tiempo que murió? que quisiera haberla conocido para reverenciar las muchas perfecciones que della se refieren, no sin grande admiración de los que las oyen.
FLORA	Mi madre murió moza, porque fue mujer de extraordinaria penitencia; andaba descalza, dormía en el suelo, y muchas veces recibía tan grandes disciplinas, que llegaban los azotes a doscientos; y una vez que se dobló este número,

---

[54] Flora's description of her father is reminiscent of Lazarillo's tongue-in-cheek description of his father. These are all important qualities a **pícaro** must have: quick hands for stealing, large fists for fighting, and fast legs for running away. See intro on geneology of the **pícaro** (33-34).

[55] **Conde de Gitanos**: *Count of the Gypsies*. The **Conde** was originally the leader of the group of gypsies that would travel and migrate together. By the 17th century, gypsies had a negative image and were viewed as thieves, magicians, prostitutes and tricksters. The name **Conde de gitanos** refers to, "El capitán y caudillo desta mala canalla, que tiene por oficio hurtar en poblado e robar en el campo" (COV).

	dio su alma a su Criador:[56] fue muy perseguida en el mundo, en quien tuvo para sí mala dicha,[57] con ser ella para todos la misma buenaventura.[58]
TEODORO	Con todo lo dicho (que no es de poca admiración) veo que dejaron a vuestra merced muy buena hacienda, que, aunque es la menor parte (en quien tiene las principales de calidad, virtud y hermosura), al fin ayuda a las demás.
FLORA	Señor: ahí me ha quedado una pobreza con que poder retirarme a un convento, y prometo a vuestra merced que yo desde que nací estoy tan enseñada a la reclusión, que no recibiré novedad por estrecho y limitado que sea su modo de vivir, porque en esta tierna edad alcanzo muchos desengaños, que no los lloro, antes los reverencio, pues por haber llegado a su conocimiento y crédito, me excusaré de experimentar en el mundo muchas ocasiones de verdadero dolor.
TEODORO	¿Cómo, señora? ¿Vuestra merced religiosa? Para el estado que vuestra merced ha de tomar ha de preceder primero el parecer de sus deudos y servidores, y el de algunas personas graves y religiosas que, con maduro acuerdo, determinen lo que en eso pareciere más conveniente; de más de que yo sé que ya el cielo tiene a vuestra merced señalado el novio, cuyas partes podría ser que vuestra merced no las despreciase, aunque ningunas pueden merecer con igualdad el favor de tan ilustre dueño.
FLORA	Señor: vuestra merced mira por mis cosas más que por las propias, aunque con el favor que me hace bien sé que ningunas lo son más; guárdemele Dios muchos años para

---

[56] Flora paints her mother to be a saintly ascetic woman, but probably her mother was a prostitute and beaten as punishment. The description of Flora's mother is again reminiscent of *Lazarillo de Tormes*, whose mother was also a prostitute and a thief. Flora, like Lazarillo, is tongue-in-cheek when describing her "saintly mother." The biblical allusions that are transformed in the text to signify immoral and criminal behavior are typical of the picaresque.

[57] **Mala dicha**: *bad luck*

[58] **Gitanas** were well known as fortunetellers to the gullible (MOL).

	que sea mi amparo. Mas ¡ay! estas son las doce, váyase a comer, que ni yo tengo con qué regalarle, ni, cuando lo tuviera, usara de tan largo atrevimiento por excusar las murmuraciones de los vecinos, que los deste barrio, como por estar tan retirado del tráfago[59] parece aldea, son mastines muy ladradores.[60]
TEODORO	Señora: obediente me retiro, y triste me ausento, y por entrambas cosas merezco en los ojos de vuestra merced acogimiento y gracia, y en su ánimo igual correspondencia.
FLORA	Vaya enhorabuena. ¡Hola, hola! Cerradme hasta las puertas de la calle; y vuestra merced, señora Camila sosiéguese, por mi amor, que ha de ser hoy mi huéspeda. Vuelvo a decir que se cierren todas las puertas y ventanas, y nosotras retirémonos a la pieza de en medio, porque allí, aunque se haga más ruido, no se oye en la calle, que yo sé que cuando se despida para irse a su casa ha de decir que ni va mal regalada ni poco entretenida.
CAMILA	Esta es pieza real o habitación apacible y hermosa. ¡Qué alegre luz la comunican estas ventanas que caen sobre la amenidad deste espacioso y florido jardín! Aquí sobran los manjares,[61] y basta por sustento la vista de tanta hermosura. Vuelvo a decir que no traigan de comer, porque no quiero ofender a lo que miro entorpeciendo a los sentidos con el mantenimiento, con que los hago menos capaces de gozar tanta gloria.
FLORA	Amiga, amiga: la comida es medio natural para que vivan todas las criaturas; la vista de las flores y plantas deleita y no sustenta, y esta recreación del ánimo viene muy bien después de estar satisfecho el cuerpo, que, al fin, como más grosero, en las cosas de su gusto quiere ser preferido en lugar y en tiempo.
CAMILA	¡Oh, qué buen melón, qué tierno, qué dulce! Ignorantes

---

[59] **Tráfago**: *hustle and bustle*
[60] Flora compares her gossipy neighbors to dogs that bark a lot.
[61] **Manjares**: *dishes*

andan los poetas en no comparar el gusto y deleite de los amantes a un melón como éste. Todo el arte de las curiosas conservas no puede sazonar cosa de tan grande regalo, al fin a la naturaleza le debemos este beneficio, y a ella se le agradecemos.

FLORA Los melones y las uvas moscateles,[62] en mi opinión, son las reinas de las frutas, porque como no gasto vino, ya que no las bebo me las como, por lo que tienen de dulce no me desagrada, bebiendo un poco más por golosina que por sustento.

CAMILA La cara deste torrezno y la del capón que viene a su lado me enamoran mucho,[63] y ahora digo que sintió bien un poeta castellano cuando dijo en la última copla de la Epigrama intitulada Clito:[64]

> Que yo sé que cualquier dama,
> aunque sea más traviesa,
> quiere a un capón en la mesa
> mucho más que no en la cama.

Porque éstos tienen la sustancia que a los otros les falta, aunque aquellos entretienen cantando el alma, que es parte más principal, y sirven con sonoros acentos a la solemnidad de los sacrificios divinos, con que vienen a ser más útiles.[65]

FLORA Hablad menos y comed más, porque si no hacéis el pasto[66]

---

[62] **Las uvas moscateles**: *wine grapes*

[63] **La cara de... enamoran mucho:** *I love the faces of this fried bacon and this capon.*

[64] Salas Barbadillo is referring to himself. These verses were published in *Rimas castellanas*(1618), and a variant of the verse also appears in his work *El caballero puntual* (Part I, 1614; Part II, 1619*).* (La Grone "Some poetic favorites" 43).

[65] Joke on the inability of **Clito** to satisfy women sexually. **Clito** is a eunuch (**capón**) who claims that he is attractive to women, but they really prefer him on the table rather than in bed. Camila further jokes that eunuchs, or castrated men, are most useful because they entertain with song, like the *castrati*.

[66] **Hacer el pasto**: *to eat*

	de lo que tenéis presente no tenéis otros platos a quien acudir con la apelación.
CAMILA	Esta reverenda olla, tan celebrada de los chuzones, de los entremeses antiguos,⁶⁷ ¿os parece que es pequeño socorro? Solamente el verla puede satisfacer el hambre del arrierro⁶⁸ más glotón cuando llega de noche a la posada: ¡qué verduras, qué tocino, qué buena pierna de carnero, qué gentil lomo de vaca! Esto que está aquí deshecho parece gallina y aquellos pedazos son lengua que, aun aquí dividida, habla maravillosamente; todo me parece tan bien que no sé por dónde empiece, porque temo acabar con todo lo que empezare.
FLORA	No sé cómo alaba aquello mismo que no come, porque gasta mucho más tiempo en alabarlo que en comerlo, y así, quien celebra las cosas de que apenas tiene noticia hace sospechosa su alabanza.
CAMILA	En viendo el buen rostro destas aceitunas les he conocido su patria y padres; por mi fe que son sevillanitas; donde menos pensé he venido a comer el fruto de mi propia tierra. ¿Oís, mi señora? Alcanzadme aquella caja, y veréis cuán buena consonancia hacen la mermelada y las aceitunas.
FLORA	Ea, comed en hora buena de todo, aunque yo, como soy aguada, me acomodé antes a la caja de dulce, que al plato de las olivas, y en el entretanto que vos entregáis en ellas vuestro apetito, me arrojaré este barro de agua de Leganitos, a quien la novedad de tantas insignes fuentes⁶⁹ no ha podido hacer menos ilustre en la calidad, aunque en la pompa y aparato la exceden.
CAMILA	¡Jesús, Jesús, y qué grande golpe de agua! Haced cuenta que

---

⁶⁷ **Los chuzones** are burlesque characters of the old **comedias** while the **entremés** was a short piece performed during intermission (MOL).

⁶⁸ **Arrierro**: *muleteer*

⁶⁹ **Me arrojaré... Leganitos**: *I will throw a jar of water on myself from the famed Leganitos fountain*. The Leganitos Fountain is a public fountain in Madrid built in 1617 (Viajes de agua de Madrid <http://www.ucm.es/info/folchia/viajesde.htm>).

	os habéis muerto; ¡vive Dios que os distes de puñaladas! ¿Qué es esto? ¿Estáis loca? ¿Segunda vez os le echáis a pechos? Vos debéis de encenderos; a fe que es grande el fuego donde aun tanta agua parece poca.
Flora	A eso no respondo: sólo os suplico recibáis la buena voluntad, asegurándoos que si quisiéredes hacerme esta merced todos los días, será para mí muy grande, y para obligaros a ello, ahora que están levantados los manteles, os tengo de servir el mejor plato: veréis una prima mía que, cantando con mil gracias, sabe decirlas y aun hacellas.
Camila	Prima y vuestra: qué decís, ¿amiga? Hacedla que venga luego donde, regalándome yo con su vista, me halague con escucharla, y la pague con besos y abrazos el precio debido a sus acentos dulces.
Flora	Adviértoos, amiga, que en ninguna manera se consiente hacer estos regalos que unas mujeres usamos con otras, porque tiene condición esquiva, aunque muy cortés, y seguiríase desto quedar todas con disgusto, y yo con la mayor parte.
Camila	Gentil humor tiene vuestra primilla; no me desagrada; hacedla que parezca luego en mi presencia la desdeñosa, que si es dueño de tantas gracias, disculpada está en ellas mismas de sus ásperos rigores.
Flora	La música destos chapines[70] es suya, porque aun con ellos hace consonancia. ¡Oh prima! ¡Oh amores! ¡Seas bienvenida! Abrázame muy estrecho. ¿Cómo te ha sabido la comida? Que quisiera yo que te hubieran regalado mucho esas esclavas, pues todas lo somos tuyas, y yo que soy tu dueño más que todas, por ofrecerte en mi rendimiento el de los demás.
Claudia	Mi señora: todas me hacen mucho regalo por el respeto que en mí a vuestra merced tienen, y a fe de quien soy que quisiera poder satisfacer a todas; pero ni vuestra merced lo

---

[70] **Chapines** are a type of shoe with very thick soles worn by women in the 17th century.

	permitirá ni yo podré acudir a tan larga familia.
TEODORO	¿Cómo permitir? De eso se formarían mis mayores enojos; templad ahora el instrumento y cantad un poco, que quiero festejar a la señora Camila, enmendando con este postre los defectos y cortedades de mi convite.[71]
CAMILA	Abundancias diréis, amiga, y aun cumplimientos y demasías; pero como este último plato es para el alma, recibiréle con mucho gusto, para que podáis decir con verdad que me habéis regalado en el alma y en el cuerpo.
CLAUDIA	Yo quiero desengañar a vuestra merced aunque sea con descrédito de mi prima, que, apasionándose con la voluntad, hace semejantes agravios a su entendimiento.

 Espíritu que gozas
ya el estrellado Imperio,
y el Sol que hirió tus ojos
miras a tus pies puesto.
 Alma feliz, que el campo
de eterna guerra huyendo,
reposas trasladada
al inmoral sosiego.
 Ya que restituida
deste común destierro
a tu dichosa patria,
vives seguro asiento.
 Ya que en mejores prados
ves que su Abril eterno
con pies de flores pisa
la dura ley del tiempo.
 Que allí jamás le agravia
el siempre helado invierno,
ya con valientes lluvias,
ya con armados vientos,
 Inclina los piadosos

---

[71] **Convite:** *banquet*

ojos a los que hacemos
tu soledad llorando,
humano sentimiento.
   El alma que fue tuya
en lágrimas te ofrezco,
ya que no pude darte
el abrazo postrero.
   ¡Ay dulce hermano!, ¡Ay prenda
de lo mejor del pecho!,
en ti severos hados
robaron mi consuelo.
   Por más desdicha mía
peregrino extranjero
perdíte en Manzanares[72]
vine a llorarte al Ebro.[73]
   Sus Ninfas me socorren
con llanto grave y tierno,
mis penas animando,
de que ya me sustento.
   ¿Adónde se huyó, ¡ay triste!,
aquel hermoso ingenio
que vistió tantas galas
de curiosos conceptos?
   Mas siempre está a peligro
el más florido almendro,
de morir a las manos
del inclemente hielo.
   ¡Ay! Y cuánto lastima
cuando al salir del puerto
la nave, a quien miraban
los vientos con respeto,
   Por justa ley nacida
de aquel mayor gobierno,

---

[72] **Manzanares** is a river that flows through central Spain past Madrid.
[73] **Ebro** is the longest river in Spain.

viene a ser su verdugo
el peñasco[74] primero.

　Jamás pensó la tierra
gozar años tan bellos,
cuanto indigna, dichosa,
pues ya cubre tus huesos.

　Aún no bien treinta veces
los campos se vistieron
mientras que tú animaste
puro y vital aliento.

　Descansa, y sobre el mármol
de quien estás cubierto
con lágrimas se apiade
todo fiel pasajero.

　Que yo, porque en tus glorias
no halle el olvido puerto,
haré vivir tu fama
alentada en mis versos.

　De ti y el nombre tuyo
ya no dirán es muerto,
que él vivirá en mis musas,
tú en ellas y en mi pecho.

Estas endechas[75] escribió Alonso de Salas en la muerte de su hermano el Licenciado Diego Jerónimo de Salas,[76] y yo, como aficionada al vivo y al muerto, las canto siempre, aunque bien sé que este lugar pedía cosas más alegres. Pero desenfaden la tristeza pasada estas seguidillas,[77] que a un

---

[74] **Peñasco:** *crag*

[75] **Endechas** are lament poems that usually consists of quatrains with six or seven syllable lines, usually assonant or with free rhyme (RET).

[76] Salas Barbadillo's brother died in 1612. His death is lamented here in verse and also in prose in his *La peregrinación sabia y El sagaz Estacio, marido examinado* (Peyton 174).

[77] **Seguidillas** are Spanish stanzas made up of four to seven lines that are typically danced or sung. This satirical poem on the high cost of courting a woman contrasts with the somber nature of the previous poem that honored Salas

tiempo quiero, bailando, cantarlas, por excusar que se compre con ruegos lo que, aun siendo ofrecido sin ser rogado, no sé si ha de parecer bien.

    El amor de la Corte
camina apriesa
porque va caminando
de venta en venta.
    Pues de modo se venden
todas las damas
que les sirven de ventas
aun sus ventanas.
    Muérese por un sastre
cierta señora,
que la carne de abujas[78]
es muy sabrosa
    Hija me llaman muchos,
no será en valde,[79]
porque fue muy cumplida
mi buena madre.
    Música de doblones[80]
las damas piden,
que mejor canta un gato
que cuatro cisnes.[81]
    Quien doblare más oro
suya es la presa,
que ellas quieren que, aún vivas,
doblen por ellas.
    Este carreterico,

Barbadillo's brother, Diego.
  [78] **Abujas (agujas**): *needle used by a tailor* (**sastre**)
  [79] **En valde**: *in vain*
  [80] **Música de doblones**: *jingle of coins*
  [81] **Gato** is a bag filled with money "Gatos los bolsones de dinero, porque se hazen de sus pellejos desollados enteros sin abrir" (*Cov.*). *It is better to hear the jingling of coins in a purse, than to hear four swans singing.*

que es de la hoja,

dentro del carro lleva
también su posta.
 Díganle a mi velado
que no trabaje,
bástale por oficio
que sufra y calle.
 Parte de la pelota
juego yo muy bien,
sacadora soy grande,
mas no sé volver.
 Lindo oficio se tienen
niñas y damas,
en Madrid son ya todas
jueces de sacas.[82]
 Aun la risa me vende
mi niña bella,
y es porque allí descubre
coral y perlas.[83]
 A este caballerito
flamante y nuevo
vahidos de cabeza[84]
le traen enfermo.

CAMILA   Amiga y señora, por mi vida que es saladísima[85] la mozuela, sólo he reparado en una cosa, que para mí es más admirable y digna de no poca estimación, y es que baila con el aire y acciones de hombre y no de mujer, si no es que nacen este

---

[82] **Niñas y damas son… jueces de sacas**: *women of Madrid are experts at taking money*

[83] **Coral y perlas**: referring to the **dama's** beautiful lips and teeth that she sells him when she smiles

[84] **Vahidos de cabeza**: *dizziness*

[85] **Saladísima**: *funny*

	desenfado y despejo de haber bailado en zapatos y no en chapines.
Flora	Señora mía: con vos no ha de haber cauteloso estilo; serenidad de cielo pide nuestro amigable trato; bien puedo entre las demás prendas de mi secreto entregaros ésta: sabed que es varón, no hembra, y que le tengo en casa en este hábito para socorrer las necesidades más ordinarias y secretas, con que pasamos sin escándalo del pueblo; porque esto aun está encubierto a mis criadas y esclavas: de modo que yo tengo compañía y entretenimiento; y tanto, que como está en ella mi gusto, aborrezco el salir de casa, con que le hago una galante treta al vulgo, pues juzga recogimiento lo que es vicio.
Camila	Yo vuelvo a confesarte que, entre cuantas mujeres estamos en el mundo, eres sola ingeniosa y sabia. Agrádame mucho este modo de carcelería, porque cuando al recogimiento no se le siguen ayunos y disciplinas, es más alegre que pesado. ¿Sabes qué me parece esto? Que has huido de todas las cosas que podían causarte pesar por habértelas a solas con quien te da placer. ¡Oh vida digna de ser envidiada! Aunque te pones a peligro de amanecer con algún huésped en tus entrañas que, aumentando tu linaje, sea pregonero deste desengaño.
Flora	Yo estoy prevenida de unos polvos que son escudo contra peligros semejantes, demás de que nada goza quien algo no se aventura, pues cuando otra vez volvamos a la plaza del mundo, nuestra mercadería es conocida, y este nuevo suceso, en vez de dañarla, la hará más acreditada; y si se conserva (como imagino) nuestro secreto, habré logrado aquí mi gusto, aunque breve, y allá la comodidad de toda la vida.
Camila	¿Quién puede argüirte? ¿Quién hace a tus agudezas resistencia? Digo, que de cualquiera de los dos sucesos (aunque uno mejor que otro) ninguno te puede estar mal. Mas oye, que este que va entrando es Teodoro, y hemos de pasar lo que resta del día con su conversación muy entretenidas,

	demás de que iremos caminando con tus intentos y descubriendo los fines de los suyos, que no será empresa difícil.
TEODORO	Señora y prima: yo vuelvo a ver a vuestra merced tarde en mis deseos, en mi temor temprano; porque recelo que mis visitas deben de ser molestísimas; mas, señora, ¿quién es esta dama que tiene vuestra merced a su lado, que por el lugar que ocupa es digna de reverencia, y por su hermosura capaz de tan sublime lugar.
FLORA	Señor: esta doncella es prima mía carnal, que la tengo en mi casa (aunque vuestra merced no la ha visto hasta ahora) para que me acompañe, y prométole a vuestra merced que esto no lo digo por el deudo estrecho que yo tengo con ella, si no por ser así verdad, que es una de las personas de más virtud que he tratado después que soy mujer; todas las noches hace conmigo buena labor y mucha;[86] pero como no hemos de comer con ellas, sino entretenernos, lo que más procuramos es que esta labor no salga a los ojos del mundo.[87]
TEODORO	Esa relación que vuestra merced me da de sus partes ocultas me obliga a que yo de mi mano la busque un novio. Dígame qué hacienda tiene, para que yo elija entre los caballeros que venimos esta jornada un esposo muy a su propósito, porque con eso a un mismo tiempo daremos remedio a una mujer principal y compañía a un caballero rico.
FLORA	Señor: su hacienda es mucha y muy buena; eso nadie lo sabe como yo; pero ahora no quiere casarse, que nos hallamos las dos muy bien juntas, y mientras más juntas, mucho mejor.
TEODORO	Señora: también vuestra merced ha de tomar estado,[88] y muy presto, porque le conviene, y así es bien que se halle

---

[86] Flora and Claudia claim they embroider together (**labrar**), but Flora substitutes the word **labor** for sex in the following exchange. See intro pgs. 24-25.

[87] Flora is referring to her lover, "Claudia," who is a male disguised as her female cousin.

[88] **Tomar estado**: *to get married*

	esta mi señora con dueño que la ampare y sombra que la abrigue.
Flora	Ampararla muchos podrán mejor que yo; pero abrigarla,[89] nadie más bien; y así, aunque yo tome estado, la pienso llevar conmigo, y esto es lo primero que he de capitular con mi marido, a quien no le estará mal, porque ella es tan cuerda que sabrá suplir sus defectos, y entonces, ni a mí ni a ella nos pesará que salgan en público nuestras labores; porque como tendremos cabeza en casa a quien podrán atribuirse, nadie murmurará, aunque no atrevamos a obrarlas muy ricas.
Teodoro	¿Cómo, señora, pues después de casada vuestra merced con un hombre poderoso y principal había de estar atareada a la labor en compañía de su prima?
Flora	Sí, señor, y entonces con más gusto, porque no tendrá la labor más artificio, y siendo mayor el provecho tendrá menos peligro.
Teodoro	Con todo eso me parece que esta mi señora no se inclina tanto a la labor, y que desde que hablamos della, muestra el semblante más triste.
Claudia	Bien lo entiende vuestra merced; antes yo soy la que muchas veces quito la pereza a mi prima y empiezo la labor; pero tiene una cosa, que una vez empezada nunca querría que se dejase; persevera con mucho gusto, y siempre queda con deseos de volverse a su almohadilla.[90]
Camila	Eso mismo pasa por todas, que aun a mí me sucede lo propio en mi casa; pero como no tengo prima que me ayude, muchas veces la labor se acaba mal y tarde, y aun el gusto de volver a ella por muchos días.
Teodoro	En verdad que si vuestras mercedes me diesen licencia, que las ayudaría yo muchos ratos a hacer labor; porque, como dije esta mañana, me crié entre las mujeres de la casa de mi

---

[89] **Abrigarla**: a play on the word which means both *to clothe her* and *to embrace her*

[90] **Almohadilla**: a play on the word which means both *pincushion* and *pillow*

	madre, y soy gran labrandero, si no es que ya con las navegaciones largas se me ha olvidado y sé más de la abuja de marear que de la del labrar.⁹¹
CLAUDIA	¿Piensa vuestra merced que nuestra labor se hace sin abuja de marear? Pues no, señor, porque es verdaderamente una navegación sujeta a tempestades y borrascas,⁹² mas de tal modo, que muchas veces de la mayor tempestad sale la seguridad de la bonanza⁹³ para muchos días.
TEODORO	Al fin las dos primas se quieren mucho; por cierto que ellas justifican su razón en semejante intento, porque entrambas son bellas y entendidas con extremo, débense, y páganse; pero, no obstante la igualdad de sus merecimientos, yo admiro que haya correspondencia conforme, porque como este milagro está en manos de la fortuna, y ella es varia, las más veces huye de hacer acciones de firmeza.
FLORA	Los achaques de la fortunilla son muchos, y querer tratar ahora de sus indigestiones y resfriados es larga empresa; sólo digo que yo amo a mi prima como el hortelano⁹⁴ al árbol que le da buen fruto, porque gozo en ella estas mismas partes: con su entendimiento me divierte, con su buena cara me alegra, en la cama y en la mesa me acompaña, y al fin me sirve de más que muchos maridos a sus mujeres; y es tan verdad esto, que procuramos que no se manifieste lo mucho que en esta parte es útil.
TEODORO	Por cierto, señora mía, que yo y un primo mío nos quisimos con semejante terneza, y aun ahora le lloro, porque siendo

---

⁹¹ **Y soy gran labrandero...**: Teodoro continues to make a fool of himself because of Flora's now well-established double meaning of **labrar**. Teodoro claims that, having been brought up by women, he too was a great embroiderer (Flora's meaning=a great lover), but now, because of his long journeys abroad, he has forgotten how to use the embroidery needle (Flora's meaning = his penis). He now knows more about the **abuja de marear**, a compass used for navigations—than he does about sex.

⁹² **Borrascas**: *squalls*

⁹³ **Bonanza**: *fair weather*

⁹⁴ **Hortelano**: *gardener*

	hermoso como un sol, murió en el Abril de sus años, sin haber conocido veinte Abriles.
FLORA	Advierta vuestra merced que no sería con semejante terneza, aunque sí, que ya dicen que se usa este modo de entretenimiento en el mundo, y por todo se pasa sin escrúpulo, que ya para todo está muy convenible y poco escandaloso. Al fin, después que comió, ¿qué ha hecho vuestra merced? Denos cuenta de su vida con verdad, que es lo mismo que decirle que se prevenga para la muerte.
TEODORO	He visto dos caballos que me han traído del Andalucía, hijos de vecino de la ciudad de Córdoba,[95] aunque el uno más parece por la piel moscovita,[96] tan lozano, que, no cabiendo en sí, rompe las piedras y pretende subir a pisar las estrellas; es cierto que, con la disposición que tiene, le he de hacer tan brincador como uno que se me mal logró en México, por quien me daban veinte mil pesos, y yo, despreciador de tanto peso, me eché con la carga, porque no los quise, y después se me murió, perdiendo lo uno y lo otro; pienso que maldiciones del que le deseaba, o el mal ojo de su envidia, me le mataron, que es tal la ponzoña del ánimo de algunos hombres, que no bastan a resistirla aun las bestias más gallardas.
TEODORO	¿Qué tan brincador fue ese caballo que parece que tengo de él noticia? Por aquí le dispongo a que mienta con más ánimo.
TEODORO	Y como que tendrá vuestra merced de él noticia, porque fue más famoso que el Pegaso, y volaba más, y diré que tanto.[97] Yo festejaba a la hija de un poderoso ministro de aquella ciudad, con pretensiones de matrimonio; paseaba yo una tarde por delante de un balcón donde ella estaba leyendo un papel, y dando de espuelas al caballo y sompesándole con la rienda, se levantó tanto en el aire con un brinco, que

---

[95] A famous town in Andalusia
[96] **Piel moscovita**: *brown haired*
[97] Pegasus is a winged horse in Greek mythology.

	llegué a leer dos ringlones;⁹⁸ volví a hacer otras dos veces la misma diligencia, y entrambas se aligeró de modo que, poniéndome hombro a hombro con ella, acabé de leer todo lo que el papel contenía, sin ser della sentido, porque estaba divertida.
CAMILA	Y aun vuestra merced parece que lo está ahora, o que lo estamos nosotros.
TEODORO	Vuestras mercedes bien podrá ser; pero yo en mi vida he estado más en mí.
FLORA	Dice verdad, porque él nunca está más en sí que cuando sale de sí con este lenguaje.
CAMILA	Paréceme que debe tener vuestra merced la misma virtud con los caballos que el Rey de Francia, con los perros de los ciegos, que como a ellos les dicen: «Salta por el Rey de Francia»,⁹⁹ y lo hacen; a esotros se les puede decir: «Salta por don Teodoro», y lo obedecerán.
TEODORO	Otra cosa mayor me sucedió a mí con este caballo, y es que, habiendo de un brinco saltado el anchuroso espacio de un grande arroyo, viendo de la otra parte (así como pasó) un hoyo muy profundo, y que era fuerza despeñarse, sin poner los pies en el suelo, afirmándose en el aire, revolvió a saltar hacia atrás, y se halló en el mismo lugar de donde había salido.
CAMILA	Grande cosa fue afirmarse el caballo en el aire, y vuestra merced no le imita poco, pues lo más en que hace pie es el viento. De grande estimación era ese caballo cangrejo que andaba tanto hacia atrás. Bien hizo vuestra merced en no darle por veinte mil pesos, pues él tenía excesión de ser pesado, como se verifica en levantarse con tanta facilidad

⁹⁸ **Llegué a leer dos ringlones**: *I was able to read two lines*

⁹⁹ **Salta por el Rey de Francia** is a common saying meaning *do anything he says* (Sieber *Novelas ejemplares II* 118). Sieber also cites Rodríguez Marín's *Novelas ejemplares II*: "era habilidad que de ordinario enseñaban los ciegos y los truhanes a sus perros, los cuales saltaban, en señal de agrado, por el Rey de Francia…" 280-81; Sieber 118).

	sobre los vientos. Al fin, señor, él volaba muy alto, y desde entonces lo más que vuestra merced dice es de tal casta que parece que lo echa a volar. Pregunto: ¿era muy profundo el hoyo? Porque algún misterio debía de haber en lugar de donde huyó caballo tan misterioso.
TEODORO	Como profundo, cosa inmensa: yo le estuve mirando más de media hora y nunca le pude encontrar suelo.
CAMILA	Pues si el caballo volvió tan de improviso hacia atrás, ¿cómo pudo vuestra merced estarle mirando media hora, si el pasar el retroceder fue todo un breve instante?
TEODORO	Señora: con los ojos de la consideración que son más profundos y no se les esconde de nada; y pues ellos no le hallaron suelo, es cierto que no le tiene.
CAMILA	¿Los ojos de la consideración, emplea vuestra merced en los objetos de que son capaces los ojos corporales? ¡Qué caballo tan considerado, y por la misma razón muy considerable! Al fin, señor, ¿de qué murió ese caballo generoso? Que si hubiera conocido el tiempo de las transformaciones de Ovidio (que las he leído y porque andan en romance)[100] sin duda estuviera colocado en el Zodiaco; pero él llegó tarde al mundo, y tanto, que como hay tanta abundancia de bestias vanas, las unas se quitan a las otras el lucimiento; aunque digo mal, que antes se ayudan y dan la mano, con que se deslustran más con lo mismo que lucen.
FLORA	Amiga: ya este hombre me va mareando con sus mentiras. Por vida vuestra que divirtáis con el instrumento su plática, y sea cantando alguna cosa grave, porque se mesure y deje, oyendo las veras, el camino de las burlas.
CAMILA	Seréis obedecida, venga la guitarra. Mi señor don Teodoro, mientras vuestra merced hace las exequias a su caballo,[101]

---

[100] Ovid (43BC-18AD) is Latin poet whose masterpiece is the *Metamorphoses* (CE). Camila implies that because these stories are now in the vernacular (**en romance),** she is acquainted with them.

[101] **Mientras… exequias a su caballo…**: *while you are giving remembrance to your horse…*

quiero cantar un poco para consolar a doña Flora, que ha recibido mucha pena con la muerte de ese indiano Pegaso, más digno de sepultura que Babieca,[102] y que mereció ser llamado volatín entre los caballos de aquellos tiempos. Silencio que empiezo y digo así:

 Las torres del Escurial,[103]
tan confines con los cielos,
que a no variar la materia
cielos los juzgara el suelo.
 Gigantes que se prometen
eternidad contra el tiempo,
después que con las estrellas
trato familiar tuvieron,
 Contempla un amante ausente
de los ojos más serenos
por quien amanece el Alba,
a que le amanezca en ellos.
 ¡Oh ilustre fábrica dice,
gran milagro, aunque moderno,
estudio de altas ideas,
sin ejemplo, y para ejemplo!
 Aunque más desvanecida
burlas con libres desprecios
cuantos rayos vibra Jove
por verte eminente al fuego.
 Tanto, que sólo recelas
hallar verdugo en tu peso,
sustentándote hasta el día
que prediques escarmientos.
 No blasones, no te bañes

---

[102] **Babieca** is El Cid's horse (PF).
[103] **El Escorial** is "a monastery and palace in New Castile, near Madrid. It was built in 1563-84 as the monastery of San Lorenzo del Escorial by Philip II to commemorate the Spanish victory over the French at Saint-Quentin in 1557" (CE).

en vanagloria, creyendo
que eres el mayor asunto
de los ojos del ingenio.
   Que en los campos a quien rinde
cristal, si poco risueño,
Manzanares, cuya arena
le roba caudal inmenso,
   Se ciñe en término breve,
con menor pompa el portento
mayor que vieron los siglos
en quien se ven todos ellos.
   Porque se reduce a un rostro
cuanto de hermoso y perfecto
conoció la edad pasada
con atrevidos aumentos.
   Tan atrevidos, que el Sol,
con tener lúcido imperio
sobre tanta estrella, excusa
la competencia con ellos.
   Si a visitarte han venido
los curiosos extranjeros
sin la bárbara codicia
que hace los mares sangrientos.
   Vanos son, si peregrinan
más por tu causa, debiendo
sus pasos a este edificio
que encierra más, aunque en menos.
   Edificio al fin con alma,
todo luz, y todo fuego,
precipicio de la invidia,
y de la fama instrumento.
   Deje el Indio que idolatra
la luz de Apolo,[104] tan necio

---

[104] Apollo was one of the most important Greek gods, frequently associated with the higher developments of civilization, such as law, philosophy, and the

        obstinado culto, y venga
          a darle a Sol más perfecto.
            Para ver tan dulce asombro
        navegue, no el mar, el viento,
        por hacerse más feliz
        mientras llegare más presto.
            Que cuanta riqueza crían
        aquellos remotos Reinos
        es al fin vulgar tesoro
        para ánimos avarientos.
            No hay más riqueza que Laura
        justamente digno objeto
        de los cielos que la miran
        invidiosos y suspensos.
            Feliz el que pudo verla
        vinculando lo respetos
        que a su honestidad se deben,
        en un amor siempre honesto.
            Mas ¡ay! que ya es infeliz
        pues vive della tan lejos,
        coronando de suspiros
        estos incultos desiertos.

TEODORO   Renovado se me han las memorias de la grandeza y majestad de tan insigne templo, obra digna del mayor poder de los hombres, acompañado de la más alta y profunda prudencia. A su imitación pienso yo labrar un Convento en nuestra tierra para entierro de los señores de mi casa, y aventajarle mucho en las pinturas: porque las que tengo de mi mano son excelentes, porque cada día se perfecciona más en mí este arte, y con su perfección me animo más a su ejercicio.

CAMILA   Qué ¿también es vuestra merced pintor? Ninguna cosa creeré yo más fácilmente, porque pinta todas las cosas que

arts (CE).

	dice con tantos colores, que no sólo las verdaderas, pero aun las imposibles nos hace parecer verisímiles. —Amiga: la noche nos divide, quedaos con Dios, y enviad por mí mañana aunque no, que ya mi silla estará aderezada y podrá servir en esta y en mayores jornadas.
TEODORO	Mi coche está ahí para que vuestra merced le honre con permitirle que la sirva, y yo ahora acompañaré a vuestra merced si me da licencia, que en esto bien sé que hago a mi prima lisonja, y a mí favor.
CAMILA	Beso a vuestra merced las manos por la liberalidad; mas, señores, ¿qué es esto? En cumplimientos y cortesías, se nos irá la noche. Adiós, adiós, que yo mañana le haré al Aurora que madrugue más de lo que suele, y con sus luces vendré a ver las que ni ella conoce ni merece.
TEODORO	Con despejo gracioso se ha despedido, y yo lo habré de hacer con afectuoso sentimiento. Adiós, prima; adiós, señora; que ni sé dónde me lleva el alma, ni el alma sabe qué es lo que en mí lleva. ¡Oh largos plazos de la esperanza! Mas yo romperé mi silencio, y compraré con los méritos de mi voluntad el imposible de tu belleza.
FLORA	Al fin se fue; no pensé librarme de su conversación fabulosa, paréceme que estos negocios se van disponiendo de modo que pagará este altivo despreciador sus vanidades mal aconsejadas. ¡Oh hados! Ayudad mi empresa, y advertid, que mientras menos razón tuviere será mayor vuestra gloria. —¡Hola, hola! Ciérrense todas las puertas de la calle y en trayéndome las llaves, llévennos luego a mí y a mi prima la cena a la cama, que estas largas visitas de hoy me dejan molida;[105] no sé cómo desto hacen entretenimiento las grandes señoras, pues yo antes lo llamo castigo de su ociosidad que pasatiempo gustoso. Prima, vamos, que si no fuera por ti, ni yo pudiera tener vida ni aun ánimo para buscar a mis males alivio y a mi esperanza socorro.
CLAUDIA	¡Ay prima mía, y qué bien que entiendo vuestros achaques!

---

[105] **Que estas largas... dejan molida:** *these long visits leave me worn-out*

Recojámonos, como vos decís, que yo espero de mi diligencia que habéis de amanecer más gustosa y no menos cansada; yo lo voy estando ya, que como vivo contra mi naturaleza varonil, este recogimiento me parece prisión y estas faldas estrechos grillos y pesadas cadenas.

Vanse. Salen Marcelo y Roselino, su primo

MARCELO Digo, pues, que habrá ocho días que llegué de mi casa a esta Corte en busca de mi hermano Don Teodoro, que viene de las Indias rico, heredero de la hacienda de un tío nuestro que murió en ellas, beneficio de la fortuna, y que yo no se le envidio; porque como acá acertásemos a tener otro tío eclesiástico no menos hacendado, y yo me criase en su servicio y compañía, también al tiempo de su muerte usó conmigo el cielo la propia liberalidad, sin haberme expuesto a los riesgos del inconstante mar y de sus crueles cosarios, que él amenaza al cielo, y ellos, sin amenazarle, le ofenden con mayor osadía. Estoy cuidadoso y bien triste porque ha más de veinte días que me avisó de Sevilla que ya partía y que no le escribiese más; este desvelo me trae inquieto, y por divertirme acudo aquí a esta casa de Doña Camila, mujer bellísima y no menos entendida, aunque me pongo a peligro de empeñarme más de lo que me conviene en su voluntad, y voilo ya por mi desdicha experimentando, porque como está fuera de casa a estas horas, engendro unos celos que no me tocan, y toco unas graves desdichas que sobresaltan.

ROSELINO Celos en la Corte es achaque de sujetos ignorantes. Si aquí os embarcáis en amar perderéis el juicio y la reputación; celad poco y regalad lo suficiente; gozad vuestras horas y desocupad las demás para otros pretendientes, y creedme que no ha mayor cordura que vivir en Madrid sin dama ni jardín propio, porque deste modo todos y todas serán vuestros; y de esotro, por más que los celéis, de más de ser

	vuestros las costas y el cuidado, los han de gozar muchos.[106]
MARCELO	Bueno es eso para los que nacimos en Extremadura,[107] que aun retamos de alevosos a los rayos del sol[108] si acaso hieren los ojos de nuestras damas: la mujer que yo quisiere se ha de sujetar a mi voluntad, y en esto perdonará Madrid, porque, aunque le pese, mudará por hacerme gusto sus malas costumbres, fuera de que no quiero condescender con vuestra opinión afirmando que aquí todo es uno, sino pensar que hay distinciones de hombres y mujeres, y que tales son ellas cuales las hacen ellos, estando siempre la culpa en la cabeza, y aun también la pena. Mas escuchad, que este coche que viene debe de ser ella; salgamos a recibirla, aunque ya no, que es este médico vecino, que le alabara yo de doctísimo si la curara de estos achaques sobresalientes. [109]
ROSELINO	Las salidas que ella hace de casa tan largas no las llaméis achaques, antes bien medicinas y beneficios de varias enfermedades, porque ella es médico de amor, y todos los que visitan son sus dolientes. Dejadla busque su vida con la muerte de muchos; auméntese su hacienda con el daño y mengua[110] de las de sus amigos. Creedme que este reino no se gobierna con estas leyes, y que una provincia con más facilidad se consiente mudar Príncipe y Magistrados que la imperen que las costumbres antiguas por donde se encamina.

---

[106] Roselino continuously refers to the dangers of irrational love (**celos en la Corte**) and, moreover, the high cost of courting a **dama**. See Wagschal for analysis of the treatment of jealousy in Golden Age literature.

[107] **Extremadura** is a western region of Spain.

[108] **Retamos de alevosos...**: *we accuse the sun of treachery*

[109] "Irrational love," was thought of as a sickness and is a common theme in Golden Age literature. It was especially developed in Spain during the 14th century with Arcipreste de Hita's *El libro de buen amor* (1330) and then in Fernando de Rojas' *La Celestina* (1499). In these works, deviant women often take advantage of the love-crazed male.

[110] **Daño y mengua**: *pain and poverty*

MARCELO Escuchad, que sin duda es la que viene en esta silla, aunque no, que la acompañan muchas luces, y sus cosas se hallan mejor con las tinieblas.
ROSELINO No lo entendéis, antes las tales señoras quieren que todas sus hazañas salgan a la publicidad del mundo; porque ellas hacen grandeza de la galantería de sus amantes, y gustan de tener séquito y aplauso;[111] y esto es tan cierta verdad, que no hay mejor día para una déstas que aquel en que se encuentran dos majaderos y se rompen las cabezas; porque estos ídolos de la sensualidad no quiere ver menos sacrificio en sus altares que la sangre humana de los hombres.[112]
MARCELO Pensaréis que esto no me cuesta ya mis pasos; pues sabed que llegan a ser ya diligencias y aun inquietudes y desvelos.
ROSELINO Mientras no decís que os cuesta vuestro dinero, baratísimo os sale, que todo lo demás en un hombre ocioso como vos, que está en esta Corte sin negocios que le ocupen, antes es un entretenido empleo del tiempo. Si no habéis sido salteado en la Puerta de Guadalajara y en la Platería,[113] de nada podéis formar justificada queja. El que alcanza a ser amante noble hidalgo, libre de los pechos y tributos serviles, goce de su fortuna, y prosiga con la empresa; pero a mí por lo que veo ahora me parece que nos vamos, porque esta señora no se acuerda de vos, o se acuerda tanto que se detiene con arte para daros este pesar.
MARCELO Mucho me corro[114] de que presumáis que las mujeres llegan a tener tan dilatado artificio; todas son vanas, y aunque confieso que discurren con agudeza, no con profundidad, que si nos engañan cada día a los hombres, no es porque

---

[111] **Porque ellas... séquito y aplauso**: *women enjoy the gallantry of their courtiers, and they like to have followers and applause*

[112] Roselino, always the voice of reason, accuses women of causing their foolish courtiers (**majaderos**) to fight with each other. In the view of Roselino, women enjoy seeing men sacrifice their blood for love.

[113] In Madrid, **la puerta de Guadalajara** divides **la calle Mayor** from **la Platería**, a neighborhood where the jewelers kept their stores.

[114] **Mucho me corro**: *I can't believe*

sepan más que nosotros, sino porque nos cogen enamorados, que es en el estado que sabemos menos; entonces nosotros, convertidos de hombres en niños, son los que burlan unos niños que perdieron el ser de hombres y así vemos que cualquier hombre de mediano talento desapasionado descifra todas las industrias de la más sutil mujer, que si son pocos lo que esto hacen, no es por falta de ingenio en los hombres, sino por sobra de rendimiento natural a las mujeres.[115]

ROSELINO   Ahora bien, señor: sea la razón la que vos mandáredes, lo cierto es que ellas son poderosas para todo lo que quieren; sabéis que me parece que lo hemos argüido bastantísimamente y podríamos irnos a cenar, que, de todos, es el argumento más probable, y si quisiéredes restituiros después será con esta ventaja; brindaréos yo un par de veces, con que volveréis el ánimo más alegre y el corazón más fortalecido, porque para entrar en las guerras de Venus[116] no hay armería mejor que la de Baco y Ceres;[117] así lo sintió el otro cuando dijo:

Las batallas de amor piden bucólica,
porque se funda su aparato bélico
en el *bibere et edere,*
quia friget Venus sine Baccho et Cerere.[118]

MARCELO   Bien quisiera yo obedeceros; pero parece que mientras más

---

[115] **No es por falta… natural a las mujeres**: *it's not that men lack ingenuity, it's that women have too much of it*

[116] **Venus** is the Greek goddess of sexual love and physical beauty (CE).

[117] **Baco** is the Greek and Roman god of wine, vegetation, and fertility (CE), while **Ceres** is the Roman goddess of agriculture (AH).

[118] A common expression in Latin is *Sine Cerere et Baccho friget Venus* meaning, "When poverty comes in at the door, love flies out the window" (PF). The poet humorously changes this expression to mean, *when it comes to eating and drinking, love flies out the window* (**en el** *bibere et edere* **/** *quia friget Venus sine Baccho et Cerere*).

	lo intento menos lo consigo; grillos tengo en los pies y venda en los ojos;[119] ni los pies tienen alientos para moverse ni los ojos luz con que gobernarlos. Pregunto por vida mía si serán éstos hechizos, porque aunque la mujer es tierna de años, presumo que desde que nacen reciben esta doctrina de sus madres, y luego son discípulas del demonio, y aun muchas pienso que sus maestras, porque saben cosas que pueden ser cartilla del diablo,[120] y aún será muy hábil si aprendiere tal cartilla.
ROSELINO	Señor: nunca me acomodé a creer esto de los hechizos, más en cosas en que la misma naturaleza se entrega con tanta facilidad y vehemencia. La fuente en el campo, para que yo desee beberla, ¿trae consigo más hechizos que el semblante risueño[121] de sus aguas? No; pues del mismo modo presumo yo que la belleza de un rostro que me satisface es poderoso, más que todo el arte humano a llevar mi deseo en seguimiento de sus plantas; pero por Dios, que es cosa muy terrible que queráis vos por vuestro antojo desfrutar mi paciencia, tanto, que cuando llegue a mi casa me paguen mis criados el enojo de la hambre que conmigo llevo. Ea, señor, vámonos, o, por Dios que si porfiáis, que os deje, supuesto que vos no quedáis aquí a ningún peligro, y yo me libro de mucha incomodidad.
MARCELO	Andad con Dios, que siempre tuve por verdadero el refrán que dice: «Más vale solo,» *etcétera*;[122] lo que os ruego es que no os recojáis hasta que yo vuelva a la posada, porque tengo que consultaros un negocio que a entrambos, a lo que parece, nos ha de estar bien, y es menester que esta noche discurramos sobre la plática, porque si halláremos ser cosa conveniente acudamos luego a su solicitud, porque ya le

---

[119] **Grillos tengo en los pies y venda en los ojos**: *I have shackles on my feet and blinders over my eyes*

[120] **Cartilla del diablo**: *devil's handbook*

[121] **Risueño**: *smiling face*

[122] The continuation of this saying is "**Más vale solo que mal acompañado.**"

	pretenden muchos, aun con haber llegado a noticia de muy pocos.
ROSELINO	Si sabéis mi condición, ¿para qué me brindáis con nada? Ya me habéis puesto grillos, y será imposible que mi ánimo tan curioso de secretos como vos experimentáis se aparte de vos hasta que le deis la luz más descubierta; decid qué es el negocio y el fundamento de sus intereses juntamente con las razones por donde nosotros tenemos acción a pretenderle, que yo os aseguro que mi estudio os rescate de semejante penalidad, de modo que, echándome yo todo el peso del cuidado sobre mis hombros, os quedéis vos en el ocio de vuestro descuido, y siendo sólo mío el trabajo, sea después igual entre los dos el provecho.
MARCELO	¡Oh, codicioso, codicioso! ¡Con qué facilidad que ha dejado enfrenarse! Con esta suspensión pienso detenerle aquí todo el tiempo que necesitare de su compañía. Sabed, señor mío, que primero he menester hablar con un ministro grave que me desengañe; porque como todo este mundo es interés, y cada uno mira a sus particulares fines, podría ser que en esta parte el que me informó viniese con cautela, y sólo quisiese empeñarme en alguna cosa que a mí me sirviese de cebo para hacer él con esto de camino otro negocio que le estuviese bien.
ROSELINO	¡Válame Dios! ¿Qué? ¿Vos sois tan lerdo que de sus razones poco más o menos no conocistes si os pudo engañar o no?
MARCELO	No, amigo; porque así actualmente les está sucediendo a muchos; basta que he quedado con esta sospecha para no arriscarme de golpe a la empresa sin que precedan primero las diligencias propuestas; porque, sabed, que no hay cosa más fácil que engañar a un hombre, y más si es codicioso de hacienda o presumido de entendimiento.
ROSELINO	¿Fácil cosa es engañar a un hombre? ¡Vive Dios que no me engañen a mí los más sutiles espíritus infernales, porque luego examino yo con la razón el negocio, el principio, sus medios y sus fines, y con esto llego fácilmente a la conclusión!

MARCELO	Pues advertid, señor, que sois un buen hombre; después de haber examinado vos el negocio, el principio, sus medios y sus fines, os engañan en el negocio, en el principio, en los medios y en los fines.
ROSELINO	¿Cómo? ¿Qué decís? ¿A mí me pueden engañar en el negocio, en el principio, en los medios y en los fines? Eso será en negocio que no tendrá principio, medios y fines.
MARCELO	Será ello de la manera que vos lo quisiéredes entender; pero yo, tan lerdo como soy, me atrevo a teneros muchas horas engañado en el principio de un negocio, aun antes de llegar a los medios y a los fines.
ROSELINO	Bueno, bueno; esa novedad traéis ahora de Extremadura para los que somos tan antiguos cortesanos;[123] sabed que sé yo hacer muy bien mi negocio.
MARCELO	Callad, que quizá cuando pensáis que hacéis el vuestro, hacéis el ajeno; y si no, vedlo por la experiencia, pues aquí no ha habido más negocio que teneros yo entretenido hasta que llegase esta silla por no quedarme *en soledad amena*.[124] Mas esperad, que por Dios que no llega sola; hablando viene con ella un hombre de buena disposición, y por vida de mi hermano, y así yo le vea bueno tan presto como

---

[123] Roselino considers himself to be an experienced member of the court and constantly advises Marcelo, an inexperienced man from the **provincia**, on proper social conduct at court. He counsels him on subjects such as how to deal with his irrational love for Camila, the futility of his jealousy, and the high cost of love in the court. Though he proclaims he is very experienced at court and with women, Roselino never figures out Flora's plot to marry Teodoro.

[124] Line attributed to Garcilaso de la Vega, one of Salas Barbadillo's favorite poets (La Grone "Poetic Favorites" 31). The previous exchange in which Roselino and Marcelo is a typical burlesque exchange in which one tricks the other through use of language. This phenomenon, called the **bernardina**, is a way for the trickster (**burlador**) to suspend time and distract the victim of the deception (**burlado***)* while the trickster deceives him—either by robbing him or taking advantage of him. In this case, Marcelo distracts Roselino and suspends time so that Roselino will stay with him as long as he needs to find Teodoro. See Sobejano "Bernardinas en textos literarios del Siglo de Oro" (8-10).

	deseo, que le he de examinar con la espada los bríos del corazón,[125] a ver si ejercita las manos con tan buen aire como los pies.
Roselino	Oíos, señor, y no busquéis las ocasiones de disgusto con tan pequeña causa. Sabed que estáis en Madrid, y que en él, como Corte, sujeta a tantos ministros de justicia, no se les sufren a los hombres principales las gallardías que en las ciudades particulares, y conviene así para el buen gobierno de su quietud, de donde nace ser el lugar más seguro del mundo el que había de ser el más peligroso.
Marcelo	Caballero. Una palabra.
Teodoro	En dejando a esta señora fuera de la silla y en su casa volveré a ver lo que vuestra merced me manda, que, de paz o de guerra, me hallará con la disposición que me quisiere.
Marcelo	¿Habéis visto y qué prevenido está en las respuestas? Arrogante es el hombre, pues se hace dueño de la paz y de la guerra. Oíd que ya baja las escaleras, aunque le detiene mi señora doña Camila, porque quiere que le vengan alumbrando, y vive Dios que todos estos favores que le hace me los han de pagar, él en la vida y ella en la reputación.
Roselino	Ya os vuelvo a exhortar la quietud; mirad que el ponerse en los peligros sin ocasión es mucha imprudencia y ninguna valentía. Por vida vuestra que os moderéis, aunque no haya más razón en esto que el venir este caballero solo y vos acompañado; ventaja que a vos os desautoriza y a él en cualquier suceso le dejará honrado.
Marcelo	Amigo: no puedo menos, ya él viene; yo le pienso acometer empuñando la espada, por librarme luego deste disgusto; vos seréis juez de nuestra pendencia, y haciendo como caballero, dejaréis gozar la victoria a quien se la diere la fortuna, que ni a mí me está bien vencer con superchería, ni a vos ayudar empresa que en vuestra opinión es injusta.[126]

---

[125] **Bríos del corazón**: *the strength of his heart*

[126] **Que ni a mí... es injusta**: *I do not believe in seeking vengeance through tricks or fraud (***superchería***), nor should you help me in seeking it if you believe the cause*

TEODORO   Quédese vuestra merced con la luz, caballero; quédese vuestra merced por vida de mi señora Doña Camila, que no ha de pasar de aquí; mas alumbre, no se vaya. ¿Quién es el que empuña contra mí la espada? ¡Jesús, Jesús! ¿No es mi hermano? ¿Si me engaño? No, él es; pues cómo, ¿deste modo me recibes después de diez años de ausencia? ¿Los brazos que se habían de ejercitar en ceñir mi cuello, ocupas en desnudar el acero con que pretendes cortarle? ¿Este es el hospedaje que me haces en España? ¿La posada que me previenes es la sepultura? ¡Oh, mudanza de tiempos! ¡Oh, instabilidad de la condición humana! Al que dejé hermano, hallo verdugo; cuando pobre me amaste, cuando rico me aborreces; o te has entregado demasiadamente a tu codicia, o fiado menos de lo que debías de mi liberalidad. Retroceder quiero mis pasos, y volverme a la tierra de donde vine, pues aun en ti me ha faltado la fidelidad; entregaréme segunda vez a la impía saña de los procelosos mares,[127] y fiaré más de sus inquietas ondas que de tu sangre aleve.[128] No en vano me escribieron a mí a las Indias que deseabas heredarme, mas buscaras el medio más honesto; y ya que no más honesto, más secreto. Mas ¡ay de mí! que tu intento me ha muerto más que pudiera tu espada, pues deste modo vengo yo a sentir más la infamia de tu reputación que pudiera el golpe de mi desdicha.

ROSELINO   ¡Deteneos, caballero! ¡Deteneos, primo; no os vais! Él se fue ¡oh caso peregrino! Sigamos sus pasos, Marcelo, y démosle evidente satisfacción en querella tan justa. ¿Qué decís? Extraña suspensión, mas la desdicha ha sido tanta que yo no sé consolaros; mas buen ánimo, que de todos los trabajos saca la ingeniosa industria, y más la sincera verdad, pues aquí estamos tan lejos de que nos fiscalice la malicia cuanto nuestra voluntad vino engañada.

---

unjust

[127] **Impía saña de los procelosos mares**: *impious cruelty of the tempestuous sea*
[128] **Sangre aleve**: *treacherous blood*

Marcelo	¡Ay de mí! Que mi hermano es de su naturaleza sospechoso y desconfiado aun de su misma sangre, y como a esto se ha juntado que por conocerle el natural unos deudos de entrambos, que injustamente nos aborrecen, con ánimo de inquietarle le escribieron que yo deseaba su mujer, será difícil asegurarle en sus cuanto vanos bien persuadidos recelos. ¿Pudo ser mayor la desdicha, que buscándole yo para regalarle y servirle, como a ti te consta (que no quiero mayor testigo de mi verdad para contigo que a ti propio), no habiéndole podido hallar en tantos días con las solícitas diligencias de hermano, le encontré cuando yo creí que en él hallaba mi enemigo, siendo fuerza representármele en forma provocadora a desafío y batalla? ¡Qué difícil será el desengaño! Casi le hallo imposible. Quejábame antes de la fortuna porque me dilataba la vista de mi hermano, y ahora mucho más de la parte donde me la ofreció. ¡Oh mujeres causadoras de todas las inquietudes de los hombres! ¡Oh celos injustos sin causa recibidos, y con mayor desdicha satisfechos, porque es tal la infelicidad en que me veo, que quisiera más haberme quedado en vuestra confusión que salido della con un desengaño tan costoso!
Roselino	Primo: si queréis parecer cuerdo, de las cosas casuales que no estuvo en vuestra mano el prevenir el remedio nunca hagáis tan dilatado sentimiento; el tiempo que ocupáis en ofrecer quejas vanas gastémosle en elegir remedios eficaces. Vuestro silencio fue quien ha tenido la mayor parte de culpa deste negocio, que si vos luego como reconocisteis a vuestro hermano le diérades satisfacción con la misma verdad, estando la comprobación tan fácil con la propia Doña Camila, quedáramos todos pacíficos y gozosos; mas de tal modo os dejastes arrebatar de la turbación, que aun en mí, que no llevaba sospecha de malicia, las pusistes, y ha sido menester toda la buena opinión que de vos concebida tengo para persuadirme que me engañé injustamente.
Marcelo	Qué ¿aun hasta vos me castigáis con vuestra desconfianza? ¿Tan pesada desdicha me quedaba por experimentar?

|ROSELINO|¡Viven los cielos, Roselino, y vive el Artífice[129] que haciendo ostentación de su poder los formó con tanta hermosura, que me debe mi hermano voluntad de verdadero amigo! ¿Yo desear su muerte, y más por causa tan vil? Bien pudiera mi mano vengativa de alguna ofensa desnudar contra él la espada mas codiciosa de heredar su hacienda fuera imposible, y si acaso vos y él lo entendéis de otro modo, ni él es mi hermano, ni vos mi primo; obligaréisme a que tome de entrambos venganza, empezando en vos la queja y el castigo, pues tanto más seréis culpado cuanto sois mayor testigo deste desengaño.

ROSELINO ¿Todos esos furores os administra la cólera? Pasar quiero con paciencia por vuestros desprecios, porque sólo aquel es verdadero amigo de su amigo que le sufre sinrazones cuando está colérico.

Vanse. Salen Flora y Camila

CAMILA Madrugué con todo este cuidado, porque ¿quién puede vivir sin veros? ¿Quién sin comunicaros? Paréceme que aun la risa del Aurora os ofende, si nace de otra causa que de mirar vuestra hermosura; venga este instrumento, y mientras acabáis de vestiros para nacer como otro nuevo sol a dar luz al mundo, seré yo el ave que se alegra con vuestra venida.

    Atended el Caballero
    penante de nuestra casa,
    a este papagayo triste
    que en prisión sus años gasta.
    Verdades dirá mi lengua
    (bien que perezosa y tarda)
    que soy papagayo Real,
    y nunca en los Reyes faltan.
    Es común fama en el pueblo,
    y es cierto que no se engaña,

---

[129] **Artífice**: *God*

que tenéis el purgatorio
en los ojos de mi ama.
Por unos ojos que lloran
cuando un perrillo les falta,
vierte platos en la mesa,
lleva pulgas en la cama.
Por unos labios que arrojan,
bien que de fina escarlata,
necedades como el oro
muy lucidas y pesadas.
Andáis vos besando esquinas,
idolatrando ventanas,
de día el vecino os nota
y de noche el perro os ladra.
¡Quién pudiera redimiros
del vano amor que os agravia,
con esconderos un día
donde se toca, y se lava!
Dígasme tú el boticario,
así jamás por desgracia
los médicos te censuren
las medicinas que labras.
¿Tienes tú tantas redomas,
polvillos y unturas tantas,
como esta necia que hace
tan sospechosa su cara?
Siéntase a la media noche
en rueda con sus criadas,
que cantándole lisonjas
al dulce sueño la llaman.
Cada una es abogado
del galán que más bien paga:
vos pobreza, ellas codicia,
mal romperéis la muralla.
¡Oh, qué bien que sé su estilo,
si de su señora tratan

con gente a quien falta el oro,
la dan opinión de santa!
Sus ayunos encarecen,
y sus limosnas Cristianas,
con las preciosas reliquias
que en su oratorio se hallan.
Mas ¡ay! Que en viendo lo rubio
del oro en quien se regalan,
cautiverio de sus ojos,
tirano de sus entrañas,
la honestidad se hace sorda,
papeles vuelven y andan;[130]
los de allá nos traen presentes,
los de acá llevan palabras.
Si hay diamantes de por medio
todo esta piedra lo ablanda,
que ya el brillar de sus rayos
sirve de sombra a las famas.
Sin duda es la platería
(volvió la edad de oro y plata)
armería en que los hombres
contra las mujeres se arman.
Dad remedio, abrid más luz
a vuestras escuras ansias,
que amor sin correspondencia
desesperación se llama.
¡Triste yo, que he visto libres
en mi bien dichosa patria
extenderse por los vientos
las pinturas de mis alas!
Ya estrecha prisión habito,
tan estrecha como larga,
pues sólo su fin espero
de la piedad de la parca.

---

[130] Should read **vuelven y andan**. Manuscript reads **vuelvan**.

> Esto el ave del Oriente
> dijo suspensa y gallarda,
> que de tan necios delitos
> aun se ofenden las picazas.

FLORA Vos habéis cantado como un ruiseñor, o como vos misma, que es mayor alabanza: las opiniones del papagayo celebro, que no esperaba yo de sujeto que es tan hablador consejos tan cuerdos; aunque los barajadores de prosa,[131] como todo lo dicen, todo lo encuentran; y así quien los escuchare con buena elección podrá aprovecharse. Destas cosas que el romance dice, y no poco en romance, debe de haber muchas en la Corte: para los curiosos todas son públicas, a los demás, infinitas se les esconden: la fortuna de los segundos juzgo por más dichosa, por no andar martirizando el ánimo con la inquisición de ajenos delitos. El honrado poeta (si alguno lo está en este siglo despreciador de los ingenios) tenía buen humor, que no es pequeño milagro criarle donde siempre asisten la pobreza y la desdicha; aunque, como muchas veces de las tales nace la indignación, y esta es excelente salsa para la sátira, quizá viene a ser socorro para la pluma, lo mismo que yo juzgo inconveniente.

> Porque diversos efectos
> de diversas causas nacen.

CAMILA Yo conozco el sujeto por quien se hizo la sátira, que tiene mayores prendas de hermosura que de recato y honestidad, quizá por no embarazar el buen despacho de las unas con la asistencia de las otras. Todo lo que no es consejo pide, que éste, aun dándosele liberalmente, no le admite. Por su desgracia (y si ella quisiera enmendarse estuvo en su mano el haber sido por su ventura) oyó los referidos versos; al principio, desconociéndose a sí propia, celebró los donaires;

---

[131] **Barajadores de prosa:** *word-jugglers of prose*

mas entendiendo después la parte que en aquel castigo le tocaba, provocó la pluma de un poeta vecino para que respondiendo por ella, renovase sus ofensas en las mismas defensas.[132]

FLORA   No más, no más; he conocido la persona cuyos delitos disculpo, aunque no los abono. Sus años son pocos, los consejeros que la asisten malos y muchos; éstos, como buscan su utilidad en su perdición, la apadrinan en su daño y aun se le persuaden. Sabed, amiga, que esa mujer no se crió en la escuela de su madre, que era persona bien acreditada, y así para ella todas las demás han sido mala escuela. Decidme, si sabéis: mas vos, ¿qué ignoráis? ¿usa de tan peregrinos adornos como solía? Porque será la risa de sus enemigas, porque éstas son las que se ríen primero.

CAMILA   Ella, satisfecha en sus opiniones, se resiste a los pareceres más cuerdos y da causa a la risa común. Su dueño (si ella reconoce alguno debajo del titulado deste nombre) ha procurado moderarla (¡vano intento!) con que él también se ha hecho ridículo, pues su poder, que había de conseguir las empresas más difíciles, aun se halla inhábil para las fáciles. Paréceme marido de anillo, y al fin esposo titular, como secretario que, teniendo el nombre, carece del ejercicio de los papeles. Ella se toca como quiere, y entended esto extendiendo el equívoco todo lo que os pareciere. Sus deudos la amparan, porque hoy, como les dejen ir a la parte en los vicios, por conseguir sus libertades permiten las ajenas; que el mundo ha llegado a estar en este paraje, él rueda, y todo rueda en él, habiéndose hecho ya todos los delitos tan familiares, que no escandalizan los que los tienen, como tampoco admiran los que dellos carecen, porque apenas se puede creer que nadie esté sin ellos.

FLORA   Mirad, señora: un marido tan barbón[133] se hace despreciable

---

[132] It is common in Golden Age poetry to have two rival poets responding to each other in verse.

[133] **Barbón**: *bearded*

con lo mismo que él piensa que se adquiere veneración; descuídase de su familia, y estase siempre en su bien encuadernada librería; sin ser letrado profesa letras, y no entiende todas las que le componen. El sabio destos tiempos ha de estudiar en las malicias de que la corrompida edad es autor, no para ejercitarlas, sino para prevenir la enmienda en las que caen debajo de su gobierno. Aquel para mí es hombre entendido que tiene caudal propio, y no el que mendiga de los libros lo que, por no entenderlo, no sabe ejecutarlo. Por lo menos sus amigos los Filósofos morales no han podido rescatarle de los dientes vulgares que tanto muerden su fama. Considerando sus estudios y sus descuidos yo no me atreveré a llamarle idiota, aunque majadero sí.[134]

CAMILA Yo, señora, me he persuadido a creer deste hombre una cosa, y no soy de las que dan crédito a pequeños fundamentos; presumo que alcanza con el entendimiento estas dificultades, pero que le falta el ánimo constante para intentar y conseguir la enmienda; que intentarlo ya lo hace, bien que tan lerdo que se cansa pronto, o se disuade él mismo de lo propio que se persuadió; pero en medio de todas estas pudriciones me hace gracia el mal intencionado poeta que en figura de papagayo les dijo su sentimiento, pues prosiguiendo cada día con nuevos romances, en éste que os cantaré debajo de una fábula antigua, figura en este modo la desdicha presente. Dice, pues, así:

    Aquel Dios a quien veneran
con tanto horror los mortales,
por ser quien reparte al mundo
dádivas de muerte y sangre,

---

[134] Flora and Camila discuss the purpose of satire, which is to study and write of the malice of others in hopes of preventing it. The voice of the satirist, Salas Barbadillo, can be heard here, as he reiterates that doctrine can be found in literature that depicts crime or criminal behavior.

que en tal ocasión la muerte
a un mísero puede darse,
que en su estimación se juzgue
magnificencia bien grande.
Al que despojan de vida,
si ilustre en la fama le hacen;
más que le quitan le dieron,
gran dádiva fue matarle.
Marte[135] pues que tiene asiento
sobre los dos luminares,
y anima los corazones
con lo que enciende los aires,
de aquella diosa lasciva
que tantos rayos esparce,
ostentativa de luces
benignas con los mortales,
favores gozar pretende
tierno y valeroso amante,
digno de mayor empresa
que una belleza tan fácil. [136]
Que ya saben en el mundo
(que en siendo culpas se saben)
de su liviano apetito
las indignas liviandades.
Lográronse sus deseos
no sin celosos azares,
porque en amando, aun los dioses
en este infierno se arden.
Recelos de Adonis[137] tiene,

---

[135] Ares was the Greek god of war and was identified with the Roman god Mars (CE).

[136] Venus

[137] In Greek mythology, Adonis is "a beautiful young hunter loved by Aphrodite, who, despite the pleadings of the goddess, persisted in his sport until he was slain by a wild boar. From his blood sprang the flower anemone. Hermes

que es cuanto bello inculpable
joven, que amar siendo amado
nunca fue delito grave.
Dióle en la caza la muerte,
donde honrosamente yace,
que si no murió en la guerra
fue en las manos de su imagen.
Para dar fin a su vida
hizo de un colmillo alfanje[138]
ganando en púrpura el suelo
lo que el cuerpo pierde en sangre.
Un mar de sangre es Adonis,
Venus mar de llanto amante,
Marte de fuego celoso,
ved qué tres monstruosos mares.
Olvida Venus al muerto,
que en deidades semejantes
como tiene parte el vicio,
el olvido tiene parte.
Marte sin competidor,
que sus gustos sobresalte,
goza en adúltero lecho
tiranas felicidades.
Viendo el pasado castigo
nadie se atreve a enojarle,
que con tan cruel hazaña
hizo temerse, y no amarse.

conducted him to the lower world, where his beauty inspired Persephone also with love. So intense was the grief of Aphrodite that she entreated Zeus either to let her join Adonis in Hades or to restore him to the upper world. But Pluto refused to let him return, until a compromise was agreed upon whereby he was allowed to spend the spring and summer of each year on earth, provided he went back to Hades for the autumn and winter. A yearly festival known as the Adonia celebrated his death and restoration" (HCM 8).

[138] **Colmillo alfanje**: while hunting, Adonis was attacked and killed by a wild boar, whose fangs (**colmillos**) were mortal weapons (**alfanaje**).

Vulcano que al hierro fuerte
vuelve apacible y tratable,
rendir no puede a su esposa,
más dura, y menos constante.
Por reducirla se ofrece
en víctima a sus altares,
cuando ella sorda a su ruego
agradece como el áspid.
Tanto a sus voces se niega,
que aprende por depreciarle
en la escuela de la parca
lecciones de inexorable.
Tomar venganza quisiera,
mas su ánimo cobarde
lo que aconseja su ingenio
no es a obedecer bastante.
Quiere afrentar con industria
al que la ofensa le hace,
y suplir con agudeza
lo que en ánimo faltare.
Labra de hierros sutiles
ingeniosa y breve cárcel,
que los aprisione más,
si hay mayor prisión que amarse.
Como son lazos mayores
los que el amor supo darles,
esotros lazos no sienten,
y así con descuido yacen.
Sale el Sol, y ellos temiendo
su luz, pretenden librarse,
porque no miren los dioses
sus deshonestos semblantes.
Huir la prisión no pueden,
y el Sol con más prisa nace
dando más causa a la Aurora
de reírse y de alegrarse.

Así se vengó Vulcano,
acción propia de ignorante,
querer enmendar su injuria
con hacerla más notable.
Venus y el Sol desde entonces
publican enemistades,
cuya estrella, cuando él muere,
sólo a ver su muerte sale.

CLAUDIA ¡Señora, señora! Un hermano de don Teodoro, sin dar más razón que afirmar que es su hermano, y que busca a mi señora Doña Camila, se ha entrado por esas puertas. Las señas de su rostro confirman las palabras de su boca, porque se parecen como si fueran el uno traslado y copia del otro. Resistirle la entrada ha sido imposible, porque dice que en este negocio se atraviesa su reputación y las vidas de él y de su hermano.

MARCELO Prima: vuestra merced me conozca por siervo suyo, y vuestra merced mi señora Doña Camila me diga si recibió un papel mío esta mañana, y el remedio que como tan discreta ha puesto en mi desdicha, porque, si no me da las nuevas que yo espero, seré con esta espada el verdugo de mi ignorancia; porque no es justo que viva quien comete tan bárbaros errores.

CAMILA Antes de venir a verme esta mañana con mi amiga y prima de vuestra merced me entré en casa de su hermano y le satisfice de lo que le pasó anoche con la misma verdad del caso; y él entonces, como tan entendido me respondió: Poco me habéis consolado, pues yo no sé cuál sea peor, tener un hermano alevoso o majadero.

MARCELO ¿Qué, dijo majadero? Pues ¿yo en qué lo fui? ¡Vive Dios que el negocio había sido muy acertado si el suceso saliera menos infeliz!

CAMILA Óigame, amigo, por su vida. Pues ¿no es majadero quien pide celos a quien no le ha dado ocasión de que la cele? ¿Haberle permitido que me haga dos visitas pudo echar tan

	hondas las raíces en la voluntad que ya me acuchilla los umbrales?[139] ¿Sin haberme dicho su pasión ni por escrito ni de palabra me la da a entender la primera vez con retos y desafíos? Lo que suplico a vuestra merced es que si ha de proseguir en quererme que sea con menos escándalo: apedréeme en la platería de mi mano a la suya sin ruido de onda, aunque pienso que los más conciben mayor estimación del ruido que hacen con ella que del golpe que dan con la piedra.
Marcelo	Soy de mi natural celosísimo, y así ha de permitir vuestra merced que de aquí adelante ni aun mi propio hermano la visite, que yo me holgara mucho que no le hubiera visto vuestra merced en su casa esta mañana, aunque nuestro disgusto se quedara en pie; porque si en esto no se pone remedio, habrá sido hacer las amistades para mayor enemistad; de modo que vuestra merced, pensando que arrojaba agua al fuego, le ha encendido más desesperado y furioso.
Teodoro	¡Primo, primo! Si piensa vivir en Madrid, sosiegue el paso; cuando fuere por esas calles alce los ojos,[140] y verá cuán pocas son las ventanas que tienen celosías,[141] y aun esas las más son verdes, dando a entender que celos donde halla lugar la esperanza son muy desahogados, y que se tienen más que por sentimiento por cumplimiento; que en la Corte se aborrece tanto el azul, que aun de los cuellos han querido quitarle;[142] y así en los hierros de las rejas solamente perse-

---

[139] **Acuchilla los umbrales**: *he comes into my home with a knife in his hand*

[140] **Cuando fuere... los ojos**: *as you walk through these streets, look up*

[141] **Celosía** is a lattice window, which has steel gratings that crisscross and form a pattern: "[...] vale el enrejado de varitas delgadas, que se pone en las ventanas para que los que están a ellas gocen de lo que pasare a fuera, y ellos no sean vistos (COV). Flora is playing on the word **celosía** as Marcelo and Flora continue their debate on **celos**.

[142] **Que en la Corte... querido quitarle**: in the 17th century, the color green symbolized hope, while the color blue symbolized jealousy. According to Flora, the color blue is hated so much at court that people no longer want blue jewelry

	vera, porque sólo el hierro podrá sufrir la penalidad de estar eternamente celoso;[143] y aun allí mezclan el azul con el oro, enseñando con esto que los celos, para llevarse, han de ser dorados, y que quien los pidiere a su dama la ha de tener antes obligada con muchos regalos y dádivas.[144]
MARCELO	Eso sería comprar el amor, y no conquistarle; yo con galanterías y finezas granjeo las damas, y no con dádivas,[145] porque siempre me precié más de amante verdadero que de mercader poderoso.
CAMILA	Amiga Flora: buenas gracias tiene el galán que me ha cabido en suerte, miserable y celoso, y pienso que lo primero le hace que peque en lo segundo, porque al fin el oficio de los celos es pedir cosa que le agrada mucho a quien no gusta de dar.
FLORA	Tenéis razón, que no hay gente tan pedigüeña como los celosos,[146] pues vuelven a pedir los mismos celos que les acaban de dar; y la razón porque los piden es porque se los dieron, con que vienen a ser importunos por lo mismo que tienen, y que no quisieran tener; pero adviértoos (o ellos es mejor que se tengan por avisados) que con nada se obligan más a dar que con este enfadoso pedir.
MARCELO	Considere vuestra merced que estos celos se piden por parte del amor, que es niño, y es propio oficio de las criaturas

(saffires) on their necks (*aun de los cuellos han querido quitarle*).

[143] **Y así en los hierros... eternamente celoso**: *only the steel gratings of the lattice windows (*celosías*) can withstand and suffer from the color blue since they are made of blue steel.* Flora continues to play on the double meaning of **celosía** associating the (blue) steel bars with jealousy.

[144] **Y aun allí mezclan... muchos regalos y dádivas**: *even the blue steel is mixed with gold, which teaches us that jealousy is only successful when the woman has been conquered with many gifts.* Flora agrees with Roselino that money is always more important than love when pursuing a woman.

[145] **Yo con galanterías... dádivas**: I win women over with gallantry and courtesies, rather than with gifts.

[146] **No hay... como los celosos**: *there's nothing more annoying than the jealous type*

	pedir con importunación.
FLORA	Sí; pero reciba vuestra merced entre esas advertencias que ese niño está desnudo, y que como a criatura es menester alimentarle; linda cosa: desazúlese vuestra merced[147] y créame, que sólo en los cielos parece bien ese color inquieto.
MARCELO	Las aguas (al parecer) también son azules, y por Dios que me espanto que vistiéndose los celos del mismo color que las aguas y los cielos, tengan los efectos de infierno y fuego, tan lejos están de parecerse en nada al agua, que es cosa infalible que emborrachan más que el vino.
FLORA	Según eso, quien es perpetuo celoso como vuestra merced eternamente estará borracho; malísima parte para galán, por proceder esta embriaguez de tan ardiente causa que la otra abrasa los hígados, y ésta pasa de las partes corporales a las del espíritu, donde hace mayor el daño y más profundo; procure vuestra merced desasirse de la pretensión del señorío de las islas de Zelanda,[148] porque es gente demasiado de gallarda y se sujetan con dificultad.
MARCELO	Señoras mías: si yo dijese a vuestras mercedes los extremos de mis celos, daría causa a su risa mal intencionada, según las veo despreciadoras desta honrada pasión; y esto es tan cierto, que de ver yo picar una mosca en el rostro de mi dama, y consentirlo ella, me piqué tanto, que juré de perseguir a cuantas moscas viese; y ejecutélo luego con tanto rigor, que pagaba a cuartillo a cada muchacho que me traía muerto un ciento de moscas, causando tan grave ruina en esta canalla mis celos moscateles,[149] que apenas quedó mosca que no fuese pasada a cuchillo, haciéndose aquel año tan memorable por esta causa, que después acá los que

---

[147] **Desazúlese:** *lose your jealousy (rid yourself of the color blue)*

[148] **Procure… islas de Zelanda:** *try to rid yourself of from the control of New Zealand.* Flora continues to use wordplay on the topic of jealousy linking **celos** to **Zelanda**.

[149] **Mis celos moscateles:** *my intoxicating jealousy.* From **moscatel**, which is a type of wine grape.

refieren alguna cosa de aquel tiempo dicen: «Esto sucedió el año de la persecución de las moscas.»[150]

FLORA Usurpaba vuestra merced el oficio a las arañas, a quien llaman sus alguaciles; aunque si vuestra merced estaba celoso no tenía menor ponzoña que ellas.[151]

CAMILA Quiero meter paz entre vuestras mercedes cantando un romance que escribió un cortesano bachiller, agudo ingenio;[152] ni yo le celebro ni le censuro, porque no me toca: el tono es bueno (que esto es en lo que yo puedo dar parecer), y por él le canto, ni tan desconfiada que me parezca que puedo desagradar, ni tan falsa que, despreciando el auditorio, fíe sólo de mí el conocimiento de lo bueno que en esto hubiere. Dice, pues, así:

> Las dos sirenas más dulces
> niñas de tus ojos bellas,
> que estando el mar en los míos
> están en ti las sirenas.
> Cuyos rayos y colores
> ufanos a un tiempo muestran
> a las rosas su desprecio,
> y su exceso a las estrellas.
> En el mar grande de amor
> aleves y lisonjeras

---

[150] Continuing to play with the concept of jealousy and the word **celos**, Marcelo links the word **moscas** (flies) to his **celos moscateles** relating a scenario in which he became the persecutor of flies all because one fly landed on his **dama's** face.

[151] **Ursurpaba... alguaciles**: *you took over the official job of the spiders, who we call 'alguaciles.'* This joke refers to a common expression that plays on the double meaning of **alguaciles** which signifies both a *sheriff* and a *type of spider*. Covarrubias sites a popular proverb that also plays on this double meaning: "de aquí tomó ocasión el dicho tan celebrado, que las leyes se hizieron para castigar los pobrezillos desventurados que no tienen quien buelva por ellos ni fuerças para defenderse" (COV., *s.v., alguazil*). See Act II, note 81.

[152] Salas Barbadillo is referring to himself.

despeñan precipitadas
al que provocan risueñas.
Abrasando al Sol, de envidia
por él alumbran la tierra,
sirviendo de honor al suelo,
cuando son del cielo afrenta.
En ellas se mira el alma,
que regalándose en ellas
hace espejo de sus luces
como si cristales fueran.
Que dulce veneno bebe,
tan satisfecha, que intenta,
que la misma sed que mata
con más vida a nacer vuelva.
¡Oh milagros!, dice, ¡oh grandes
prodigios de la belleza,
donde a la justa alabanza
obligaciones se aumentan!
Siendo deuda el celebraros,
se acredita el que os celebra,
con que así en la misma paga
se hace infinita la deuda.
Bien se ve que sois del cielo
de Laura ardientes estrellas,
que hurtastes al Sol sus galas,
y su efecto a los cometas.
A ella pues a quien amor
sus vencimientos sujeta,
digo, sirviéndome el alma
de instrumento y de voz tierna.
Del Abril y sus galas burlas flor a flor,
y también rayo a rayo las luces del Sol.

    De la presunción lucida
del Abril, que siempre verde,
antes que las galas pierde
en breve tiempo la vida.

> Su pompa desvanecida
> pues toda se funda en flores,
> que al aire viste de olores,
> y a los arroyos de honor,
> burlas, etc.
>   Del mes juventud briosa
> del campo tan liberal,
> don que por él se hace igual
> a la esfera luminosa,
> por quien la planta animosa
> sacude el yugo del hielo,
> y muestra su rostro al cielo
> agradecida al favor,
> burlas, etc.
>   Del mes con tantos verdores
> lisonjeado y aplaudido,
> en los arroyos lucido,
> canoro en los ruiseñores,
> a quien murallas de flores
> vistiendo amena opulencia
> dan gala, y no resistencia,
> contra el cierzo y su rigor,
> burlas, etc.

MARCELO ¿Piensa vuestra merced que por haber cantado ha puesto quietud en mis celos? Antes los ha despertado mayores, porque presumo yo que este romance, pues vuestra merced le celebra con tanto gusto, se escribió en su alabanza; y así quisiera yo que el tal amante hubiera muerto en la empresa, porque si ahora vive, temeré sumamente su competencia.

CAMILA Nunca di yo lugar a que me hiciesen coplicas, que soy tan enemiga de medirme que huyo de los versos por no verme en ello puesta en medida; eso para las discretazas se quede, sacres de concetos sutiles, que los matan en el aire, para caer más de golpe en la tierra; yo, groserísima en todo, vivo solícita de empresas que son muy materiales, pero más provechosas, tratando sólo de los aliños que mejor me parecen y menos costa me hacen; mi ocupación es buscar mi gusto; ni amo ni me desvanezco de que me amen, aunque nunca recibí pesar dello; si canto es para entretenerme; y si de camino creo a los que me oyen o les enfado (que eso es las más veces), de todo me burlo, como quien ni se engríe ni se humilla. Desta condición, señor don Marcelo, sacará vuestra merced escarmientos, y procurará desempeñarse de la voluntad que me tiene, que de no hacerlo así le mando muy mala vida; porque si vuestra merced es gran recibidor de celos, yo soy dellos muy dadivosa.[153]

FLORA Primo: estas verdades se deben estimar: o mude la condición o no ame en Madrid, porque le costará sus dineros, su salud y aun su reputación, que andará en boca de muchos, y no con poca risa;[154] siga las pisadas de otros, y advierta que de hoy en adelante esto del querer bien, en cada tierra (como otras cosas) se usa diferentemente. Mire: aquí unos galantean por vanidad, sin tener ningunos achaques en el apetito, con que hacen gala de lo que es molestia; paséanme a mí la calle, que no sé su nombre, y a la fama de que dicen que está aquí una mujer de buen parecer, se empeñan en el aplauso de los toros; ríense con las criadas que están en las ventanas, aunque ellas no se rían con ellos, y llamamos a estos tales amantes camaleones. Otros suben un grado más en la pretensión, sobornan una criada que les admite a su correspondencia, y por medio della procuran papelearse con la tal señora a quien sirven, que las más veces los engaña, siendo ella la que recibe los papeles y la que los responde; ellos, muy corrientes en el lenguaje billetón,[155] llueven memoriales sobre la infiel ministra; a éstos intitula-

---

[153] **Yo soy dellos muy dadivosa**: *I give away much jealousy (I make men jealous)*

[154] Flora again warns of the dangers of **celos** in Madrid—it will cost Marcelo his money, his health and his reputation.

[155] **Lenguaje billetón**: refers to the language used in letters. **Billete** signifies *letter*.

mos amantes de escribanía y galanes papelistas. Hay otros que levantan más la pretensión, y para conseguirla envían una mujer de buen traje y curioso razonado, que, sin acordarse del tiempo pasado, ni del futuro, es cuanto trae en sus manos presente: esta tal doña Alejandra, si no consigue (que es raras veces), porque ella ya sabe en qué partes puede atreverse, por lo menos no vuelve cargada de oprobios y desprecios: llámanse los que solicitan su gusto por este paraje amantes Príncipes, porque encaminan sus pretensiones por medio de embajadores. Al fin toda esta variedad y confusa tropa de amantes cortesanos no celan, antes se ofrecen lugar los uno a los otros, y pasan todos por una misma puente; y aun a veces se hacen los unos puente de los otros, con que pasan todos sobre todos; por eso vuestra merced se cure de esos celos; y dije bien se cure, porque es una enfermedad extraña, porque en quien la padece es rabiosa, y en los que la ven ridícula.

MARCELO　Curarme de los celos es imposible, porque esta es una pasión del ánimo sobre quien no tiene jurisdicción la medicina.

CAMILA　La medicina que ha dado desprecio a los vulgares por algunos desaciertos que hacen los que en ella son ignorantes es arte divina y superior; la facultad no es culpable; los profesores rudos disfaman a los demás que son sabios y no cometen el delito; esta, pues, fuente de tantos bienes, que sólo al cielo se reconocen, porque aunque ella sea el medio dellos, ella también bajó del cielo, de donde nace no sanar a los que está decretado por él que mueran, por no ir contra sí misma; digo, pues, que ésta cura también las pasiones del ánimo, como lo vemos en la melancolía, para quien previene también remedios, de quien suele ser perfectos medios conseguir útiles fines.

MARCELO　Luego ¿podríase medicinalmente curar a un hombre, ya de la ira, ya de la avaricia, pasiones una peligrosa y otra utilísima?

CAMILA　Sí, señor; disminuyéndole aquel humor que dispone más el

| | ánimo a semejante pasión de cualquiera de las dos referidas; pero esto no será seguro, porque podría causar destemplanza en orden a la salud corporal, y sanando de lo uno enfermar de lo otro, y por esto no se intenta este beneficio, por excusar esotro daño; que es la alteración de la salud del cuerpo fin principal a que mira la medicina humana; pero yo, aunque parezca que mi bachillería[156] sale de los límites de las tocas, quiero advertir a vuestra merced que el modo más seguro de curar un ánimo enfermo son las razones de un gallardo entendimiento. |

MARCELO   Ahora quiero yo saber de mi prima cómo me curaría ella destos celos cuanto naturales rabiosos.

FLORA   Lo primero que se ha de asentar es que aquí hemos de argüir con el deseo del conocimiento de la verdad y no con porfía, por hacer ostentación de ingenio.

MARCELO   Yo, aunque de las demás partes de necio no haya podido librarme, de las de porfiado he sacado los pies con mucha prisa; mas este que viene es mi hermano, con que esta conversación tendrá fin, o para tratar della en otra ocasión, o para ponerla perpetuo silencio, que esto será lo más apacible.

TEODORO   A esta causa había yo de estar en deuda del gusto que en ella hallo, viendo a mi hermano bueno y para conmigo pacífico; es otro valiente Luisdoro,[157] que en estando celoso

        Las puertas tiene en el suelo
        del primero puntapié.

Y prometo a vuestras mercedes que me holgaré mucho que se vuelva luego a nuestra casa, porque con su condición anda en Madrid expuesto a muchos peligros, y cada día se ha de aventurar y aventurarnos a todos; y no es bien que

---

[156] **Bachillería**: *being too talkative or impertinent*

[157] **Luisdoro** is a heroic name typical of epic poetry. The verses that follow, however, are quite ordinary and rude and, thus, comical.

	pague nuestra reputación su cólera y sus precipitados antojos nuestros cuerdos intentos.
MARCELO	Hermano: las primeras vistas nuestras no sean de disgusto, lo pasado ya se perdonó; lo que está por venir tendrá enmienda,[158] con que se habrá merecido el perdón de lo pasado; decidme ahora todos los sucesos que habéis tenido en mar y en tierra desde que nos apartamos en Sanlúcar;[159] aunque os pido mucho y no sé si tendrán para esperar tanto estas señoras paciencia, que toda la cargan sobre nosotros y quieren que seamos los que traigamos siempre a cuestas[160] esta virtud.
TEODORO	De nada me he preciado menos que de ser coronista de mí propio por no aficionarme al aumento de los peligros y a la diminución de las prosperidades, riesgo que corren las historias referidas en boca del autor. Con brevedad digo, pues, que yo vengo rico, y muy rico, porque quiero ser el primer hombre que viniendo de las Indias lo confiesa; y aunque sé que no estáis pobre, igualmente conmigo seréis dueño de la hacienda como de la persona.
MARCELO	Dios os guarde, que la que yo tengo es muy lucida, y en posesiones que dan autoridad a nuestra casa por tener alguna parte en vasallos, y della seréis tan dueño como lo tocaréis con la experiencia, aunque este lenguaje ya me ofende, porque parece más cumplimiento cortesano que sencilla hermandad.
TEODORO	Habéis dicho bien, y mudando plática os pregunto, pues estuviste conmigo en Cantillana[161] cuando yo iba a embarcarme para las Indias, ¿a quién se parece nuestra prima? Veamos que tan despierto tenéis el conocimiento de los semblantes, y si ha conservado vuestra memoria las líneas de cierto rostro que a entrambos nos parecía muy bien.

---

[158] **Enmienda:** *forgiveness*
[159] **Sanlúcar** is a small village near Cádiz in southern Spain.
[160] **A cuestas:** *on one's shoulders*
[161] **Cantillana** is the pueblo of Andalusia where Flora is from.

MARCELO	Perdóneme vuestra merced, prima, que, aunque mi hermano es pesado en esta pregunta, es fuerza responderle. Parécese a la más baja pícara de todo el gitanismo, bien que bellísima; ¡oh, si supiésedes todos los buenos pasos de la mozuela trotona, su mucho embuste y sutilísimo embeleco![162] Si ella me hubiera cogido Asistente en Sevilla cuando desainó la bolsa del Pelusero,[163] yo la hiciera penitente a la gineta, y la pusiera el colorido en las espaldas que nunca tuvo en la cara por ser insignia de la vergüenza.[164]
FLORA	Amiga: mas si éstos me han conocido y quieren deste modo, dando a entender que no, decirme cara a cara estas afrentas, por Dios, que sería herirme con la contratreta; con todo eso no pienso desanimarme en un suceso que la probanza está dudosa, y yo con tanta opinión acreditada.
TEODORO	Hermano: aunque yo de burlas haya tenido a esa mujer voluntad, me pesa de que la ultrajéis con esos desprecios; la hermosura en cualquier sujeto debe ser estimada, y vive Dios que la mozuela era un serafín[165] tan atractivo que, si no fuera por la vileza de su calidad, me casara con ella; tan apasionado y rendido me tuvo.
MARCELO	Con aquella doña harapo, acechadora de faldriqueras, desaparecedora de trastos,[166] hija de un padre que murió tan paciente que sufrió encima de sí otro hombre, y tan impaciente que echaba espumajos por la boca,[167] ¿os habíades de

---

[162] **Su mucho... y embeleco**: *her many tricks and subtle deceptions*

[163] **Desainar la bolsa del Pelusero**: *to gut a rich man's pocketbook*. **Desainar** means *to gut*, while one meaning of **pelusa** is *money*. **Pelusero**, thus, alludes to a rich man.

[164] **Si ella me hubiera... insignia de la vergüenza**: *if I had been in charge in Seville when she would rob rich men, I would have punished her by putting her on an ass* (**gineta**) *and whipping her, giving her the color on her back that she never had on her face*

[165] **Serafín**: *seraph (angel)*

[166] **Doña Harapo... desaparecedora de trastos**: *that Ms. Tatterrag* (from **trapo** meaning rag [MOL]), *that pickpocket and vanisher of belongings*

[167] **Hija de un padre tan paciente...**: Marcelo plays on the word **paciente**,

	casar? Hubiérades emparentado con nobilísimos deudos; yo, a lo menos, si fuera vos, me corriera de que mujer que estaba enseñada a hacer hurtos tan viles, me robara en el alma la parte más principal de mi persona.[168]
TEODORO	Por Dios, os pido que no la maltratéis: mirad que sobre eso llegaremos a desnudar las espadas y a ser de hermanos enemigos.
MARCELO	La nación Egipcia os lo agradezca, que me espanto cómo no os hace su protector y os jura por su dignísimo Conde de Gitanos:[169] por mi amor, hermano mío, que estéis muy corrido del empleo del tiempo que hicistes en su conquista; aunque no, bien hacéis en estimarla, si consideráis las buenas artes de aquella madre honrada que había de ser vuestra suegra, tan familiar de aquellos que llamamos familiares que toda su plática era espiritual, porque ninguno de sus grandes amigos tenía cuerpo, con que toda su conversación se reducía a ser de espíritu: verdad es que para otro género de entretenimientos buscaba amigos corpóreos con quien incorporarse, y aun éstos venían muchas veces, a su pesar, traídos de los otros.
CAMILA	Amiga: por mi fe que me conformo con vuestros recelos; estos socarrones vinieron sobre concierto, y os dan a beber la purga con sutileza; procurad divertiros por que no os provoque a vómito, que entonces fuera condenaros vos

---

which signifies both *patient* and a *cuckold*: "Tolerancia y sufrimiento, o en los trabajos propios y adversidades o en las ocasiones que nos dan para perderla; *latine patientia*. Paciente, el que sufre con paciencia; y assí llamamos al enfermo paciente. Pero en mala significación sinifiza el cinedo afeminado [=el homosexual pasivo] o el cornudo" (COV *s.v., paciencia*). Flora's father died a cuckold (**paciente**), and so quickly (**impaciente***)* that he foamed at the mouth. Marcelo alludes to the gypsy girl's father's quick death by hanging, which probably caused him to foam at the mouth.

[168] **Me corriera de que mujer… a hacer hurtos tan viles**: Marcelo implies that mothers teach their daughters to cuckold their husbands and become *thieves of the soul*.

[169] See Act I, note 55.

	propia; resistid el trago, pues sois hija de un padre que se tragó una soga con tanto valor.[170]
Flora	Bueno, bueno; ¿hasta vos me dais los consuelos envueltos en las injurias? No me desagrada el terminillo; pero yo haré tan valientes esfuerzos que, cuando sea lo que hemos temido, que no pienso que es, desmentiré con mis mentiras sus verdaderas sospechas, y los engañaré más, porque han pretendido desengañarse.
Marcelo	No me puedo olvidar del buen despejo con que vuestra honrada suegra paseó una vez las calles de Sevilla, porque la sacaban a la vergüenza, jurisdicción de quien ella se había salido mucho antes; por lo menos se le debe alabar mucho esta virtud, y es, que fue tal su cortesía, que desde el jumento iba saludado a todos cuantos encontraba; y esto con tanto despejo, que siempre que el pregonero decía: «Por ladrona la mandan sacar a la vergüenza», respondía en altas voces y mostrando el semblante risueño: «A no saber yo de burlas, buena me ponía». Desde entonces aprendió la rapaza que había de ser vuestra esposa desenfado en los actos públicos, y fue muy desenfadada.
Teodoro	No quiero que os burléis más con esta plática, pues cuando no tuviera más esa mujer en su favor que parecerse tanto a mi prima, me pesara mucho de que se ofendiera sujeto que en la belleza exterior pudo ser su imagen.
Flora	¿Por qué, señor? Si esa mujercilla era tan vil, hace mi primo muy bien en hablar con desprecio de la bajeza de tal sujeto. Bien es que las mujeres libres tengan este castigo, porque si no, ¿qué premio podemos esperar las honradas y principales si de todas se habla igualmente?
Marcelo	¿No es bueno? Hasta en esa misma acción de enojarse se le ha parecido vuestra merced con extremo.
Flora	Pues no me enojaré más por no parecerme a mujer de tan malas partes, y más en tan mala parte; si se gobernaran por

---

[170] **Sois hija… con tanto valor**: *you're the daughter of a father who was hung so valiently.* **Tragarse una soga** literally means, *to swallow a rope.*

| | mi consentimiento las repúblicas yo desterrara dellas tan vilísima canalla, siempre vagante y ociosa; ¿qué pueden hacer los ociosos sin oficio sino hurtar lo que trabajan los demás que tienen oficios? A estos que pasan su vida en los desiertos sin ser ermitaños, que se reducen a la vida anacoreta,[171] yo los trujera a los poblados y poblara con ellos las horcas.[172] ¿Por qué no han de vivir unidos a los demás cuerpos de las ciudades españolas si pretenden ser partes o miembros dellas? |

MARCELO ¡Oh criminalísima señora, o, por mejor decir, sumamente bien entendida: alcemos bandera contra esta chusma importuna, y siendo vuestra merced el general, hágase déstos otra expulsión como la de los moriscos, que no será menos importante;[173] aunque no, que antes me parece que se deben conservar mucho, por ser árboles que llevan fruto de galeotes, y si ellos faltasen, dentro de pocos años sería menester buscar ministros para el remo comprándolos a precio excesivo, y no siendo para el ejército tan hábiles.

TEODORO Señora: vuestra merced nos dé licencia y perdone la grosería de mi hermano, que con tan poco respeto ha tratado a sus imágenes, que yo, aunque en tan humilde sujeto, las venero por ser suyas, que me parece que ha parado a la puerta de la calle un coche, y debe de ser mi primo don Roselino, y no quiero que embarace a vuestras mercedes. Basta que dispensen nuestras ignorancias, y más las de mi hermano, que le parece que no goza del mundo si no toma lo peor de él.

FLORA No, señor; el señor don Roselino ha de entrar, y ha de venir a entretenerle mi prima doña Claudia, porque no quiero que vayan vuestras mercedes disgustados de mi casa, donde el servirlos es obligación, y tanto como obligación

---

[171] **La vida anacoreta**: *lifestyle of the anchorite or ascetic*

[172] **Horcas**: *gallows*

[173] Marcelo compares **chusma** (*rabble* like the gypsy girl from **Cantillana**) to **moriscos** and the equal importance of their expulsions.

	gusto. ¿Oyes, prima? Haz que entre ese caballero, y ven tú también a hacernos compañía, que te aseguro que sin ti, con ser tantos, parece que estamos en mucha soledad, y más yo, que soy quien te ha debido compañía en ocasiones de tanta necesidad y gusto.
CLAUDIA	Señora y prima: el señor Don Roselino entretendrá a vuestras mercedes porque en el lugar tiene opinión de un gran cortesano y caballero chistoso; donairea con sus amigos, y a puerta cerrada no deja un grano de sal en el salero que no le reparte con liberalidad. Si él quiere hacer aquí la figura del Caballero Don Porqué, yo sé que han de juzgar el tiempo breve, y desear repetición de lo que aquí pasare.[174]
FLORA	Ojalá el señor Don Roselino se sirviese de hacernos tanto favor; porque aunque hasta ahora no se lo hemos merecido, parece que el ser nuestro ruego de mujeres, y todas tan encerradas, le ha de obligar a que comunique sus gracias, pues tanto más lo son cuanto se ejercitan más graciosamente.
ROSELINO	Ningunas tengo en mi opinión; pero si se juzgan gracias las que yo molestias, aquí estoy dispuesto a obedecer, porque no quiero que se presuma que con la dilación pretendo hacer estimable lo que desprecio tanto. Al fin, señora, pregunte vuestra merced, pues tiene noticia del juego, que yo responderé menos agudo de lo que se espera, por estar más temeroso que otras veces por el respeto de auditorio tan sutil.
FLORA	Paréceme, prima, que esto está ya en vuestras manos; preguntad de modo que ocasionéis con vuestra agudeza a la del señor Don Roselino, y admiremos igualmente las preguntas y las respuestas.

---

[174] The following game between **Caballero Don Porqué** (Roselino) and **Dama Preguntona** (Claudia) is especially reminiscent of satirical poems (**las letrillas satíricas**) by Quevedo and Góngora, in which they catalogue and caricature certain types and their vices.

CLAUDIA Eso es imposible, tanto porque los ingenios son desiguales como porque el que pregunta tiene más campo para parecer pesado que agudo; y el que responde siempre puede mostrarse agudo, aunque el que pregunta sea pesado. No digo esto por huir el cuerpo a la obligación en que yo propia me entré, pues empiezo deste modo: —Caballero Don Porqué: ¿Por qué hay en estos tiempos tan poca verdad, supuesto que no es buena razón decir que hubo mucha en los pasados; porque la virtud nunca se gasta y siempre se queda en un propio ser?

ROSELINO Dama doña Preguntona, respondiendo a vuestra pregunta, digo que es porque están los tiempos muy políticos y sutiles, y así todos, buscando el provecho particular, huyen del común, y al mismo tiempo hacen ostentación de ingenio.

CLAUDIA Caballero Don Porqué: ¿Por qué las mujeres tienen menos buena correspondencia unas con otras que los hombres entre sí propios? ¿Por qué llegamos tan presto a las palabras mayores, de que los hombres huyen con tanta cordura?

ROSELINO Dama Preguntona: porque vosotras no tenéis más que las palabras, y en ellas ponéis la venganza más sangrienta; pero como los hombres ponen su satisfacción en sus manos y en su espada, así miden con mayor cuidado sus razones.

CLAUDIA Caballero Don Porqué: ¿Por qué los borrachos no se enmiendan teniendo tan grave castigo en la persecución de los muchachos, y tan cotidiano?

ROSELINO Dama Preguntona: porque tal castigo es premio, pues aquello es celebrarles su misma borrachez, con que vienen a holgarse dos veces.

CLAUDIA Caballero Don Porqué: ¿Por qué entre todos los hombres de la República los que se casan con más facilidad son los médicos?

ROSELINO Dama Preguntona: porque son ellos solos los que tienen el enviudar en su mano.

CLAUDIA ¿Por qué en el mundo está tan mal recibido alegar con autores vivos?

Roselino	Porque como el mundo miente tanto, se halla mejor con buscar los testigos muertos.
Claudia	¿Por qué las regatonas de la plaza son tan amigas de las oraciones de los ciegos?
Roselino	Porque se hallan indignas de hablar con Dios por sus personas, y así se valen de semejantes embajadores.
Claudia	¿Por qué algunos letrados tienen en su estudio a sus mujeres?
Roselino	Porque para hacer peticiones ellas son más hábiles que no ellos.[175]
Claudia	¿Por qué los más que entran en las sacristías de las iglesias se miran a los espejos que están en ellas?
Roselino	Porque es una necedad aprobada con el uso, y hasta la necedad, si se usa, no se excusa.
Claudia	¿Por qué causa los escribanos traen las más veces la pluma en la oreja?[176]
Roselino	Por señalar la parte que debe ser castigada en su cuerpo en pena de los delitos que cometen con ella.
Claudia	¿Por qué los barberos[177] tienen siempre en sus tiendas guitarras con que se alegran?
Roselino	Porque tienen un oficio tan aprovechado que ganan su vida quitando siempre sin poner de su parte nada, porque ellos quitan el cabello, sacan las muelas, sacan la sangre, y en premio de lo que sacan y quitan les damos el dinero, con que vienen a llevarle a un hombre lo mejor que tienen.
Claudia	¿Por qué las mujeres algunas veces suelen ser liberales con los hombres?
Roselino	Para obligar con esto a los hombres a que sean más liberales

---

[175] **Peticiones**: play on the double meaning of **petición**. While lawyers write legal *petitions*, the word also alludes to the *requests* or *demands* of the women. Thus, women are better than lawyers at making **peticiones**.

[176] Scribes were infamous for falsifying documents and inventing accusations. Roselino jokes that they carry their pens behind their ears implicating the part of their body that has been bribed to either listen poorly or to exaggerate rumors (Crosby 442).

[177] **Barberos**: *barbers*

	con ellas, de modo que esto es codicia y no liberalidad.
Claudia	¿Por qué se usa tanto el haber mujeres corredoras de otras mujeres?
Roselino	Porque las que se ponen en semejante oficio son postas de la sensualidad, y les parece que en república donde hay corredores de caballos es bien haya corredores de postas.[178]
Claudia	¿Por qué se introdujo que los chapines de las mujeres fuesen de corcho?[179]
Roselino	Porque se pudiese decir con verdad que son livianas desde la cabeza a los pies.[180]
Claudia	¿Por qué llaman los señores a los truhanes[181] hombres de placer, si las más veces les dan pesar, ya pidiéndoles sus haciendas, ya diciéndoles algunas verdades pesadas?
Roselino	Porque ellos son tan enemigos entre sí que cada uno, porque hagan mañana con otro lo mismo que hoy hacen con él, recibe placer de aquello mismo que pudiera pesar.
Claudia	¿Por qué a nuestros abogados les damos el mismo nombre que a los Santos del cielo, si éstos hacen con tanta fuerza de interés lo que los Santos de gracia?
Roselino	Por obligarles con este nombre a que procuren justificadamente merecerle enmendándose de su tiranía; pero como ellos tienen las leyes en su casa, las interpretan como quieren, y llaman justicia lo que nosotros rigor.
Claudia	¿Por qué quieren tan mal los Portugueses a los Castellanos?
Roselino	Por lo mismo que las demás naciones, que es verlos en superior fortuna, y siempre el más poderoso es envidiado.
Claudia	¿Por qué causa se prenden hoy tan bien las mujeres?

---

[178] **Corredores de posta**: Roselino plays with the double meaning of **corredoras** (*go-betweens* or "persona[s] que hace de intermediario" [MOL]), **corredores de postas** (*mail carriers*), and **corredores de caballos** (*mail or relay horses*).

[179] **Corcho**: a type of cork used to make the heels of women's shoes (**chapines**).

[180] **Livianas**: play on the word that signifies both *light* and *loose*. *The women are* **loose** *from head to toe*

[181] **Truhanes**: *rogues*

ROSELINO	Por prender mejor a los hombres, y al fin es prisión de alfileres que, con la misma facilidad que se prenden se sueltan.[182]
CLAUDIA	¿Por qué habiendo hoy tantos oficios en el mundo hay más vagabundos, pues parece que la variedad de ocupaciones había de tenerlos a todos ocupados con gusto y utilidad?
ROSELINO	Porque se ha hecho oficio de muchas cosas que ni artes lo eran ni ahora realmente lo son, como si dijésemos casamenteros, tahures y portanuevas,[183] y algunos han llegado a hacer de la devoción oficio, de donde se sigue que los oficios necesarios estén sin mucho número de ministros y el reino poblado de picarones vagabundos.
CLAUDIA	¿Por qué causa el pueblo caprichoso y mal atinado[184] en sus juicios silba a las comedias que no le parecen bien y les hace el mismo tratamiento que a los toros, pues están estas obras ingeniosas tan lejos de tener comparación con ellos por ningún lado?
ROSELINO	Porque los silbos del vulgo entonces no son de aquella casta de los que gasta con el toro, tan bien entonados y esparcidos, sino unos sordos y dormidos al modo de los de la culebra; porque como las más veces esta acción nace de la envidia y mala intención, imitan en ellos a un animal ponzoñoso, para significar que así vierten el veneno de sus malas entrañas.
FLORA	Maravillosamente ha respondido a todo, y la variedad de las preguntas, tan distantes las unas de las otras, ha hecho más entretenido este breve tiempo; pero no es razón que se apure más la plática, que aunque el señor don Roselino tiene tanta fertilidad de ingenio, es impío ánimo el nuestro

---

[182] **Por prender mejor... se sueltan**: play on the words **prender(se)** *(to dress, and to arrest)* and **alfileres** *brooches or pins,* and, in the voice of the **germanía**, *sheriffs* or *officers of justice* [Crosby 298]).

[183] **Casamenteros, tahures y portanuevas**: *matchmakers, cardsharpers, and messengers*

[184] **Mal atinado**: *incorrect, vulgar*

	si no procura sacarle de ocupación que es fuerza que esté pendiente del cuidado; porque las cosas bien dichas nunca se encuentran acaso.
Roselino	Según eso, todo lo que yo he dicho hoy ha sido acaso y muy fuera del caso.
Flora	No, señor; sino muy dentro de las entrañas de la materia, dándonosla vuestra merced tan grande a su alabanza, que ni el tiempo, vencedor de los mármoles y aun verdugo de los metales más incorruptibles, pondrá en olvido tan singular ostentación de ingenio.
Roselino	Mayor gloria es la que en los labios de vuestra merced tiene que cuantas le podrán dar largas edades del tiempo, y al fin, señora, los aplausos presentes goza un hombre, que los futuros que se hacen sobre las cenizas de un varón ilustre sólo entretienen al que los da; porque para el difunto semejantes exequias son de importancia ninguna; por esta causa he reído mucho de los que han deseado ser famosos después de muertos.
Flora	Muy desnudo está vuestra merced de las opiniones de la gentilidad, y anda muy cuerdo, porque es barbarísima locura querer alargar esta vida mortal con los socorros de la fama, los que sabemos con el conocimiento de la Fe que hay otra vida inmortal y eterna, donde ni las estimaciones del mundo pueden hacer menores sus penalidades ni aumentar sus glorias.
Teodoro	Por Dios, primo, que no tiranizáis todos los favores destas señoras. Vámonos, hermano, que me espanto y no poco de vuestro celosísimo ánimo cómo ha podido pasar por estas pródigas alabanzas. ¿No veis que a título dellas don Roselino se ha hecho dueño de la conversación y de las personas que con ella le entretienen y lisonjean?
Roselino	Mal puede ser dueño desta casa quien acaba de entrar en ella con título de criado y servidor destas señoras y vuestro; mas vámonos todos, que ya os entiendo; no penséis que tengo tan olvidada la retórica que desconozca vuestras ironías.

TEODORO	¿Para qué os pintáis tan desconfiado siendo el Lucifer de los cortesanos y palaciegos desta edad? Pues vuestra presunción es tal y tan calificada que no creéis vos que nadie podrá burlarse de vuestro burlador ingenio; al fin, señor, desocupemos a estas señoras, que ya es hora de comer, y supuesto que no han de convidarnos, no las impidamos su comodidad ni tampoco perdamos la nuestra.
TEODORO	¿Hombre es ya vuestra merced de los que miran tanto por la comodidad? A mayor perfección ha llegado su vida de lo que yo pensaba; porque los beatos de estos tiempos son los que se acomodan siempre mejor. Al fin, vaya Dios con vuestras mercedes, que yo sé que en nada les acomodo más que en dejarlos ir a comer bien en sus casas, excusándolos de comer mal en la mía, tan poco prevenida, que sólo me atreveré a la paciencia de la señora doña Camila, tan enseñada a todo ejercicio de penitencia, y que se viene a perfeccionar en ésta por ser la mayor.
CAMILA	Ya ellos se fueron, y cierto que lo deseaba mucho, para agradecer a vuestro ingenio y ánimo el modo como se portó en aquel sobresalto, pues yo pensé que os habían conocido, y que hablando artificiosamente os decían (como aquellos que mostraban desconoceros y que hacían en esto lo que vos queríades) cuantas pesadumbres pudieran ser venganza de sus ofensas, si hubieran llegado a entenderlas; mas yo tengo por cosa asentada lo contrario; y admiro con cuánta gracia y libertad dijistes mal mejor que ellos vos propia de vuestra misma persona, sutileza que bastaba a volverlos a la cárcel de su engaño cuando ellos hubieran rompido las prisiones.
FLORA	Amiga: yo pienso que hice más de lo que supe, y más de lo que yo a mí propia me prometía; maravillosa unión es la del ingenio y el ánimo, porque si el uno es valeroso y el otro agudo, cualquier dificultad que emprenden facilitan; vámonos a comer, que después os comunicaré una traza con que ejecutada pretendo asegurar la máquina de mi edificio que, mientras más alta, la miro más peligrosa.

CAMILA   Siempre vuestros consejos los tuve por seguros: elija vuestro entendimiento lo que mejor le pareciere, que para su ejecución hallaréis prontitud en mi obediencia.

Acto segundo

Teodoro, Marcelo y Roselino

TEODORO   Con una carta de Sevilla me despertaron esta mañana, y sobre el disgusto que se da a un hombre rompiendo el sueño cuando duerme con buena voluntad, recibí otro mayor en unas infelices nuevas: dice así la carta, que quiero volviéndola a leer renovar mi sentimiento, y causar en vuestro espíritu una admiración grave.

«De esa Corte salió para esta ciudad de Zaragoza una dama bizarra, en cuyo seguimiento vino la desdicha, o por mal lograr la mayor belleza que vieron los hombres, o por extender más la escuela de los desengaños del mundo, que con ser tan larga, son tan pocos los que quieren cursar en ella. Su amante, o con impía crueldad, o haciendo una venganza honrada (que este título le dan los que intentan disculparle) abrió nueve puertas a su sangre con una daga; y la vida que con menos ocasiones que ésta suele huirse, cuando él creyó que la dejaba muerta, se detuvo allí, o por no desamparar tan singular belleza ayudando al mal logramiento de una obra tan insigne, o dudosa en la elección se suspendió a considerar por cuál puerta de aquellas saldría con mayor comodidad. El homicida fugitivo se ausentó, pienso que más por huir el rostro al horror del delito que el cuerpo a la pena dél. Sobrevivió dos días la infeliz hermosura, y en ellos entendí que era de nación Gitana, para que entonces admirase más la liberalidad de la naturaleza, pues dio tan magnífico don a tan pequeño sujeto; fue mi casa el ocaso donde se puso este Sol, y antes de dar las últimas luces me pidió que hiciese a vuestra merced partícipe de nuestra lástima, no por experimentar con tanto dolor hasta donde llegan las fuerzas de su valiente ánimo, sino por obligarle a que en memoria de la buena voluntad que la tuvo solicite para con Dios los ruegos y sacrificios de personas eminentes en virtud, pues sola esta amistad se les puede hacer a los muertos, que desde allá con más liberal mano saben retornar el beneficio. Guarde nuestro Señor a vuestra merced muchos años, etc.» –*Francisco Gerónimo de Gurrea.*[1]

MARCELO   Cuando la propia lástima no trajera consigo recomendación para todo sentimiento humano, la elegante narración que esa carta hace del trágico suceso despertara dolor en las piedras. ¡Oh muerte, qué bien se ve en tus malos efectos que entraste en el mundo por la puerta del pecado! ¡Si tu origen fue nuestra culpa, las demás que cometes contra nosotros no te culpan! Desvalida queda la naturaleza con haber perdido sujeto que la ocasionaba tantas alabanzas; y careciera esta pérdida de consuelo, a no tener dél un retrato vivo en la hermosura de nuestra prima, a quien la muerte, que no sabe adular a nadie, quiso lisonjearla usurpando al mundo la que igualmente la competía, con agravio del autor de entrambas obras, porque si con una sola admira, con las dos causara prodigioso espanto. Verdad es que en la que hoy resta al mundo quedó esta belleza más ennoblecida por la generosa Corte de virtudes que la frecuentan y acompañan, de donde infiero que la que murió fue justamente desposeída de joya de tanto esplendor como indigna: porque no era bien que se hospedase perfección tan singular en compañía de tan torpes vicios, y más habiendo llegado a tiempo que ella se ocupaba en el vilísimo deleite dellos. Hermano, agradezcamos al cielo el haber muerto con tantas demostraciones fieles, y juntamente el utilísimo escarmiento que nos da en su muerte, procurando ayudarla en su viaje

---

[1] Act II opens with another ruse carried out by Flora in which she sends a letter notifying Teodoro of a beautiful gypsy girl's death.

	con los sacrificios santos, que yo, por que no os vuelva a lastimar, siempre que renováredes su memoria, pongo sobre mis hombros este cuidado, a quien acudiere si no tan tierno como vos, igualmente caritativo y liberal; ahora recogeos a ver aquellos papeles, pues son de tanta importancia, que una de las grandes calamidades en que nos pone la vida, es forzar muchas veces el ánimo a que se divierta de los justos dolores y sentimientos, para tratar del sustento de sus miserias y pesadas fatigas.[2]
Teodoro	Consolarme de su muerte no fuera difícil, pero del violento modo, parece imposible, aunque es desesperar mucho de la hermosura de nuestra prima, poderosa a vencer mayores dificultades, porque en su presencia todas dejan de serlo. Comeremos temprano y harémosle después una visita, que allá estará doña Camila, y yo te aseguro que aunque las tardes de ahora no son cortas, que te han de parecer sus horas fugitivas; porque demás de ser todas las personas que allí se juntan muy entretenidas, me tiene preso en dulcísimo cautiverio el haber hallado una casa única en Madrid, donde yo en más de un mes que ha que entro en ella a todas horas y tiempos, no he encontrado otro hombre que me impida; antes es tan prodigioso su recogimiento, que habiendo estado en la Corte muchos días, no hay quien conozca a esta señora por el semblante, y muy raros son los que della aun por el nombre tienen noticia.
Marcelo	Nada la hará más célebre que el huir de ser celebrada, y esa ignorancia, que tantos tienen de su nombre, la dará nombre de mayor estimación. Notable felicidad ha sido la nuestra, pues a título del parentesco hemos hallado entretenimiento tan lícito y gustoso. Paréceme que en ella haréis un dichosísimo empleo, y que ni vos podéis darme a mí mejor hermana, ni elegir para vos más casta esposa.[3]

[2] Marcelo instructs his brother to collect masses for her soul.

[3] The description of what Teodoro and Marcelo believe Flora to be is a typical hope for women in seventeenth-century Spain. The perfect woman and wife was

ROSELINO Ponderáis muy cuerdamente la soledad de la casa haciendo della justa estimación, porque en Madrid apenas entraréis en parte alguna que no la halléis llena de trastos vivos. El jueves pasado fui a visitar cierta damisela, que me encareció el favor diciendo que conmigo sólo rompía las leyes de su recogimiento; halléla en una sala de estrado[4] muy grande, que la cercaban diez y seis sillas y cuatro taburetes;[5] admiréme de ver tantos asientos en casa donde el visitar estaba tan limitado, pero apenas yo revolví los ojos y la saludé, cuando entraron cuatro Caballeros Portugueses,[6] uno eclesiástico y los tres seglares, vi en un instante ocupadas cinco sillas, y procuré hacerme firme en la mía, pareciéndome que a mí en ningún tiempo me podría faltar aquel asiento, porque podía alegar la antigüedad. En alcance de sus pisadas entraron dos Médicos, que dijeron venían a visitar una enferma hermana de la tal señora, y haciéndola breve visita se salieron donde nosotros estábamos, con que fueron ya siete los lugares que no estaban vacíos. Dentro de un breve espacio llegaron dos coches llenos de hombres y de instrumentos, éstos eran también Portugueses, y criados de aquellos caballeros, que, porque más acomodadamente pudiesen cantar y tañer, los mandaron sentar, y ocuparon el resto de sillas y taburetes que acompañaban la sala.[7] Cantaron y tañeron tan bien, que si antes me enfadé porque me ocupaban, ya entonces les agradecí que lo hiciesen, juzgándome en ellos mejorado de entretenimiento. Cuando yo vi que se habían llenado todas aquellas sillas, y que la

---

to be withdrawn, industrious in spinning and sewing, and enclosed. Flora, while still pretending to epitomize this ideal, is the polar opposite. Ironically, Marcelo praises Flora for remaining enclosed so as not to attract the attention of men.

[4] **Sala de estrado**: *sitting room*

[5] **Taburetes**: *stools*

[6] Spaniards made fun of the Portuguese for being plagued by love sickness (Crosby 236).

[7] **Cantar y tañer**: women would receive their guests in the sitting room where often guests would sing and play to entertain the **dama**.

mía era la primera y la mejor, por ser la más vecina a la almohada en que ella presidía, sin duda en soberbia competía con Luzbel.⁸ Parecióme que estando aquello cabal no seríamos más; pero engañéme, porque llamó a la puerta un caballero estudiante de tan buen desenfado que, convidándole nosotros con nuestras sillas, por quitarnos de contienda y favorecerse de su propia mano, tomó lugar en la tarima del estrado no lejos del dueño.⁹ Disgustó los semblantes de los presentes, pero todos cuerdos prosiguieron con el entretenimiento. Admiraba yo la libertad del estudiante, y decía entre mí que siempre la gente de aquel hábito era licenciosa, pesándome de habérmele quitado, pues sólo el tiempo que le traje puedo decir que me holgué con toda satisfacción. Mas entrando luego un hermano choclón que vestía una sotana parda, y calzaba dos cordobanes en cada pie, hizo que el estudiante pareciese modesto, porque se sentó en otra almohada y a su lado.¹⁰ A este tiempo, intentando apearse de otro coche unos caballeros, les envió a pedir que no lo hiciesen, sino que arrimasen el coche a la ventana, donde salió a hacerles la visita estando ella por la parte de adentro y ellos por la de afuera, parlando de ventana a ventana. Del inopinado suceso me dio a mí un frío con el repentino espanto, y dudoso de aquello que miraba, creía que era sueño, y hacía firme propósito de no contarlo a personas que tuviesen poca experiencia de los accidentes y achaques de la Corte en semejantes casas. Los Portugueses se fueron como ofendidos de la falta de estimación tan justamente debida, a los unos por su calidad

⁸ **Sin duda... con Luzbel**: *without doubt, I was arrogantly competing with the Devil*

⁹ **Un caballero estudiante de tan buen desenfado...**: an arrogant student enters and takes the closest seat next to the **dama** leaving the other suitors upset. Students had a reputation for being aggressive and rude, hence Roselino's comment, "decía entre mí que siempre la gente de aquel hábito era licenciosa..."

¹⁰ **Mas entrando... en cada pie...**: *then, a brother wearing a priest's robe and soft leather shoes enters*

y a los otros por sus habilidades; yo que vi las sillas que ellos dejaron desiertas, consideraba quién trataría de su población, cuando me sacaron de estado tan confuso los que desde la calle hacían la visita en el coche trasladándose dél a ellas; decía yo entonces, si con tanta facilidad se pudieran poblar los lugares de Moriscos, que por su expulsión quedaron desiertos en Valencia y Aragón[11], no estuvieran los señores de vasallos tan pobres: y hallaba por mi cuenta que en aquella casa era menester una grande hacienda para sillas, porque si se gastaban como servían, sería forzoso renovarlas muy aprisa.[12] Dio el choclón en hablar al oído con la dama recoleta, y pareciéndole que se recibía nota, y aunque enfadaba con ello, dijo astuto, y hallando un nuevo modo para ejercitar su vicio: Miren, señores, no sean maliciosos, sepan que no hablamos cosa que sea en ofensa de Dios y del prójimo,[13] ¿quieren verlo? Pues escuchen: Decíale a la hermanita, que para qué tenía tanta cuenta con estas manos y cara que se ha de comer la tierra, y manoseábala de camino muy apretadamente, diciendo la picarota: ¡Qué notable sinceridad![14] Yo entonces, cansado de tan insolente superchería, volví las espaldas gozoso de haberme desensillado de una silla que estaba tan enseñada a trabajo,

---

[11] **Valencia y Aragón**: allusion to the expulsion of the Moors that occurred in 1609.

[12] **Decía yo entonces**...: Roselino jokes about the ease in which Spain populated **Valencia** and **Aragón** after the expulsion of the Moors and compares it to the ease in which the sitting room of the **dama** is populated with men, so many that there are not enough chairs for all of the suitors.

[13] **Prójimo**: *neighbor*

[14] **Miren, señores**...: Cotarelo y Mori adds quotes to make this passage easier to read: "«Miren, señores, no sean maliciosos, sepan que no hablamos cosa que sea en ofensa de Dios y del prójimo, ¿quieren verlo? Pues escuchen: Decíale a la hermanita, que para qué tenía tanta cuenta con estas manos y cara que se ha de comer la tierra», y manoseábala de camino muy apretadamente, diciendo la picarota: «¡Qué notable sinceridad!»"

	y en que yo trabajé no poco.¹⁵ He referido el cuento porque estiméis la desocupación y desembarazo desta casa, y creedme que en la Corte, o es única, o son muy pocas las que la igualan.¹⁶
TEODORO	Pues quiero que advirtáis que el mismo rigor que guarda mi prima en recibir visitas, tiene en el hacerlas, porque no sale sino de su casa a la iglesia, y esto de modo que nadie puede referir las señas de su semblante; y afirman los vecinos que es tanta la quietud de aquella casa, que piensan que es inhabitable o que la habitan espíritus del cielo; y esto señor en la Corte admira, y mucho más en una mujer que tiene coche propio, cuyos holgazanes rocines sólo salen los días de fiesta por la mañana, y toda la semana están ociosos, de modo que el día de fiesta es para ellos de trabajo, y los de trabajo de fiesta.¹⁷
ROSELINO	Con justa causa decís que puede eso admirar en la Corte. ¿No habéis visto el ejército pedestre de tanta mujer que imposibilita a veces el paso en las calles más principales y públicas?¹⁸ Los días de fiesta no han menester ocasión, porque ellos se la traen consigo; pero todos los demás de la semana son achacosos, en unos salen a título de ver la comedia nueva, y aunque se agraden de los versos, jamás

---

¹⁵ **Cansado de tan insolente…:** Roselino, tired of the woman's tricks, is happy to give up his seat in the crowded room, despite the fact that it was so much work to obtain it.

¹⁶ Roselino's story satirizes the notion of enclosure, since he visited a supposedly enclosed woman in the court who had many so many suitors, there were not enough chairs.

¹⁷ **Holgazanes rocines…:** Teodoro assures Roselino and Marcelo of Flora's enclosure and refers to Flora's horse as *lazy* since she is so withdrawn, her horses only get out during holidays. Salas Barbadillo criticizes the amount of women outdoors, apparently causing traffic problems, and not remaining withdrawn and enclosed.

¹⁸ **No habéis visto…:** Roselino criticizes the *foot army of women* (**el ejército pedestre de tanta mujer**) that are out everyday in Madrid. For Roselino, women should remain quiet at home.

de las trazas, porque en esta parte exceden las mujeres a los Poetas; otros hay visitas de amigas, y en ellas se cumple también con los amigos; cuando esta traza falta, fingen que van a comprar alguna cosa, y es más lo que llevan a vender que lo que van a comprar, aunque muchas veces se venden por lo mismo que compran; y es de modo su inquietud, que en este lugar tan grande, cuyas calles apenas tienen número, solas ellas y los cocheros saben sus nombres, y éstos las aprenden para el servicio dellas. Finalmente, ellas son personas que, si van en coche, rodean el lugar, como quien se sirve de pies ajenos. Puestas en corto y en zapatos, navegan más tierra en un día que en muchos años en un coche; caminan aprisa, y como llevan las faldas largas, levantan tanto polvo, que han menester ir aparte donde se le sacuden, y así lo hacen.[19]

MARCELO ¿Cómo os habéis portado vos en la Corte con esta pérfida canalla[20] tan dura y rebelde? Que pienso que en esto no hay segura doctrina por ser tantas las mudanzas de sus costumbres.

ROSELINO Yo, amigo, siempre he buscado las damas menos celebradas, porque suelen ser las otras las más caras y menos sanas; competencias siempre las huí, porque estas socarronas, a título de la porfía, suben de precio el gusto; yo gozo sin oponerme a nadie, y hallo por más hermoso lo que me sale más moderado de precio; excuso las ocasiones, procurando que las salteadoras de nuestras bolsas no me encuentren en tan malos pasos como son la Platería, calle Mayor, y puerta de Guadalajara; con esto, si alguna vez caigo en el peligro, que no pensé, consuélome de haber hecho todas

---

[19] The amount of carriages on the streets of Madrid is one of Salas Barabadillo's favorite topics; Roselino blames women for crowding the streets, going to the **comedias**, and kicking up dust. Carriages were also well known for being brothels-on-wheels in which prostitutes could do business in a private and mobile space.

[20] **Pérfida canalla**: *deceitful scoundrel*

	mis diligencias para no verme en él, y procuro sacar pies con toda solicitud. Puedo decir que nunca me han engañado; pero que he dejado engañarme muchas veces por conseguir mis intentos;[21] mas vámonos, que tengo uno que comunicaros desta propia materia, y quiero haceros mi embajador, o que me pongáis vos a mí en la ocasión, que deste modo os excusaré un cuidado tan penoso como es negociar por otro.
Teodoro	¡Qué alegres se van éstos, al fin la flor de los verdes años no puede anticipar tanto sus frutos! ¡Oh muerte avara; imposible será que no celebre con lágrimas tan infelices exequias;[22] daré al viento suspiros engendrados en mi fuego, y a la tierra lágrimas, porque todos los elementos participen de mi dolor! Mas aquella silla que viene parece de doña Camila, quiero salirla al paso, porque con ella renovaré las memorias de mi prima, y esforzaré el espíritu antes que se deje vencer de ansias tan importunas.

Vanse. Salen Flora y Claudia

Flora	Mientras viene doña Camila, que hoy, por cierta diligencia que yo la encomendé se detiene más que otros días, al son desta fuente que nace risueña y desesperada, pues entre su misma risa se precipita furiosa, canta algo que sea digno de tu elección, para que deste modo consiga yo el divertirme, porque si en ti no hallo mi salud desesperaré del remedio y aborreceré los demás beneficios.
Claudia	Escucha unos versos que un tiempo te agradaron muchos, y que para ti siempre venían a tiempo, por haber sido el sujeto de su alabanza la honesta Laura; porque, aunque no la pareces en las costumbres, que los malos recibimos bien

---

[21] Roselino comments on the high cost of courtly love. He prefers less celebrated women, for whom he need not have to compete, because they are cheaper. He considers the three main areas of Madrid's court, **la Platería**, **calle Mayor** and **puerta de Guadalajara**, to be economically dangerous because they are the center of courtly life and love.

[22] **Exequias:** *funeral rites*

las alabanzas de lo que conocidamente son buenos:[23]

> Con las iras del Noviembre
> en los campos más amenos
> los aliños del Abril
> son despojos del invierno.
> Las hojas que de los ojos
> festivo teatro fueron,
> ya amonestan desengaños
> castigadas de los vientos.
> Cuando un amante invencible
> resistencias hace al hielo,
> milagros de su fe grande
> acreditada en su fuego,
> tan noblemente se pierde
> en este feliz empleo,
> que ha de causar con sus ruinas
> más envidias que escarmientos.
> Sacrifícase a unos ojos,
> cuyo dilatado imperio
> tantas almas predominan,
> que usurpa honores al cielo.
> En los rayos de sus luces
> abrasado y satisfecho,
> ellos en él se alimentan,
> cuando él se alimenta en ellos.
> Honestamente los ama
> libre de humanos recelos,

---

[23] Salas Barbadillo uses poetry and song as entertainment and example. On the one hand, this romance provides Flora entertainment while in the presence of the court, while also the theme of the poem juxtaposes Flora's character with that of Laura—Salas Barbadillo's beloved and perfect ideal woman. Claudia's song picks up the theme of death of a loved one and is related to Teodoro's sentiments. It is quickly cut off by Flora's excitement about having tricked Teodoro into believing that the gypsy girl is dead.

que no puede haber peligro
en tan corteses deseos.
Venéralos como a Soles,
y contemplando en su dueño
esto le dijo, intentando
hacer de la pena premio.
Denme muerte tus ojos divina Laura,
porque en siendo lúcida, no es desdichada.
Si hoy en tus Soles la suerte
este bien me ha de ofrecer,
sin duda que he de tener
gran lucimiento en la muerte:
no vendrá pesada fuerte,
llena de sombras y horrores,
sino entre los resplandores,
que son crédito del Alba,
porque, etc.
Si de un solo que les dio
Sol, morir muchos se vieron,
de dos Soles que me dieron
no es mucho que muera yo,
en ellos la luz nació,
de cuyos rayos quisiera
que la muerte procediera
vida ilustre de mi fama,
porque, etc.

FLORA   Basta, basta, no prosigas, que ya viene nuestra fiel Camila. ¡Oh, amiga! Señora, despéname luego diciéndome el efecto que ha hecho mi industria y hasta dónde puedo volar con mis esperanzas.

CAMILA Albricias,[24] Reina mía, vencimos con toda felicidad; yo vengo ahora de casa de don Teodoro, y él y sus consejeros han creído que la carta es verdadera, y tanto, que se debe de

---

[24] **Albricias**: *good news!*

	haber repartido por los Conventos de Madrid limosna para más de dos mil misas por esa alma pecadora que aún tienes en el cuerpo, fabricando este y otros mayores embustes.[25] Ha hecho grande sentimiento; pero como en ti propia tiene librado su gusto, hallará juntos en un mismo sujeto el desconsuelo y el alivio.
TEODORO	¿Al fin lo han creído? Dime, por Dios, la verdad, porque en el buen efecto desta diligencia consiste la gloria de nuestros pasos, que es gran desdicha darlos sin fruto perdiendo reputación y desanimándolos para otras empresas.
CAMILA	Vuelvo a decir que fue tan lúcido nuestro acometimiento, que, no sólo sirvió de quitarle las sospechas de que recelábamos, sino que ha puesto espuelas al deseo que de tus bodas tenía, tanto, que su hermano y su primo le esfuerzan esta voluntad, creyendo que ha salido de la ocasión en que ellos le van entrando más aprisa. Paréceme que todos tres vendrán luego, por eso alíñate con todo estudio, no dejes alfiler que no te prendas, porque vamos dando más combates, y consigamos aprisa nuestra empresa, que quien fabrica un engaño, nunca está fuera de peligro.[26]
CLAUDIA	Bien dice; vamos amiga, que en el entretanto no podrá decir doña Camila que la dejamos sola, pues yo la entrego esta guitarra, que en personas de buena voz la mejor compañía es un instrumento, porque hace el mismo efecto que los libros, que está en nuestra elección el tomarlos o el dejarlos.
CAMILA	Vayan con Dios, y vuelvan presto; por mi vida que es buena la guitarra, pero yo en la ocasión presente de mejor gana almorzara que cantara; hacer pasajes de garganta en ayunas;[27] mejor fuera con un torrezno que con la voz; pero todo se tendrá su tiempo, que no es Flora tan descuidada, y

---

[25] **Que se debe de haber repartido…**: *he has collected enough alms for more than 2000 masses in Madrid's convents for your sinful soul*

[26] **Porque vamos dando…**: Camila compares this business of deceiving men (**fabricando embustes**) to a dangerous military operation (**combates**).

[27] **En ayunas**: *on an empty stomach*

más con aquellas personas de cuyas diligencias necesita; cantar quiero por merecer por todos caminos el buen acogimiento que me hace en su casa, y más en casa donde no planta los pies otra amiga sino yo; y así de cuanta solicitud pongo en este negocio no tengo razón de pedir premio, porque yo se la debo toda a la confianza que de mí tan liberalmente hace: al fin quiero cantar, porque así a un mismo tiempo cumpliré con los ruegos de Claudia, y espantaré los males de mi memoria.[28]

> El Sol, que se muestra a veces
> avaro de resplandores,
> entre nubes que le ciñen,
> imágenes de la noche.
> Por esconderse de Laura,
> cuyos dos valientes Soles
> bien armados le acometen,
> con ventajas se le oponen.
> Ya con impiedad se venga
> gozoso de que corone
> el lecho con menos luces
> dando escarmiento a las flores.
> Doliente yace quien pudo
> vestir liberal y noble
> con varias flores los valles,
> con verdes hojas los bosques.
> La belleza de los campos
> se niega y se desconoce,
> que ha quedado con su ausencia
> en soledad todo el orbe.

---

[28] Camila, as a guest in Flora's home, will provide entertainment to her hostess and guests with song; this is a common convention in the **novela cortesana**. Camila's romance picks up the theme of Claudia's previous song of the beloved Laura. Again, Salas Barbadillo uses poetry and song to juxtapose with Flora's character. See intro 50-55.

Los canoros mensajeros
de la luz, que en blandas voces
suelen festejar la Aurora,
la dejan sola y sin Corte.
Las peñas vertiendo llanto,
hechas fuentes al mar corren,
anegando al mar en sí
porque son mares mayores.
Amor que ve que sus flechas
rayo común de los hombres,
por no afilarse en su luz
más que se logran se rompen.
Hecho ya cierzo del campo,
bien que con menos furores,
le roba hierbas y plantas
que a tan grave mal opone.
Y él tan enseñado a herir
libre injuria de los dioses,
que no hay deidad que no asalte
ni humildad a quien perdone.
Más que piadoso cruel,
la cura, porque conoce
que en la vida que defiende
muerte universal dispone.
Qué tierno que la regala
entregando tan conformes
voces blandas, que los vientos
susurran dulces amores.
A las pálidas mejillas
las alienta, porque cobren
beldad, que fuerce al Abril
que el verde en azul transforme.
Nadie envidia su fortuna,
porque su valor conocen,
que a quien todo lo merece
no hay fortuna que le sobre.

A todos su mal lastima,
que liberales socorren
con lágrimas dando en ellas
fiel espejo a sus dolores.
Albanio[29] que honestamente
la quiere, porque no borre
un apetito villano
a la razón sus blasones,
Se sacrifica en suspiros,
y en lágrimas tan conformes,
que halla piedad su armonía
en los ecos de los montes,
Pues cuando él entrega al viento
sus ansias y sus razones,
escuchándole apacibles,
solícitos le responden.
Su llanto no reprehenden
aun los más ásperos robles,
que a lágrimas tan debidas,
¿quién habrá que las reforme?
Que llore se le consienta,
que a un amante en sus pasiones
es bien magnífico don
el permitirle que llore.

No dirás que con lo que he cantado no he merecido el almuerzo, aunque yo me contento con ver tu cara; bástame por premio, porque te prometo que sales muy hermosa.

FLORA　Nunca me has perdido más el almuerzo que con esa lisonja, moneda corriente en las Cortes y Palacios, y por cuyo medio se compran aun los mayores imposibles.[30]

---

[29] Albanio is often paired with Laura in Salas Barbadillo's poetry. Peyton identifies Albanio with Salas himself (30).

[30] Flora jokes that flattery (**lisonja**) is the most common coin (**moneda corriente**) used in the Court today. Flattery, according to Flora, will buy anything.

Camila	Vuelvo a decirte, y sin lisonja, que sales muy linda, con una belleza natural, ajena de pesado artificio; esos colores que te encienden son de tu propio caudal, no los debes al arte. ¡Oh nuevo prodigio, que vemos en Madrid un rostro que no brilla como espada, aunque mata más que muchas! ¡Oh bella claridad de semblante! Cada mejilla es un Abril, cada labio es una Aurora.[31]
Flora	Las escuridades, amiga, guárdolas para el pecho, pero en el rostro soy una doña Clara[32], de cuya belleza (si la tiene) sólo es ministro el agua purísima del río, que si sus Ninfas (según refieren los Poetas) no previenen más afeites y son tan hermosas, yo quiero más su imitación que la de las artificiosas cortesanas.[33] ¡Oh cuántos deleites le debo al agua! Si la veo en los campos, ya en ríos, ya en arroyos, o ya en fuentes, celebro su hermosura, y mucho más su liberalidad risueña, con que descubriendo una boca de risa, se pone en las bocas de todos, al contrario de otras bellezas inferiores, que piensan que se realzan más mientras son más desdeñosas y esquivas; si la bebo me alegra el corazón y, con ella, al modo de las plantas, reverdecen mis espíritus; si con ella lavo manos y rostro, me hace partícipe de su purísima perfección. Al fin, en lugar y en efectos bien puede ser el fuego elemento más noble y la tierra más útil; pero entre todos el agua más apacible y deleitable.
Camila	Con razón la alabas, pues en ella tienes ministro para tan varios efectos, y hago testigos a los cielos, que en esta

---

[31] **Cada mejilla es…**: Camila continues to ironically flatter Flora with two conventional metaphors typical of love poetry.

[32] **Las escuridades…**: *darkness I keep for my heart, but on the surface, I am a doña Clara*. **Santa Clara** is popular Italian saint. **Doña Clara** refers to the pureness Flora feigns in her face.

[33] Again Flora refers to love poets, such as Garcilaso de la Vega's most famous sonnets, which have pure and beautiful nymphs as their subjects and depict the perfect and ideal natural setting of a *locus amenous* of the Renaissance. She compares art to reality in which the nymphs are actually prostitutes who use cosmetics (**afeites**) to alter their appearance.

acción, si no te igualo, te imito; porque siempre he procurado valerme de los socorros del cristalino Manzanares, guarnecido de más fregonas que flores, aunque en opinión de los lacayos no hay flores como las fregonas;[34] y es cierto que las que tienen buenas caras favorecen nuestra opinión, porque con las fuerzas del natural, sin mucho artificio campean, aunque yo he visto ya algunas que a vueltas de ojos de sus amas se deben de meter en el estudio donde tienen sus redomas y salserillas,[35] y darse algunos filos, porque los rayos que arrojan mentira son y muchas veces muy mal mentida: porque como no tienen tanto ejercicio en acomodar el barniz,[36] pónenle unas veces mal repartido y otras mal asentado, con que se ve que son más depósito de inmundicias[37] que retrato de la primavera, lisonja que ya se dice a cada paso, y tanto, que de haberse hecho tan común ya no es lisonja.

FLORA Al fin, amiga, esto del afeitarse las mujeres es vicio como el juego o la sensualidad, y en todas edades es culpable, aunque en la mocedad menos reprensible. ¿Qué pretende una vieja? ¿Qué intenta cuando sobre unas mejillas desarmadas de muelas, aposentando en sus encías huéspedes extranjeros, se mancha con lo que piensa que se luce? Lo que pone por enmienda es más perdición de su semblante; y pensando hacerse ángel imita al demonio, a quien da no poca risa. En ningún tiempo me parece que los muchachos son cuerdos sino cuando pasa una máscara destas por las calles públicas y se componen y no la gritan. De semejantes sujetos indignado un Poeta amigo nuestro, sirviéndole de

---

[34] **Del cristalino Manzanares...:** Camila refers to the washer-women (**fregonas**) of the **Manzanares** who were notorious prostitutes. The idealized and artificial *locus amenous* celebrated by poets has been replaced with the reality of the Manzanares as a center for prostitution.

[35] **Redomas y salserillas**: *bottles and receptacles that hold cosmetics*

[36] **Barniz**: *varnish*

[37] **Son más depósito de inmundicias**: *they are deposits of filth*

Musa el justísimo enojo, provocado más que otras veces, escribió contra una caduca mal afeitada[38] esta sátira; dije mal, esta represión forzosa de tan mal vicio. Ella dice así, y yo quisiera no referirle tan mal, que por esta causa viniese a ser más sátira contra su autor, que contra la vieja:[39]

>   A la naturaleza
> quieres echar remiendos, vieja astuta,
> y comprar la belleza
> por volverla a vender más disoluta,
> ¿no ves que esos mecánicos colores
> gualdas[40] te pintan las que intentas flores?[41]
> ¡Oh mal representante
> de la hermosura que alcanzar deseas!
> ¡Oh mentido semblante
> con lo que más te adornas, más te afeas!
> Los dientes que te faltan, por tu lengua
> hablan y dicen tu menguada mengua.[42]
> Esa piel martirizas,
> que se adelgaza más (¡oh intentos vanos!).
> Di, ¿por qué tiranizas
> aún esa carne poca a los gusanos,
> comiendo en vida un solimán tan fuerte

---

[38] **Una caduca mal afeitada**: *a decrepit old woman who uses cosmetics* (MOL).

[39] The use of cosmetics to appear more beautiful, one of Salas Barbadillo's favorite topics, is the subject of the following poem. It is ironic that Flora will be the one to recite such a poem, since she too has disguised herself to appear to be somebody that she is not.

[40] **Gualdas**: refers to a yellow flower or weed that was used as a dye for cosmetic purposes (COV).

[41] Using apostrophe, the poet addresses the character in the "**tú**" form. "The use of apostrophe gives life and immediacy to language, but is also subject to abuse and open to parody" (PE).

[42] **Hablan y dicen menguada mengua**: *they express your defects*

lo que ellos esperaban en la muerte? [43]
Si a la noche llegaste
¿por qué volver a la mañana quieres?
Si los años gastaste,
retroceder a la beldad no esperes,
aunque con tanta afrenta de tus años
en tus canas disfraces desengaños.
Tienes la cara herida
de hacella sacrificios tan violentos,
andarás advertida
quitando afeites, y poniendo ungüentos,
aunque tú (¡ved qué bárbaro deleite!)
hasta del mismo ungüento harás afeite.
Ya el amoroso efecto
se acabó para ti, por el que daba
un honrado respeto
que tus antiguas canas veneraba,
y tú por ser tan loca le has perdido,
y en risa aquel aplauso convertido.
Dime, vieja engreída
¿qué amante cuando llegue a requebrarte,
si es tan corta tu vida,
su vida sin temor ha de llamarte?
si no es que entrarse intente desta suerte
por los sangrientos filos de la muerte.
Si tu vida le llamas,
estafa, y no requiebro, ser parece,
pues se presume que amas
la vida larga que en sus años crece;
ofendes tanto a amor con tu malicia,
lo que requiebro en él, en ti es codicia.

---

[43] **Comiendo en vida...**: refers to the worms that eat through the corpse underground, accelerating its decomposition. **Solimán** refers to "azogue sublimado, que se solía emplear como afeite para cubrir las arrugas, y como ungüento para untar repetidamente a los enfermos de la sífilis" (Crosby 399).

Tan fea estás, que fundo,
que con ser suya no vendrá a llevarte
al partir deste mundo
el diablo que en ti tiene tanta parte,
(que él lo conoce, y yo también lo digo)
que tú te irás con él en ir contigo.
Recámara de dientes
tienes, porque las mudas y remudas,
que en boca y rostro sientes
el beneficio de diversas mudas;
un mesón tienes hecho a tus encías,
pues huéspedes tan varios las envías.
Es la traza excelente,
pues si ves en tu boca mal logrado
un marfilino diente,
suple sus veces otro más limado,
que pudieron tus términos astutos
hallar aun de los dientes sustitutos.
Perdona vieja aleve,
aunque no quiero ya que me perdones,
que mi razón se atreve
a tu edad, que es tan falta de razones,
no dirás que a tus canas me he subido
pues tú las has negado y escondido.

FLORA   Bueno, amiga, bueno por mi vida, ingenioso, agudo y fácil anduvo el Poeta, y aun muy puesto en razón, cosa que les sucede pocas veces, porque muchas, por sus particulares fines, martirizan a las mujeres; pero esta acción yo confieso que fue muy justificada.[44] Entraos a desayunar, que, a lo que siento, estos pasos son de Claudia, y los que entran hablando con ella Marcelo y Roselino, en cuya conversación libraré yo el divertirme de vuestra ausencia hasta que volváis con

---

[44] Flora criticizes love poetry that idealizes women. Flora, again, though a poor gypsy prostitute, is well read and knowledgeable about poetry.

	la presencia de vuestra vista a mejorarme las horas.
MARCELO	¿Por qué se va vuestra merced, mi señora doña Camila? Si acaso nuestra visita es la culpada, volverémonos a ir, que no queremos desacomodar a mi prima de su entretenimiento por darnos a nosotros un rato gustoso y apacible.
FLORA	Siéntense vuestras mercedes, que ella volverá luego, y denme nuevas[45] de su salud y de la de mi primo, que les prometo que estimo en más la soledad de mi casa por poderlos gozar a todas horas, que por los efectos que della resultan en mi crédito y abono.
MARCELO	Mi hermano está bueno, y luego vendrá a besar a vuestra merced las manos; nosotros tenemos salud, y le hacemos una ventaja, y es que, viendo a vuestra merced, gozamos en posesión lo que él se promete por sumo bien con la esperanza.
FLORA	Ese lenguaje yo no lo entiendo, ni mi llaneza le permite; sólo sé que soy de todos muy servidora, porque lo debo así a mi sangre, y a sus méritos de vuestras mercedes.
MARCELO	Al fin, al fin, señora; los cumplimientos de vuestra merced cuando reprenden los ajenos son los mayores, por salir vencedora en todo; sea muy en hora buena, supuesto que en nada podemos competirla. Pregunto, prima mía, ¿es muy deuda de vuestra merced doña Claudia?
FLORA	Tan deuda, señor, que de nadie alcanzo tanta sangre como della; nuestro parentesco es muy estrecho, que parece se aumenta más cada día con la voluntad y con las obras.[46]
MARCELO	El señor don Roselino, mi primo, la quiere tiernamente, y siendo mujer de la calidad que vuestra merced nos significa, se podrían en esta casa celebrar las bodas a pares, que yo, a no ser casada mi señora doña Camila, también me pusiera debajo del mismo yugo con que fuera la nuestra una trinca de casados por su gusto, bien que estábamos muy dispues-

---

[45] **Denme nuevas**: *give me news*

[46] Flora continues to play with the double entendre as she discusses why Claudia hates men.

	tos al arrepentimiento por haber sido la elección tan aprisa.
Flora	Señor, esta muchacha aborrece a los hombres, y tanto, que tiene determinado de entrarse religiosa, porque es tan amiga de mujeres, que desea vivir y morir en compañía de muchas; más me quiere ella a mí que a todos los hombres del mundo, y es porque se ve a tiempos con algunas necesidades que yo sola se las remedio.
Marcelo	¡Oh, señora mía! ¿Eso dice vuestra merced? Por eso mismo se ha de casar, porque con Caballero tan rico, no padecerá necesidades.
Flora	Bien lo entiende vuestra merced; antes sé yo que si estas bodas se celebrasen, serían tales, que entrambos vendrían a tener necesidad igual.
Marcelo	Yo fiador que no la tendrán.
Flora	Prométole a vuestra merced que es causa esta en que vuestra merced no es abonado para ser fiador, y que yo sola podría serlo, y supuesto que los principales no han de satisfacer, pagar por todos.
Roselino	Parecíame a mí que sería llevar a mi casa persona de mucha seguridad.
Flora	Bien satisfecho podría estar vuestra merced que no le ofendería con ningún hombre.
Roselino	¡Válame Dios! ¿Cómo, señora, que a tanto extremo de virtud llega? Debiéronla de criar sus padres con mucho recogimiento.
Flora	Antes no, señor; sino con mucha libertad, platicando y entreteniéndose toda la vida en conversaciones de hombres; pero toda esta comunicación ha engendrado en ella dellos notable aborrecimiento.
Roselino	Primo, amigo, interceded solicitadme estas bodas, que esto es lo que me conviene.
Flora	Antes se las divierta vuestra merced, que le prometo, como su deuda y como su amiga, que esto es lo que le conviene menos; y quiere ver que tanto por este camino imposibilita-

	ba la sucesión de su casa y mayorazgo.⁴⁷
ROSELINO	Señora, vuestra merced no satisface a nuestra voluntad como debe; otro día volverán solos mis primos, y tratarán con vuestra merced este negocio, que yo me he gobernado mal en mi pretensión, pues siempre en las que son desta calidad, no se han de hallar presentes las partes.
FLORA	Señor, yo he respondido a vuestra merced lo mismo que diré toda la vida, y quedo muy ofendida de su desconfianza, porque con estimar en tanto a los que me pone por intercesores, es cierto que no haré más por su servicio que por el de vuestra merced.
ROSELINO	Al fin, señora, yo soy tan desgraciado, que una vez que he intentado ser marido, no lo he conseguido, porque aun no soy capaz de ser pretendiente de infelicidades, que aun en su infelicidad, soy infeliz.
FLORA	Buena carga le quitamos de los hombros, y hablando en el lenguaje que hoy corre, aun de parte más superior.⁴⁸ Amiga doña Camila, ¿oyes? Ven presto, que ya estoy sola, y descontaré con tu dulce entretenimiento el pesar que éstos me han dado con su sobresalto.
CAMILA	En verdad que es fuerza que yo te dé otro que no sea menor: Claudio dice que está ya muy cansado de ser Claudia, porque estas nuestras faldas le sirven de grillos, y tu continuo recogimiento de prisión estrecha; pide licencia para irse, y que le pagues por meses lo que ha trabajado en casa, pues ya sabes tú que ha hecho mucha labor y muy buena.
FLORA	La labor confieso que ha sido buena, pero no mucha.

---

⁴⁷ **Mayorazgo:** *heir*

⁴⁸ **Hablando en el lenguaje que hoy...**: Flora alludes to an affected and obscure way of speaking during this time period due to the growing interest in **cultismo**, an artistic and poetic movement in Golden Age Spain. In this case, Flora uses excessive language to make fun of the movement (**el lenguaje que hoy corre**). The expression **más superior** (referring to the head) is incorrect: **superior** signifies *taller* and **más superior** would mean *more taller*.

Camila	Siempre semejante labor, en pareciendo buena, parece poca.
Flora	A mí, aunque me pesa, me conviene mucho que se vaya, porque don Roselino, primo de los que yo finjo ser mis primos, con el concepto que tiene hecho de que es mujer, ha mostrado inclinársele con muchas veras, y podría ser que si diésemos lugar a que se prosiguiese esta plática, se descubriese lo que ahora con tanta utilidad y gusto nuestro está oculto; páguesele su trabajo desde el día que entró en casa hasta el de hoy, que es muy justo, y váyase en buen hora;[49] pero antes será bien que se entre a despedir de mí, y por la última vez cante y baile, porque así quedemos con menos deseo de su persona y de sus gracias.
Camila	¿Hásele de pagar en plata, o en cuartos?[50]
Flora	En cuartos, que es la misma moneda en que trabajó; aunque no, dadle plata, por que salga de casa con menos ruido y peso; y en consideración de que los cuartos, que son del metal de nuestra humanidad, valen más que todos los metales que produce la tierra.
Camila	¿Al fin qué me decís que don Roselino se le inclinaba pensando que era mujer? Por mi fe que hacía importante empleo de su persona.
Flora	Con tanta obstinación, con tanta porfía, que se partió de aquí desconsoladísimo y engañado, y anduvo tan necio, que hizo bastante ostentación de que tenía partes para desposado.
Camila	Por mi fe que el hombre es dichoso, pues una vez que intentó casarse, ha errado el golpe de modo que, por lo menos por ahora, queda libre de carga tan importuna.
Flora	Yo le veo con tan buen ánimo de echarse a perder, que él sabrá buscarse las ocasiones, y las hallará tales que tenga en ellas todo lo que merece; mas escuchad, que viene cantando

---

[49] This is one of the few examples of male prostitution in Spanish literature of the Golden Age and alludes to Flora's financial and moral freedoms.

[50] **Cuartos**: a play on the word, which signifies both a *coin* used during the 17th century and a *bedroom*

La sabia Flora malsabidilla 183

Claudio para darnos a entender cuán gustoso deja nuestra compañía, como si salir de mi casa fuera haberse librado de las prisiones de Argel.[51]

Yo estoy enfadosita, todo me cansa,
apercíbase el mundo que le doy vaya.[52]
Cánsanme unos letrados a lo moderno,
tan espesos de barba como de cuello.[53]
Medellín es un pueblo corto en vecinos,
pues ¿por qué no le pueblan muchos maridos?
Unos en los bonetes llevan los cuernos,
y otros están debajo de los sombreros.[54]

---

[51] **Las prisiones de Argel**: Argel refers to a place in Algiers where many Christian fighters were taken captive during the Christian—Moorish opposition. Flora compares Claudio(a)'s liberation to a release from the prisons of **Argel**. For the following poem, there is no direct notation in the manuscript that it is sung by Claudio(a). Camila indicates, however, that the speaker is Claudio(a): "[…] mas escuchad, que viene cantando Claudio […]"

[52] Claudio(a)'s satirical **seguidillas** catalogue the many sins and vices of 17th century Spain. There is a strong presence of the image of **carne** in the poem in reference to the excesses of **Carnival**. See intro on the theme of Carnival in the poem (53-55). It was customary during Lent (**Cuaresma**) to preach to prostitutes to repent. Spadaccini cites Ortiz de Zúñiga (*Anales de Sevilla*, 1612, pub 1676): "Mientras duró (la casa pública de Sevilla) usaba la piedad sevillana procurar su reducción, especialmente en la Cuaresma, con los sermones que llamaban de arrepentidas, en varios templos, a que las obligaban a asistir; y para las que lograban la conversión, había obras pías, ya para casarlas, ya para otros medios de su remedio" (116).

[53] Salas Barbadillo refers to *lawyers* (**letrados**) and alludes to their *dirty beards* (**espesos de barba**) and *garb* (**cuello**), implying that despite professional appearances, lawyers are corrupt. Lawyers' long beards, which symbolized authority and experience, are a source of much satire during the 17th century (Crosby 568).

[54] **Medellín… suelen**: refers to the many men of **Medellín**, a small town in **Extremadura** who have been cuckolded and wear *horns* (**cuernos***)* beneath their *hats* (**bonetes y sombreros**). Fear of being cuckolded has caused the village to have *few neighbors* (**corto en vecinos***)*.

Joyas de oro me pides, y estás muy flaca,
que recibes en oro y en marfil pagas.
   Mil flaquezas cometes sin tener carne,
di, ¿con qué te disculpas de lo que haces? [55]
   Eres un pensamiento, flaca señora,
y con lo que ejecutas toda eres obra.[56]
   Los que de ti murmuran tan flaca y leve,
yo no sé cómo hallan donde morderte.[57]
   Fuiste cuando más gorda de un escribano.
porque son carniceros siempre los gatos.
   A un confeso le diste después tu cuerpo,
que es de perros muy propio roer los huesos.[58]
   Hila[59], pues ya eres vieja, que has de acertarlo,
si a tus carnes imitas en lo delgado.[60]
   ¿Cómo te faltan muelas si son de hueso
y en la boca no tienes lo que en el cuerpo?[61]

---

[55] Reference to a prostitute's sins of the flesh (**mil flaquezas cometes sin tener carne**) and play on the use of **flaca** / **flaqueza** as *skinny, weak* and *sinful*

[56] Prostitute is a *product* (**obra**) of her profession.

[57] **Los que... morderte**: *those who gossip about her won't know where to bite because of your lack of flesh* (**carne**).

[58] **Fuiste... huesos:** *you were fattest when you were with a scribe* (**escribano**), *who ate your flesh because he is a carnivorous cat (a thief). Then, you gave yourself to the Jew* (**confeso**) *who, like a dog, gnaws at your bones.* Poet plays on the imagery of the scribe as a *cat* and the Jew as a *dog*, continuing to refer to the lack of **carne** or flesh as a result of their sins. Scribes had a bad reputation for falsifying documents, blackmail, and inventing accusations and, therefore is a **gato**, or a *thief* (Crosby 392). The scribe is also compared to a butcher who buys *meat* (**carnicero**) and therefore buys prostitutes. The Jew, like a dog, eats away at the prostitute's bones, he being one who also likes prostitutes (**carne**). References to Jews as *dogs* was a common anti-Semitic joke in the Golden Age (Crosby 554).

[59] **Hila**:hija

[60] **Si... delgado:** *you continue your profession long after you have wasted away.* Poet continues to play with the multiple meanings of **flaca**.

[61] Poet makes his final joke for this topic: *if teeth are made of bone, how is it that you have no teeth in your mouth if you have bones in the rest of your body.* Poet continues to play on the image of a bony, ugly body of a toothless prostitute.

Mas seamos amigos dame la mano,
no digan que me atrevo a lo que es más flaco.
   Por lo mal que ha vestido robando a muchos,
al infierno mi sastre se fue desnudo.[62]
   El suceso parece muy peregrino,[63]
¿cómo se fue desnudo por lo vestido?[64]
   El no sabe qué hacerse, muere de hambre,
que andan en el infierno todos en carnes.
   No viniera al infierno nadie lo dude,
si como hizo pendones, hiciera cruces.[65]
   Arde también su vara, y allí le queman,
que aun él mismo se trujo parte de leña.[66]
   Más mujeres que hombres brujas se hacen,
por el gusto que tienen de ir por el aire.
   Las que niñas chuparon viejos antiguos,
gustan cuando son viejas de chupar niños.[67]
   Como con el afeite se untan la caras,
gustan aun en los cuerpos de verse untadas.
   Estas se van volando luego en muriendo
para ser volatines en el infierno.[68]

---

[62] **Sastre**: tailors have a bad reputation for being thieves and are the source of much satire during this time period (Crosby 67).

[63] **Peregrino**: *strange* or *peculiar*.

[64] **Por lo mal... en carnes**: refers to corrupt tailors who ironically go to Hell naked (**en carnes**) because they have robbed. Again, poet plays with yet another variation on the word *carne*: the expression **en carnes**.

[65] **No viniera... hiciera cruces**: *he would not be in Hell, nobody doubts this, if he had made crosses (**cruces**) instead of doing prostitutes (**pendones**)*.

[66] **Arde... leña**: the tailor burns in Hell on his wooden measuring stick (**vara de madera**) with which he once falsely measured materials. While the stick was once his tool, it is now the source of his damnation.

[67] **Chupar niños**: refers to the popular belief that witches would suck blood from boys making them diabolic (Crosby 271).

[68] Reference to witches' use of *cosmetics* (**afeites**) on their faces, and then the many *salves* (**ungüentos**) they later apply to their syphilitic bodies. Finally, **ungüentos** refers to the *embalmment* of her body when she dies and *flies in Hell*

A un cabrón se le ofrecen en sacrificio,
porque ven el retrato de sus maridos.[69]
Yo pienso que las brujas son muy bubosas
por las muchas unciones que siempre toman.[70]
Por Madrid en los coches se vende carne,
y es ya carnicería cualquiera calle.
No sé cómo se vende, no hay quien lo entienda,
siendo ellos los carneros la carne dellas.[71]
Aquí son ministriles[72] mujeres y hombres,
ellos tocan cornetas, ellas bajones.
De Cupido las fiestas celebra el suelo,
que de instrumentos se oyen todos de hueso.[73]
De la Corte se salen los cazadores
olvidándose en ella del mayor bosque.
Véndese por el peso mi niña bella,
y saldráme muy cara, porque es muy necia.
Esta vieja lasciva de amor se abrasa,
toda es Caniculares, y toda canas.
Tiene el vino la culpa de que se encienda,

(**volatines en el infierno**).

[69] The witches sacrifice the *goat* (**cabrón**) because in him they see the portrait of their husband. Play on the double meaning of **cabrón** or **cabra** as both *goat* and *cuckold*.

[70] **Yo pienso... toman**: the syphilitic witches (**bubosas**) apply salves to their chancres.

[71] Allusion to carriages as a space prostitutes would use for business. The carriage provided a place to do business that was mobile and hidden from view (Crosby 402). Poet plays on the image of these brothels-on-wheels as a *meat market* (**carnicería**).

[72] **Ministriles**: *musicians who play wind instruments*. **Ellos tocan... ellas bajones**: *men play the bugle, women play the bassoon*. Allusion to men on top, because of the high sound of the bugle, and to women on bottom, because of the low sound of the bassoon.

[73] **De Cupido... hueso**: *the floor celebrates Cupid's work because the floor hears the instruments (men and women) playing together*. Poet refers to the clanging sound of bones having sex on the floor, again alluding to a lack of *flesh* (**carne**).

que ya hay viejas vinosas como las peras.
Todo lo ocupa el vino, raro misterio,
también se halla en pellejas, como en pellejos.
Aunque como está flaca vieja tan fiera,
igualmente es pellejo como polleja.
Suda con grande gusto vieja tan mala
por librarle a su cuerpo de tener agua.[74]
Ya de Madrid el Prado su nombre pierda,
y desde hoy le llamemos mercado o feria.[75]
Júntanse allí del gusto los mohatreros,
lonja es donde se tratan cambios de Venus.[76]
Si ir al Prado dejares tu esposa, ¡ay loco!
mientras ella va al Prado te lleva al Soto.[77]
Como corren los tiempos libres y alegres,
muchas salen al Prado por darse un verde.[78]
¿Cómo boca tan chica, niña de flores,
puede tener tan grandes las peticiones?[79]
Hasta las moscas tienen sus alguaciles,

---

[74] Poet plays on the double meaning of **pellejo** as both a *wine-skin* and a *drunk* and compares them to a *prostitute* (**polleja**): both are red like *pears* (**peras**); both contain wine; both are **flaca**. The prostitute and drunk are **flaca** because of their sins, and the wine is **flaca** because it has been watered down. **Suda con grande gusto**: allusion to a treatment for syphilis in which patients take medicine to sweat. The prostitute sweats with great pleasure both while having sexual relations and while undergoing the treatment for syphilis.

[75] **Ya de Madrid... te lleva al Soto**: refers to the **Prado** as a park in Madrid that, during Salas Barbadillo's lifetime, turned into a marketplace.

[76] **Júntanse... Venus**: *the fraudulent merchants* (**mohatreros**) *would gather in a space* (**lonja**) *where they would buy and sell sex* (**los cambios de Venus**). Reference to Venus is to the Goddess of love, beauty and, thus, sex.

[77] Play on the word **Soto**, as it also refers to a neighborhood on the other side of Madrid.

[78] **Darse un verde**: *to have a good time*. Poet plays on the sexual connotation as well as the reference to the **Prado** as *green* (**verde**).

[79] **Peticiones**: *requests*

que de gente tan mala no hay quien se libre.[80]
Si beber quieren frío los Marquesotes,[81]
y la nieve faltare, traigan bufones.
A bajezas notables el oro llega,
los bufones le[82] arrastran y las rameras.
Que hace extrañas vilezas en estos tiempos,
a él le arrastran los malos, y él a los buenos.
Usanse como el oro muchos amigos,
porque siendo muy falsos se dan por finos.[83]
Si es que están los panales llenos de cera,
¿cómo es sebosa y dulce mi Portuguesa?[84]
Mas si gusta de darse de amor al fuego,[85]
por derretirse aprisa se vuelve en sebo.
Si los pies de las coplas calzan conceptos, aun mejor que los Reyes calzan los versos.
Porque si éstos se forman allá en la idea,
tales pies ya se sirven de la cabeza.[86]

---

[80] **Hasta... libre:** *even flies have their captors*. Play on the double meaning of **alguaciles** which signifies both a *sheriff* and a *type of spider*. Covarrubias sites a popular proverb that also plays on this double meaning: "de aquí tomó ocasión el dicho tan celebrado, que las leyes se hizieron para castigar los pobrezillos desventurados que no tienen quien buelva por ellos ni fuerças para defenderse" (COV, s.v., *alguaziles*).

[81] **Si beber... bufones**: *if the rich (***Marquesotes***) wish to drink cold beverages and there is no ice, they bring jesters (***bufones***)*. The jesters, attempting to entertain their masters, sometimes fail. This failed joke is called a **frialdad** –"un dicho que quiso ser gracioso, y no salió con ello su dueño" (COV, s.v., *frío*). Poet, thus, plays on the double meaning of **frío**.

[82] **Le**: refers to the gold

[83] Poet compares gold with friends—both can appear real but be false.

[84] **Sabrosa y dulce** is a common expression in Golden Age poetry. For example, in Garcilaso de la Vega's Égloga III: "Flérida, para mí dulce y sabrosa / más que la fruta del cercado ajeno." Here, poet substitutes the word **sebosa** meaning *greasy* or *dirty* to refer to his Portuguesa.

[85] **Darse de amor al fuego**: *happily damning herself to hell*

[86] **Si los pies... cabeza**: *the feet of the poem (***pies***) form conceits, which develop from ideas, from the mind, of the head (***cabeza***). The poetic feet are better than the King's*

Remendón de comedias es nuestro amigo,
y no admite remiendos tan noble oficio.
　　Cánsanme los danzantes, y soy muy necio,
pues que por alegrarme se cansan ellos.
　　Quien se alegra de verlos son las mujeres,
porque ven que es la fiesta de cascabeles.[87]
　　Brillan sus mascarillas, y dellas gustan,
por mirar otras caras como las suyas.
　　Por hacerse ligeros los vientos beben,
más con esto no matan la sed que tienen.
　　Toda el agua que suda por dar sus vueltas,
en el vino la cobran de las tabernas.[88]
Porque los taberneros de nuestro siglo
han hecho maridaje del agua y vino.[89]
　　Sus forzados[90] nos hacen las bellas damas,
pues nos ponen cadena y al fin nos rapan.
　　Dime, ¿cómo los Moros, pues no la creen,
tantas cruces[91] reciben en sus mujeres?
　　¿Cómo en Carnestolendas vas a casarte,
y cuando otros la dejan recibes carne?[92]
　　Vístesenos de verde la virgen flaca,
y aún no hay quien la coma con tanta salsa.
　　Con mujer que es tan fea no habrá quien case,
o ha de morirse virgen, o hacer un mártir.
　　Vestidita de verde cantó la niña,

---

feet, which may be regal, but are not related to the mind.

[87] **Fiesta de cascabeles**: **Carnestolendas** or *Carnival*.

[88] A second reference to sweating as a result of sexual relations and as a treatment for syphilis.

[89] Innkeepers who water the wine were the source of much satire during Salas Barbadillo's time.

[90] **Forzados**: *slaves*

[91] **Cruces**: play on the double meaning, signifying both *religious crosses* and the *female genitals*

[92] **Carnestolendas**: *carnival*. The word Carnival is derived from the "taking away of flesh" (*camera levare*) which marked the beginning of Lent.

pájaro verdecillo nos parecía.
    Mares se hacen llorando tus ojos verdes,
con razón verde mares llamarse pueden.
    Si es que lloras cual dicen celos y agravios,
ellos son verde mares, y azul el llanto.
    Lo que a ti más te agrada son tus cabellos
por lo bien que te imitan haciendo enredos.
    Si hasta con los cabellos al mundo enredas,
qué de enredos que tienes en la cabeza.
    Tuertos[93] tienes los hijos, letrado necio,
que en derechos estudias y engendras tuertos.
    Bella labradorcita que roscas vendes,
las que forman tus brazos, ¿qué precio tienen?
    Ay que no tienen precio, guárdalas mucho,
más son roscas de vivos que de difuntos.
    Son las damas de hogaño[94] como los perros,
pues que vemos que bailan por el dinero.[95]
    Pienso que aun las mejores con gusto bailan,
porque allí se dan vueltas y hacen mudanzas.
    Si es de perlas graciosas tu boca niña,
no será pedigüeña boca tan rica.[96]
    Si tener sal pretendes, bufón Judío,
a pesar de tu casta come tocino.
    Yo que la sal no gasto de los señores,
más quiero los perniles que los bufones.
    Porque a mí, yo confieso que es grosería,
bástanme los juglares de Algarrobillas.[97]

---

[93] **Engendrar tuertos**: play on the double meaning. Lawyers *produce one-eyed children,* and *they produce injustices.*

[94] **Damas de hogaño**: *today's women*

[95]**Bailan por el dinero**: *to have sex for money*

[96]**Perlas**: traditional metaphor for the teeth of a beautiful woman.

[97] **Si tener... Algarrobillas**: play on the double meaning of salt (**sal**) meaning both *witty* and *salty*. Poet makes an anti-Semitic joke by comparing **judios** to **bufones**, but he prefers the *jokers of Algarrobillas* (**juglares**)—a village famous for its hams—over *witty Jews* (**bufones**).

Desdichado deseo no deis más pasos,
porque siempre los pierden los desdichados.
  Son notables ladrones tus ojos, Laura,
almas roban de todos, todos son alma.
  Aunque si ellos son dueños de todo el mundo,
nada que robar tienen que todo es suyo.
  Con el hurto en las manos cogen a otros,
pero a vos con el hurto siempre en los ojos.
  Ya faltaron del mundo los Alejandros,
que hasta el Alba sus perlas nos da llorando.
  Siempre que el Alba nace llora, señores,
dese modo nacemos también los hombres.
  Ved qué tal es el mundo con sus deleites,
pues que todos llorando vienen a verle.
  Tienes barros tan grandes en tus mejillas,
que pudieran ser lodos en tu basquiña.[98]
  Pues después que en el rostro te salen tantos,
más de cuatro basquiñas te habrán quitado.
  Y si así te sucede, que no es bien poco,
cuando tienes más barros estás sin lodos.
Bebes como tu madre, y eso lo causa
que hay ya barros de vino como de agua.
  Nácente hasta en la frente, no es desvarío
que se suban tan altos si son de vino.
  Hasle dado a tu esposo gran parte dellos,
y saliendo en su frente son mal agüero.
  Mas como tú le tienes bien enseñado,
pasará por los lodos y por los barros.
  Dícenme que son bubas[99] ciertos amigos,
con que vienen los barros[100] a ser muy finos.

---

   [98] **Tienes barros... basquiña**: play on the many meanings of **barros**: *blackhead, pustule, mud,* and *chancre*. Poet compares blackheads on a face to the mud on a woman's *skirt* (**basquiña**).
   [99] **Bubas**: *syphilitic chancres*
   [100] **Barros... finos**: poet plays on another meaning of **barro**, a type of special

Y aunque en ellos se encierra fineza tanta,
de Lisboa no vienen, sino de Francia.[101]
En la bolsa dolores mezquino tienes,
y aunque son bien notables parir no quieres.[102]
No te faltan comadres, mas tu dureza
aún es tal, que no quieres parir con ellas.
Ya te ponen al parto, Dios sea contigo,
porque son peligrosos los primerizos.[103]
Qué despacio que pares, mucho recelo
que pensando en el parto te quedes muerto.
El amor comadrero de cierta dama
en el puesto te pone para que paras.
En la casa te pone de aquel platero,[104]
será el parto muy largo, mucho le temo.
Concebir dineritos es gusto grande,
pero ¡ay Dios lo que duelen cuando se paren![105]
El que se hace preñado de unos doblones[106]
goza en alma y en cuerpo gustos conformes.
Pero cuanto dan gusto con su preñado,

---

cosmetic (**fineza**) from Portugua..

[101] **De Lisboa no vienen sino de Francia**: *these syphilitic chancres (***bubas—barros***) do not come from Lisbon, but from France.* The reference to France alludes to **el mal francés** or *syphilis* while the reference to Lisbon is an allusion to a special type of reddish clay found only in Portugal that women would use to improve their complexions (Crosby 416).

[102] **En la bolsa... parir no quieres**: refers to a *bag* (**bolsa**) as both a *moneybag* and a *bag of pains* because, though the prostitute now earns money, she will later endure the pains of childbirth if she becomes pregnant.

[103] **Son peligrosos los primerizos**: *first-born children (***primerizos***) are the most dangerous to give birth to*

[104] **Casa del platero**: continuation of the comparison between childbirth and money. Childbirth is like opening bags and giving money to women, which are both very painful.

[105] **Concebir dineritos**: signifies *to conceive money*, but poet alludes to the *conception of children* as well.

[106] **Doblones**: *a type of coin*

tanto son dolorosos si llega el parto.
    Pocos tienen dolores que no sean recios,
sólo pudo Alejandro parir sin ellos.[107]
    Cuando labra mi niña con sus agujas,
tanto hieren sus ojos como sus puntas.
    Postas para el infierno me da una vieja,
yo más cerca le hallo porque está en ella.
    Alquilando mozuelas gozosa pasa,
y perdiendo sus vidas la suya gana.
    Y cual si ella alquilara grandes palacios,
cobra los alquileres adelantados.
    Pero a esto responde la vieja esquiva,
que también tiene cuartos lo que ella alquila.
    La fregona que al río temprano baja,
tanto más sucia viene cuanto lavada.[108]
    Porque los lacayitos que las postean
desamparan caballos y buscan yeguas.
    Hacen grande fineza bajando al río,
porque ven al verdugo que mata al vino.[109]
    ¿Cómo siendo vinosos estiman y aman
a unas medio Sirenas dentro del agua?[110]
    Dije medio Sirenas, no me arrepiento,

---

[107] **Solo pudo Alejandro parir sin ellos:** *Alejandro is the only one who did not feel the pain of opening his wallet.* Alexander the Great was generous and gave away his riches.

[108] *Washerwomen* (**fregonas***)* are the source of much satire for being prostitutes.

[109] **Hacen grande... mata al vino**: the executioner of wine is water because it dilutes it. **Hacer fineza** is *gallantry* or *flattery* (COV, S.V. FINO). The lackeys, who go down to the river to see the sirens, flatter the water where the sirens are working.

[110] **Sirenas**: alludes to the women of Homer's *Odysseus* whose songs would seduce any man that would hear them (Crosby 304). The **sirens** here are prostitutes, who live in the water. The poet wonders why, the lackeys, being *lovers of wine* (**vinosos**), *esteem and love* (**estiman y aman**) the sirens who live in the water, which is the *executioner of wine* (**verdugo que mata al vino**).

pues cantando descubren el medio cuerpo.
Desde hoy más yo os desprecio mar arrogante
válganme las Sirenas de Manzanares.
La Sirena gallega de peor cuerpo
vale más que las que andan entre abadejo.[111-112]
Mil Sirenas pescadas por más que canten
igualarse no pueden a una de carne.
Que aunque ellas encantan siempre cantando,
ser de carne Sirenas es más encanto.
Adelgazan la arena bailando aprisa,
piedras son de molino, y ella su harina.
Mas si viene justicia cesa la fiesta,
al fin gustos fundados sobre el arena.
Mientras bullen bailando levantan polvo,
y de aquel polvo se hace después el lodo.[113]
Bien se ve Manzanares que eres muy seco,
pues [que] del agua salen con tanto fuego.[114]
Tus arenas parecen a las de Libia,
por las muchas serpientes que en ellas crías.
Estas son unas viejas lavanderonas,
que tal vez en tus campos se vuelven zorras.
Y aunque en cuanto al lenguaje zorras se vuelven
el semblante conservan de las serpientes.[115]
con las lunas contemplo de mi antojos,
en tus ojos suaves Soles hermosos.
Bien merecen ¡oh Laura! que los adore,
pues les debo a sus lunas el ver tus Soles.

---

[111] **Sirena gallega**: *a Galician nymph*. Galician women are the source of satire for being dirty, stupid and ugly (Crosby 437).

[112] **Abadejo**: *codfish*

[113] Play on the popular proverb, "de aquellos polvos vienen estos lodos" (COV, s.v., lodo), meaning *from a small issue, a big problem can arise.*

[114] The **Manzanares** river was known for having little water. Poet refers to the many *prostitutes* (**sirenas**) who have dried the river up with their fire. The [que] is added for lost syllable that does not appear in the manuscript.

[115] **Al lenguage zorras**: play on the word **zorras** meaning *prostitute*

En las lunas se miran de los espejos,
pero yo por las lunas mi espejo veo.
 Cuando miro tus ojos por medio dellas,
recibiendo tus rayos siempre están llenas.
 Desos rayos hermosos y luz celestial,
recibiéndola ellas me lleno yo más.
 Sin romper sus cristales pasan por ellos,
ellos más luz reciben, yo mayor fuego.
 Duplicar Sol y Luna contempla el Orbe,
yo duplico las Lunas y tú los Soles.
 Cuando tú las retiras, tus ojos graves
son, por mal de los míos, lunas menguantes.
 Tan escuras se miran sin tu belleza,
que a la sombra se hallan las lunas mesmas.
 Y yo entonces me veo sin tu hermosura,
en antojos creciente, menguante en lunas.
 El reír de tu boca señal es clara
de que el Sol amanece, pues viene el Alba.
 No me embarco en invierno, porque los mares
me han dicho que padecen ventosidades.
 Como el mar es tan vano, loco y soberbio,
cualquier ventecillo se enoja luego.
 Es el mar achacoso según me cuentan,
ya de ventosidades [116] y ya de flemas.
 Consolémonos todos en nuestros males,
que hasta el mar no se libra de sus achaques.

FLORA ¿De dónde ha salido tanta variedad de seguidillas? No sé cuál admire más, su agudeza y gracia, o su innumerable número; parece que toda la vida has empleado solamente en este estudio.[117] Al fin, señor, tiempo es que te vayas; y

---

[116] **Ventosidades y flemas**: *winds and rainstorms*

[117] Flora comments on the excessive number of **seguidillas** Claudia has just recited. Salas Barbadillo seems to both make fun of the excessive number, while at the same time he praises his own work as Flora delights, "**parece que toda la**

	determinado que en hábito varonil, fingiendo llamarte Federico, a título de que eres hermano de Claudia, y primo mío, podrás venir a visitarnos, que los que te vieren como será uno mismo el sujeto sólo diferenciado en el traje, dirán que no han visto hermanos más parecidos.[118]
CLAUDIA	¡Oh qué bien! ¡Oh qué bien descubres en esto como en lo demás tu ingeniosa agudeza! Y parece puesto en razón, que pues ellos te visitan a título de primos, que yo goce del mismo privilegio, excusando con esto sospechas contra tu reputación, pues de mí se ha de tener la misma seguridad que dellos, y dándoles de camino algunos celos que los encienda en su pretensión, principalmente a Teodoro, que aunque no está muy lerdo, con todo eso aprovechará mucho hacerle avivar el paso.
FLORA	Bien dices, amigo; seguiremos tus órdenes; vete ahora con Dios y vuelve a la noche, y hablaremos en esta materia y en otras con más largo término, que los negocios bien mirados tienen los efectos felices, y por lo menos su daño entonces es desvarío de la fortuna y no descuido de la prudencia.
CAMILA	Vos habéis acomodado vuestra conversación muy cuerdamente, porque este mozo gozará de la libertad de hombre que le dio naturaleza, y ya calificado por vuestro primo, tendrá para veniros a visitar el mismo derecho que estos señores. ¡Oh qué gustoso! ¡Oh qué veloz sale por la puerta! Y la hora para irse, ya que no quisistes esperar a la noche, ha sido muy a propósito, porque como estamos entre la una y las dos del día, y todos están recogidos comiendo, no parece un alma por esas calles, un cuerpo diré mejor, y será verdadero encarecimiento, porque yo hasta ahora no he visto ninguna alma sin cuerpo, y muchos cuerpos sin almas sí, aun estando vivos; digo al parecer, si ha de juzgarse por

---

vida has empleado solamente en este estudio."

[118] Flora orders Claudia to now change his disguise from female to male, Claudia to Federico, and pretend to be a brother of Claudia's in order to rouse Teodoro's jealousy.

	lo que hacen y por lo que dicen.
FLORA	Retirémonos a comer nosotras, aunque oíd, ¿quién viene tan fuera de tiempo a hacernos la visita? ¡Oh primos! Pues ¿cómo a estas horas tan temprano? Si han comido vuesarcedes[119] pudiérannos dar lugar a que lo hiciéramos. O vienen a negocio, o a entretenimiento: si vienen a negocio, despacharélos luego, y si a entretenimiento, diviértanse vuesarcedes los unos a los otros, que nosotras volveremos luego; y si alguna fuere la tardanza, no les dé cuidado nuestra detención, considerando que somos tan cuerdas que no habremos ido a ponernos en ocasión de ningún peligro.
TEODORO	Piden justicia estas señoras, y estimo en mucho que hablándonos con esta llaneza, nos hayan dejado; bien advertí yo en casa este inconveniente, y que veníamos a hacer descomodidad, sino que la prisa de don Roselino ha sido extraña, y yo no sé cómo un hombre cuerdo quiere negociar siendo molesto, pues deste modo se desazona el ánimo de los superiores, y se pierden las empresas por donde se piensa que se consiguen.
ROSELINO	Antes los que negocian más el día de hoy son los molestos y pesadamente importunos, pues los ministros muchas veces los despachan por librarse de su cansancio; de modo que, en unos, la importunación justifica su causa, y en otros luce la justificación, porque desta suerte negocian todos; que como las ocupaciones de los superiores son tantas y tan varias, es menester hacerles muchos recuerdos, y sufrirles muchos desprecios, con que descontándose las penalidades con los premios, nosotros salimos favorecidos, y ellos quedan reverenciados.
MARCELO	La reverencia y veneración tiranamente usurpadas, no se deben a los hombres, sino a Dios, y parece que debajo del nombre de Cristianos somos idólatras, y aun peores que los antiguos; porque ellos veneraban a unos hombres que habían pasado muchos siglos antes, y nosotros a los que hoy

---

[119] **Vuesarcedes**: *vuestras mercedes*

viven, cuyas costumbres viciosas nos dicen que son hombres, y aun hombres muy flacos, y no es bien comparar dellos lo que nos deben de justicia, con darles el honor que no les debemos, ni les podemos dar, porque el culto que sólo a Dios toca no es nuestro, ni está en nuestra mano su disposición.

ROSELINO Vuestra advertencia es prudente, pero como estos hombres de su naturaleza sean vanísimos, los que se ven necesitados de su favor entran por la puerta que ellos les quieren abrir, y aunque la de la vanidad es de viento, estiman estar en el aire como sea con su voluntad. Grande fue la miseria de los hombres en depender con tanta desigualdad los unos de los otros; porque ni un león adula a otro león, ni un caballo reverencia a otro caballo, porque en siendo animales de una especie se tratan igualmente, o ya estando en paz, o ya haciéndose la guerra; sólo el hombre sirve al hombre, y esto con tanta distinción, que el uno es súbdito y esclavo, y el otro imperioso dueño. Entre los animales jamás se habrá visto unirse un ejército de águilas contra otro de águilas, ni otro de leones contra otro de leones; y entre las criaturas que poseen razón, se forman innumerables campos donde, quitando los unos a los otros las vidas, disculpan la ferocidad de los brutos, y quedan justamente con el título de más inhumanos. Toda esta vida es guerra, toda batalla, y la que padecen los Cortesanos pretendientes es la mayor; y principalmente los que vienen de Flandes después de larga milicia;[120] éstos conocen mejor la diferencia, y hallan por más fácil pelear contra un escuadrón de enemigos que entrar en el zaguán de un papelista, donde es menester sufrir aun las impertinencias de sus escribientes, que algunas veces llegan a ser libertades.

FLORA No dirán que no hemos comido con mucho espacio, y no ha sido olvido de vuestras mercedes, sino cuidado, pareciéndo-

---

[120] **Toda esta vida**...: Roselino seems to be quoting the Roman philosopher and Senator, Seneca, who once said, "Life is a warfare" (CE).

	nos que mientras más los dejábamos discurrir a solas entre sí mismos se les hacía mayor lisonja. ¡Oh, qué bien habrán murmurado! Pregunto, ¿qué sujeto ha sido el mártir a quien han pasado a cuchillo sus lenguas? Si no es que se han subido a mayor esfera y, gobernando el mundo, trataron de la enmienda de la República, que no les toca; yo bien quisiera haber venido más presto por excusar estos daños; pero doña Camila, risueña, burlaba de mis temores, y quiso más su comodidad particular que el bien común.
Teodoro.	¿Yo murmurar? ¿Yo había de ser artífice de las afrentas ajenas? Jamás puse leyes a las costumbres de mis vecinos, ni les aceché sus acciones; alégrome de sus prosperidades, y busco mi gusto en los aumentos de su fortuna, y allí le hallo, que es la parte donde otros encuentran su pesar y desvelo; que me alegro mucho de la perfecta vida de los buenos, y que quisiera poder imitarlos no lo puedo negar; y con igualdad me ofendo de los delirios de los viciosos; pero como no corre por mi cuenta el curarlos, sufro en el mundo lo que también sufrieron mis pasados, y perdónolos porque me perdonen, que todos habemos dispensación de nuestros defectos y errores, y aquel verdaderamente es para mí más culpado que con arrogante soberbia presume de que es inculpable.
Roselino	Habéis hablado con las veras que pudiera un Senador de los que más veneró la romana república;[121] recibid con gracia lo que os dicen por gracia, y no os paséis tan de improviso de las burlas a las veras, que el ir de un extremo a otro extremo con tanta velocidad, si para vos es fácil, para los oyentes no es gustoso, si no es que conociéndoos el humor también hagan entretenimiento de vuestro mismo enfado.[122]
Marcelo	Por mi fe que sobornáis bien a mi hermano para que trate alentado y animoso vuestras pretensiones; de las injurias

---

[121] Flora is referring to Lucius Annaeus Seneca, c.3 B.C.–A.D. 65, Roman philosopher, dramatist, and statesman (CE).

[122] Roselino comments on the importance of storytelling.

	hacéis moneda corriente para pagar a los abogados, y más en semejantes causas, si no es que le queréis obligar haciendo dél tan larga confianza, que presumís que aun tratándole vos mal, sabrá él solicitar vuestras causas bien.
TEODORO	Ea, señores, no hagamos conversación disputable lo que ha de ser discurso corriente; yo quiero poner en plática el fin de nuestros pasos, para que, despenando a mi primo de sus congojas,[123] desempeñemos a vuestra merced del cuidado en que se habrá puesto, que, según es discursiva, ya habrá buscado la causa de nuestra venida, y quizá encontrado con ella.
FLORA.	¡Jesús! ¡Jesús! Dios me libre de tan vana empresa; ¿yo había de fatigar la imaginativa en buscar a ciegas con trabajo lo que tengo de saber ahora con descanso y certidumbre? Esta presunción muestra que estoy para con vuestra merced muy desacreditada en el entendimiento; y no le acuso el pensamiento, que en esta parte más fiscal soy yo mío que ninguno de los terceros.
TEODORO	Su entendimiento de vuestra merced para mí ha sido única deidad en el suelo; siempre he procurado su veneración, no su examen, en quien he admirado tanto sus profundidades, como el ser tan poco ambicioso que ha excusado muchas ocasiones de ostentar lucimiento.
FLORA	Vamos al caso, que nada puede ser más fuera dél que divertirse en mis alabanzas; antes de saberle deseo tener fuerzas para conseguirle, porque estos deseos anticipados, disculpando las obras que después faltaren, tengan tanto valor como las mismas obras; y si la materia estuviere tan en mis manos que ellas puedan ser iguales con ellos, en mi opinión más que habré obligado quedaré obligada por el gusto de haberme hecho artífice de felicidades ajenas, siendo esto la mayor felicidad, por la satisfacción que se recibe en el aplauso de tanta gloria.
TEODORO	Quien oye a vuestra merced y la divierte, o no entiende la

---

[123] **Congojas**: *anguish*

alteza de sus discursos, o quiere defraudarse a sí propio la doctrina que recibe en ellos; mucha sobra de caridad es cuando, estando con escuchar a vuestra merced haciendo mi negocio, la interrumpo y propongo el ajeno; y tanto, que aun aquel mismo de quien este negocio es propio (supuesto que está presente) confesará que para él también es ajeno respecto de estotro que le tendrá por más propio.

ROSELINO Más estimo el modo con que me honra vuestro entendimiento que la acción intentada de ampararme con vuestro favor; mas como estoy tan ciego, no elijo lo que es mejor, sino voime tras de lo que me da más prisa. Representad mi causa, porque de vuestra proposición reciba el valor que la faltó[124] en la mía, que yo espero salvarme con tan buen piloto, o por lo menos me anegaré consolado, viendo que mi pérdida estuvo en el destino de mis estrellas, y no en el descuido de mis pasos.

TEODORO ¡Oh verdores de la juventud! ¡Oh floradísimos deseos! Quien en tanto halaga a sus gustos grandes disgustos se previene, que las mayores fianzas y seguridades de la felicidad son los desprecios y desdenes que hacemos della. Al fin, señora, mi primo don Roselino quiere hacer ostentación de su valor (¡oh notable empresa!); intenta la jornada de unas bodas, más difícil navegación que la de la India, y menos útil, porque en aquella se va por riquezas, y en estotra se destruyen y gastan. Si allá hay tempestades que llegan a ponerle a un hombre junto al cielo, las de acá le bajan hasta igualarle con el infierno. Verdad es que la acción deste intento está disculpada en la buena elección del sujeto, y tanto, que en lo que los demás han merecido severa reprensión, en él produce estimación y alabanza: ama (si lo diré), mas nunca el amar con fin honesto fue injuria; desea por su esposa a mi señora doña Claudia; el deseo es grande, y tal, que él mismo le hace capaz de sí propio. Vuestra merced es poderosa para su efecto, y nuestra esperanza se

---

[124] Error in manuscript; should read **lo faltó**

	promete de sus manos lo que dudara de las nuestras si estuviera en ellas el buen suceso.
Flora	La promesa es vana, no por el defecto de mi ánimo, sino por la tibieza con que nos ayuda la fortuna. Mi prima aborrece los hombres, quizá porque se juzga inútil para con ellos, baste por satisfacción el confesar su falta; luego como entendió la proposición de las bodas se fue de mi casa, con que ni el señor don Roselino la ha ganado, y yo (para quien era de más provecho) la he perdido; lo cierto es, que de la acción no puede formar agravio, porque su fin no mira al desprecio, sino a particulares fines de la naturaleza, que con no decirse se hacen, aún en la presunción más buena, más sospechosos.
Teodoro	Con breves palabras, no sólo vuestra merced nos ha respondido, sino se ha opuesto a las réplicas; tal vez aún en las cosas más pequeñas se encierran secretos grandes. Notable odio contra los hombres, que la voz destas bodas la pudo desterrar de casa donde estaba con tanto gusto con que podemos decir que se mortifica con lo mismo que las demás mujeres se desvanecen. Primo, prudente sois, el estado del negocio es el que habéis entendido; ni yo sé qué deciros ni tampoco hallo qué podáis significarnos, pues esto no se ha perdido por nuestra culpa, sino porque ello de su misma naturaleza estaba perdido.
Roselino	Quien da por asunto a su deseo un imposible desesperada muerte se previene; este desengaño será rescate de mi voluntad, porque está muy en los principios de su empeño, que el oponerse luego a los males, con los beneficios restituye la salud mejorada, pues con la experiencia de mal pasado excusamos otros más graves que se nos podrían seguir, con que su daño viene a ser utilísimo provecho.
Flora	¡Qué fácilmente se ha consolado! Mas esta acción siempre les salió más barata a los hombres, porque la libertad de su misma naturaleza les propone muchas cosas en que divertirse: las mujeres encerradas, mártires de nuestras imaginaciones, engendrando en nuestros deseos nuestros verdugos,

	padecemos en el infierno de nuestro silencio lo que a la lengua explicar y a la pluma escribir es imposible.
CAMILA	Ignorancia fuera no consolarse, y aun obstinación rudísima. ¿Qué es lo que ha perdido? ¿No haberse casado? Pues reciba del suceso parabienes, que yo le doy el primero; en lugar está donde hallará mujeres que le traigan calidad y hacienda, y otras que le quiten lo uno y lo otro. No hay padre que no se halle sobrado de hijas, que ya como otras mercaderías andan en boca de los corredores, y entre cuantas mohatras ellos dan, no es esta en la que menos se pierde. El día de hoy ha menester un hombre buscar más modo para huirse de las ocasiones, que camino que le pongan en ellas. El cuerdo ha de estar muy atento en la elección de la mujer propia; para dama, como tenga buen parecer, ninguna es mala, para esotro fin pocas son buenas.
FLORA	¿Vos desaconsejáis siendo mujer la estimación nuestra?
CAMILA	Antes aconsejo nuestra estimación en el desprecio de las malas y abono de las buenas, supuesto que nosotras pretendemos tener parte con las segundas; porque si todas corriésemos igual fortuna, ¿cuál sería el premio de la virtud? ¿cuál el castigo del vicio?
MARCELO	El día de hoy están todas las cosas tan confusas, que parece que no se ven con distinción, porque no es día, sino una noche obscurísima, y siempre continuada; los que vivimos en la edad presente (dije vivimos, pase por consuelo de la misma desdicha, ya que no por verdad en el efecto), al fin los que remamos con la miseria deste siglo, necesitamos de mucha advertencia, y de igual sufrimiento; porque la virtud todos la predican, pocos la siguen; coméntanla muchos a su modo, y algunos con tanta sutileza (mejor diré libertad) que quieren que su comodidad les pasemos por virtud; la piedad o la ignorancia del pueblo los aplaude, que también hay piedades necias, y no por eso se libran de ser reprendidas, que el bien obrar pierde su fuerza si le falta la buena elección de los sujetos en quien obra.
CAMILA	Parece que se ha entristecido el señor don Roselino, o le ha

suspendido la gravedad deste discurso, o le ha vuelto el accidente; que achaques de voluntad, cuando más los despide la boca, se hacen más firmes en el alma; que en las dolencias de amor aquellos enfermos están más peligrosos que se publican por sanos.

ROSELINO Con desengaño tan acedo se me ha quitado todo lo dulce que la voluntad tenía; aun cualquier piedra de las que tienen fuego, si la dan recios golpes, le vienen a echar todo fuera, y se quedan sin él; confieso que es un cielo mi señora doña Claudia, pero mientras más cielo se obliga a mayor correspondencia; si su ánimo está ajeno desta acción, habráse con su belleza parecido al cielo en la parte menos importante; y al fin, señora, mi buena elección hizo lo que le tocaba; si mi fortuna la resistió, ni es persona a quien yo puedo concluirla con mis razones, ni vencerla con mis obras.

FLORA La voz he conocido de mi primo Federico, hermano de doña Claudia, de cuyo sujeto era nuestra plática; no se vayan vuestras mercedes, porque vean un milagro de la naturaleza, no en el haberlos formado a entrambos tan hermosos, sino en el ser tan parecidos, que sólo el vestido les sirve de distinción; tan singular es esta maravilla y tan perfecta, que mientras mayores ingenios, concebirán vuestras mercedes admiración más grande, porque hasta el aire del cuerpo, el tono de la voz, son de una igualdad y consonancia. ¡Oh hermosa descostumbre de la naturaleza, aquí tanto más bella cuanto menos varia![125] Sólo en una cosa no se parecen, y es que cuanto ella es enemiga de hombres, tanto es él de mujeres amigo. Señor don Roselino, mire que no salga de sí cuando le vea, que temo ha de ir a abrazarle creyendo que

---

[125] **Descostumbre** is a neologism created by Salas Barbadillo who is playing on the meaning of the word **costumbre** which signifies *regularity* and, in this case, *similarity*. By calling Claudia/Federico a **descostumbre,** he implies that through their uncanny similarities, they are ironically absolutely different than anything else found in nature.

	es su hermana; aunque no digo bien, que su modestia de vuestra merced el mismo decoro la supiera guardar a ella que a él, y así sólo queda en esto de peligro que lo que en estos señores fuere suspensa admiración, en vuestra merced podría causar prodigioso espanto; porque los antojos de la voluntad hacen las cosas que se ven de calidad diferente.
Federico	No hubiera entrado si pensara que vuestra merced tenía ocupación tan legítima; mas siendo estos señores también deudos, y visitando en esta casa con tanta llaneza, no se admirarán de la mía, y más en tiempo que tengo tanta necesidad de consuelo por la soledad en que me ha dejado la gallarda resolución de mi hermana; al fin se fue a Toledo a verse con nuestra tía, y a ejecutar los intentos de ser religiosa; y supuesto que ella había de tomar estado, y que éste es el mejor, bien es que no lo dilate más, porque quien se sacrifica a Dios es justo que empiece temprano por darle mayor parte de vida en el sacrificio en que todos los suyos somos interesados, pues ha de ser intercesora por todos.
Flora	Notable es la soledad en que yo quedo; nunca pensé que se fuera a tomar estado sin dejarme a mí en el que ya Dios me tiene determinado; pero como mi intento es sólo pretender que todas mis comodidades prefiera la voluntad divina, en este desconsuelo hallo consuelo, pareciéndome que era indigna de tenerla tanto tiempo a mi lado, y que ahora estará donde, dando mejores empleos a su vida, granjee la enmienda della y de las nuestras.
Marcelo	Prima mía, la pérdida desta señora para vuestra merced es grande; pero con la vista del señor don Federico se restituye todo lo que en la suya le falta; parece que el cielo está haciendo juego de nuestros ojos, aunque aquí a más sentidos burla que a uno, que también cometen los oídos el mismo error; esto que veo no es semejanza de dos cosas parecidas, sino una misma cosa que, mudando de traje, nos dan a entender que se divide en dos.
Flora	Parece que éste rastrea la verdad, aunque no, que habla más que con certidumbre del ánimo, obligado de la fuerza de los

hipérboles, y deseoso de ostentar elegancia y agudeza; varios efectos ha hecho su vista en Roselino y Teodoro, porque Roselino le mira alegre, por parecerle que copia en su semblante el de su dama, y tiene en él más de lo que parece. Teodoro muestra severo aspecto, porque ya debe de considerarle como competidor suyo en mis bodas, y desto se me sigue a mí utilidad grande, porque con esta competencia arderán más sus deseos y conseguiré yo los míos.

TEODORO Mucho me admiro de que vuestra merced no acompañase en esta jornada a mi señora doña Claudia, pues siendo mujer tan tierna en años, y tan singular en belleza, necesitaba de tan legítimo amparo para excusar atrevimientos que suceden por los caminos a la honestidad más recatada, y a la virtud más sublime.

FLORA Ya empieza a obrar la purga de los celos en este doliente de amor; quiero ver lo que responde Federico, que es médico que sabrá enfermarle con lo que a mí curarme, y dará a entender que nos cura a todos, que así lo hacen muchos eruditos de la facultad.

FEDERICO Señor, mi hermana va acompañada de un tío nuestro, santo por la virtud y famoso por sus hazañas en paz y en guerra, que también se pelea en la paz, y mucho más los que asistimos pretendiendo en las Cortes de los grandes Monarcas; excusé yo con no ir la confusión de los pueblos, que saliendo a vernos como otras veces, nos había de embarazar con sus admiraciones, de modo que, en vez de serle servicio, fuerza impedimento y estorbo[126] de su camino; y juntamente acompaño a mi prima, que aunque no es hermana sino prima, en mi estimación, según los aprecios de mi voluntad, es mayor el parentesco; y verdaderamente, aunque no lo parece, ella y yo sabemos que es mucho más cercano.

FLORA Bastante leña arroja en el fuego.
CAMILA Y aun sobrada, que eso más parece abrasarle de una vez la

---

[126] **Estorbo**: hindrance

	vida que encenderle suavemente.
FLORA	Encenderle suavemente ya lo hizo nuestro amor cumpliendo con su generoso efecto; lo que ahora se procura es que el rabioso fuego de los celos le haga amante más solícito, porque viendo que el bien que estima tanto está a peligro de perderle procurará asegurarle.
TEODORO	Este nuevo primo ha puesto en mi ánimo graves sospechas, de cuyos bríos licenciosos tanto más se injuria el alma cuanto menos puede mostrase ofendida.
ROSELINO	Vámonos, primos, que yo pretendo hacer una jornada.
FLORA	Sin duda que debe de ser a Toledo, donde irá a buscar lo mismo que delante de sus ojos tiene.
CAMILA	Por ese camino podría desengañarse no hallando en aquella ciudad lo que le aseguramos estar en ella.
FLORA	Antes entrará en más confusión, porque culpará a su dicha o poca diligencia; demás de que nuestra cautela sólo con Teodoro nos importa que esté en pie, con los demás dispense la fortuna lo que quisiere.
CAMILA	No adviertes bien, porque siendo estotros una misma cosa, el desengaño del uno pasará a los demás, y así nos obligan a vivir con igual cuidado.
ROSELINO	Ea, señores, vámonos, o quédense vuestras mercedes, que yo cuando pretendo sosegarme más, me siento con rumores de mayor inquietud.
MARCELO	Primo, yo acompañaré a vuestra merced. Quédese mi hermano con estas señoras, porque yo sé que cuanto vos deseáis partiros, él quiere quedarse, y los fundamentos de entrambos, aunque para mí no son públicos, yo los alcanzo, y sé que son suficientes.
TEODORO	Vuestras mercedes se vayan, y cada uno se excuse de presunciones altivas, que no siempre explican los rostros los intereses afectos, y muchas veces escribe el corazón mentiras en el semblante.
MARCELO	Yo sé que en esta parte no miento, y no me pesa, que cuando el empleo es tan grande, cualquier martirio es dichoso.

Federico	Ellos le han dejado solo en el mayor aprieto. Mas, ¿qué importa su compañía en casos donde no le pueden dar socorro? Antes parece que le sirven de desconsuelo, porque sólo están a ser testigos de su desprecio, sin que puedan poner medios para su alivio. Si desta vez no muere, enseñado tiene a padecer el sufrimiento. —Prima y señora, cuando se fue mi hermana me dejó una memoria de algunas cosas que necesitan precisa consulta con vuestra merced, y así, dándonos licencia el señor don Teodoro, la suplico me oiga allá dentro dos palabras, que yo procuraré ser breve, aunque el negocio es largo, sino es que en lo mismo que prometo me confiese por mentiroso, porque negocio largo y despacho breve, es cosa imposible.
Flora	Vamos luego, que las necesidades de una religiosa no sufren dilación en su remedio, que yo sé que el señor don Teodoro queda tan bien entretenido con mi señora doña Camila, y más si su merced resucita el instrumento que tiene en las manos, que nos ha de agradecer todo el tiempo que hiciéramos de ausencia, y aun ofenderse de nuestra restitución, aunque no será para estorbar lo que todos oímos con envidia tan cortés que, aun en ella, le damos veneración y aplauso.
Camila	Amiga, vaya con Dios, y vuelva presto, y advierta que yo soy tan soberbia como ella, y recibo por lisonja lo que ella dice por desprecio, aunque si yo lo entiendo como ella lo dice no podré recibirlo sino como lo entiendo.
Teodoro	Mi prima estima a vuesa merced como merece, y sus palabras no tienen segundo entendimiento, porque es tan sencilla que se quedan en su primer sonido.
Camila	Tiénela vuesa merced por muy sencilla. ¡Pliega a Dios que no se engañe! Vuesa merced me verá mañana en mi casa, y entonces sabrá lo que se trata en ésta, para que deba a mis avisos sus buenos sucesos.
Teodoro	¿Cómo, mi señora? Hable vuestra merced claro.
Camila	Aquí no puedo, antes he menester alzar la voz y cantar algo, porque de no hacerlo así, presumirán que hablamos, y de lo

	que hablamos; y aunque a vuestra merced le está en cualquier parte el saberlo bien, a mí el decirlo en ésta muy mal.
TEODORO	La dilación será mi muerte.
CAMILA	A fe que le he abrasado yo más con estas pocas palabras que Federico con muchas. Al fin, señor, canto un Romance que, por ser él y el tono nuevos, podrán ser parte para divertir a vuestra merced, o por lo menos deseo yo que lo sean, si no es que esto mismo lo asegura menos, en la contradicción de mi desdicha. Dice pues:[127]

 En tan generosa empresa
causa de mi noble incendio,
se turban las esperanzas
se suspenden los deseos.
 Amante de un imposible
que es todo merecimientos,
desespero a mi apetito,
y a mi elección lisonjeo.
 Tanto venero al origen
de mis llamas, que recelo
ya que me atreví a quererle,
publicar mi atrevimiento.
 Pero si el rendirme tanto
fue de sus ojos trofeo,
con mi silencio la usurpo[128]
la gloria del vencimiento.
 Y así habrá de ser forzoso
que diga el mal que padezco,
más por publicar su gloria

---

[127] The purpose of Camila's new poem about an impossible love is to suspend time while Flora is supposedly with her lover, Federico, and arouse Teodoro's jealousy even further. One of the functions of Camila's poetry, thus, is to play a part in the ruse and continue to entice and seducir Teodoro.

[128] Error in the MS; should read **lo usurpo**

que por buscar mi remedio.
   Oh Laura, a cuyos milagros
no igualan humanos méritos,
compitiéndote a ti misma
desdeñosa aun con el cielo;
   Si es deuda común amarte,
yo te adoro, porque intento
vencer extremos comunes
llegando al mayor extremo.
   Recíbeme en sacrificio
de tu luz, y sea mi pecho
digna materia a tus llamas,
huésped feliz de su fuego.

TEODORO Si estuviera tan abrasado como yo, no pretendiera ese amante por favor ser hospedado en el fuego.

CAMILA Advierta amigo, que la misma pretensión puede vuestra merced tener, porque él dice así: *Huésped feliz de su fuego.* Y el estado en que vuestra merced está es ser huésped infelicísimo.

TEODORO Sea vuestra merced parte de mi remedio, o el todo; dígame aquí lo que para mañana dilata, pues sabe que en los deseos de los amantes no cabe la dilación; despéneme deste martirio de la esperanza, y no dé lugar a que mis presunciones finjan aún mayores los daños.

CAMILA Sabrá, pues, vuestra merced, que este caballero cuyo nombre es Federico, quiere bien a la bella Flora; son primos, y carnales; su correspondencia en la voluntad es muy antigua; tratan de casarse, y ahora se han retirado para disponer los gastos de la dispensación; conviene que vuestra merced avive sus diligencias, que yo le ofrezco las mías, y a fe que sean tales que consigamos el logro deste deseo, si vuestra merced, por su parte, no se desayuda.

TEODORO Yo, por mi parte, no me dejaré vencer de los desdenes de la fortuna y el tiempo; gastaré en un día, si fuere necesario, ciento y treinta mil pesos que traje de las Indias; compraré

	con la hacienda mi gusto, porque en no siendo ella medio de conseguirle a él, la hacienda peso es y embarazo; vuestra merced me ayude, prometiéndose muy buenas albricias, y en señal dellas la pienso hacer hoy un regalo que sea considerable, porque a los abogados también se les da satisfacción antes de vencer los pleitos mientras se van siguiendo, porque no es justo que el trabajo presente se pierda sin más premio que pender de una esperanza que puede salir incierta.
Camila	Para mí el premio deste negocio será el buen acierto del mismo; vuestra merced se regale a sí propio, que quien espera ser novio de tan buena moza, ha menester estar prevenido.
Teodoro	Por lo menos lo estaré ahora del silencio, porque ella viene, y si nos hallase hablando en esta plática, sería hacer para con ella el favor en mi abono sospechoso.
Flora	Digo, señor, que conviene que se traigan luego esos papeles, que por ellos con más claridad sabremos el verdadero grado del parentesco, y se podrá enviar por aquel despacho, sin que nos quede escrúpulo en cuanto al haber sido la relación verdadera o falsa; y en materias de la conciencia es menester ajustarse mucho, y atreverse poco.
Federico	Haré hoy la diligencia con la solicitud que conviene, y avisaré luego, porque si a ésta se hubieran de seguir otras, caminen aprisa; porque en esto consiste las más veces el buen efecto de las pretensiones.
Flora	Vaya con Dios, que si él obra como discurre, cierto que para ser tan mozo don Federico es muy entendido y cuerdo, y que puede ser empleo de cualquier mujer de grandes partes.
Teodoro	Yo me voy también, prima, y advierta vuestra merced que con menos veneno que éste se suele matar a un hombre.
Flora	Espérese vuesa merced, primo, espere.
Teodoro	Sería desesperación esperar más testigos de mi desdicha.
Flora	¿Dónde se va?
Teodoro	A morir.

Flora	¿Con tanta prisa?
Teodoro	Ningún negocio se ha de tomar con menos espacio que el morir una vez determinado; porque la consideración de la causa porque se elige tan desdichada resolución, es muerte más desesperada.
Flora	Morirse un hombre por su voluntad me parece increíble.
Teodoro	No hay cosa más creíble que morirse un hombre por su voluntad.
Flora	Así se dice, pero no se hace.[129]
Teodoro	De todo se ven ejemplares en el mundo, y yo seré de los que lo hacen, y no lo dicen.
Flora	De cualquier modo lo tengo por error.
Teodoro	Pues no fuera fineza de voluntad si en hacerlo hubiera acierto.
Flora	Luego ¿puede ser voluntad la que no es acertada?
Teodoro	Sí, que es ciega, y los ciegos por maravilla aciertan, y aun los que tienen vista, porque es tan común el errar, que cualquier acierto es maravilla.
Flora	Pregunto, ¿piensa vuestra merced hacer testamento?
Teodoro	No, porque quien desesperándose pierde su alma es más loco si trata de disponer de la hacienda, que respecto della es de ningún valor.
Flora	Aconséjese vuestra merced con algún amigo confidente.
Teodoro	Ese es mayor imposible.
Flora	¿Por qué?
Teodoro	Porque ya no hay amigos que merezcan ese nombre.
Flora	Aconséjese vuestra merced conmigo.
Teodoro	Vuestra merced es de quien fío menos, y a quien he confiado más.
Flora	Bueno, ¿a morir se va vuestra merced diciendo injurias a

---

[129] Flora and Teodoro discuss whether death from an unrequited love is possible. Flora, the realist, satirizes this hyperbole that is often found as a convention in courtly love poetry. Teodoro, playing the role of the foolish lover, much like Calisto in *La Celestina*, believes he suffers gravely from lovesickness and will die from **voluntad**.

	sus prójimos?
Teodoro	Mayor delito es desesperarme.
Flora	¿Cómo ha de ser esta muerte, con hierro, o con fuego?
Teodoro	Ni con hierro ni con fuego, pues todo lo ha tenido mi amor y no me he muerto.
Flora	Pues ¿cómo? ¿Colgado?
Teodoro	No, porque si así se muriera, ya hubiera acabado conmigo mi esperanza.
Flora	¿Querráse vuestra merced despeñar?
Teodoro	La causa de estar yo en este estado es haber hecho eso muchas veces.
Flora	No le entiendo a vuestra merced.
Teodoro	De allí nace mi daño.
Flora	Pues mientras no le entiendo, mal podré tratar de su provecho.
Teodoro	¿Cómo haré yo que me entienda quien no quiere, si la disposición del entendimiento consiste en la voluntad?
Flora	Infamia es de un entendimiento rendirse a un inferior tan conocido.
Teodoro	En el mundo, el día de hoy, por la mayor parte nos sujetamos a los que valen menos.
Flora	Estimo en mucho el no tener a vuestra merced rendido.
Teodoro	No lo dije con fin de satirizar, porque aquí esta regla general tiene excepción.
Flora	Con todo eso no se mate vuestra merced hasta que volvamos a vernos.
Teodoro	En dando a estas resoluciones plazos, nunca llegan a tener efecto.
Flora	¿Qué te parece, amiga Camila? Vertiendo va fuego de los ojos y veneno de los labios.
Camila	Yo he sido el mayor instrumento.
Flora	No, sino yo con el retirarme con Federico.
Camila	Ese fue el principio; pero yo perfeccioné la obra, pues le aumenté sus sospechas dando para ello una causa que, siendo para ti honesta, para él es rabiosa.
Flora	¿Rendiráse al casamiento?

CAMILA   Y aun a sufrir todos los trabajos que con él se siguen, tan rendido le veo.
FLORA   ¿Qué tan presto?
CAMILA   Eso está en nuestra mano, porque ya él hace de mi intercesión medio para el efecto.
FLORA   ¿Cómo?
CAMILA   Después hablaremos despacio.
FLORA   Estas cosas quieren tratarse muy aprisa.
CAMILA   Todo lo quieren, consultarse despacio, y ejecutarse con solicitud; yo a entrambas cosas me ofrezco.
FLORA   Pues vamos a tratar la consulta entre las dos, que después la ejecución correrá por ti sola.
CAMILA   Mientras mayor empresa me confías, crece mi ánimo; porque si no lo consiguiere, la misma grandeza de la acción disculpa mi pérdida.

Acto tercero

Teodoro y Molina, su criado[1]

TEODORO Mi hermano y don Roselino fueron a Toledo, de donde no hallando lo que buscaban pasaron a nuestra patria, pareciéndoles, y con razón, que sólo en su apacible soledad se puede vivir con pacífico sosiego; yo solo he quedado entre las tormentas de Madrid, y entre la mayor de sus tormentas, pues amo sin ser correspondido; pero haber llegado tu persona con toda mi hacienda ha sido algún alivio de mis ansias.

MOLINA ¿Cómo algún alivio? Ciento y treinta mil pesos en el daño mayor puede ser eficacísimo consuelo.

TEODORO Qué ¿al fin dinero es poderoso para alegrar a un verdadero triste?

MOLINA Yo pienso que sí, si no es que el triste sea tan necio que se deje de alegrar con lo que es alegría común de todos.

TEODORO No sé que el dinero sea alegría común.

MOLINA Yo no sé que deje de serlo.

TEODORO Pruébalo, pues.

MOLINA A vuestra merced le toca el probarlo.

TEODORO Yo no tengo más probanza que mi propio sentimiento.

MOLINA Pues yo el mío, y el de todos en común.

TEODORO ¿Cómo te detuviste tanto en Sevilla?

MOLINA Estuve preso.

TEODORO ¿Por qué?

MOLINA Por una muerte.

TEODORO Pues, ¿cómo no lo he sabido yo hasta ahora?

---

[1] Molina appears as a servant of Teodoro's and functions much like a **gracioso** would in a **comedia**: he is financially preoccupied and witty, thereby juxtaposing him with the buffoon qualities of Teodoro.

MOLINA   Porque no convino que lo supiese vuestra merced entonces.
TEODORO   ¿Cómo lo pasabas en la cárcel?
MOLINA   Si en la cárcel se puede decir que se pasa bien, yo no lo pasaba mal, y todo en virtud del dinero que vuestra merced desprecia.[2]
TEODORO   Yo no lo desprecio, sino quítole parte de la estimación que le dan otros.
MOLINA   Desprecio le hace a una cosa, y no pequeño, quien la baja de la estimación común.
TEODORO   Al fin, ¿cuál fue tu delito?
MOLINA   El que no hice.
TEODORO   Pues ¿por lo que no se hace se castiga?
MOLINA   Para con el juez, si se prueba, lo misma es que si se hubiera hecho.
TEODORO   ¿Luego probáronte lo que no hiciste?
MOLINA   No sólo me probaron lo que no hice, pero lo que era imposible hacer.
TEODORO   No hables enigmático.
MOLINA   Digo que me probaron que yo había quitado su virginidad a una mujer, que cuando llegó a mi poder ya no era doncella; de modo que, no sólo no hice lo que me probaron; pero era imposible hacerlo.
TEODORO   ¿Luego hay testigos falsos?
MOLINA   No hay otra cosa.
TEODORO   ¿Dónde se hallan?
MOLINA   Donde se buscan con el dinero; en todos los lugares hay feria de esta mercadería.[3]
TEODORO   La justicia ¿no los castiga?
MOLINA   Debe.

---

[2] Molina, having been arrested and imprisoned in Seville, affirms the importance of Seville as a center of crime. Molina, a picaresque character himself, catalogues the different types of criminals he saw in the jails of Seville and satirizes the justice system.

[3] Molina comments on the practice of paying false witnesses to testify against the accused.

TEODORO	No dices más que sí debe.
MOLINA	Yo no me atrevo a decir afirmativamente que los castiga, pues que sobran tantos.
TEODORO	¿Era muy hermosa?
MOLINA	No, sino muy fea.
TEODORO	Pues ¿con qué te disculpas en tu pecado?
MOLINA	Con decir que el pecado es necio, y siempre elijo lo peor; demás de que si cuando llegó a mi poder ya no era doncella, otro primero que yo incurrió en tan mal gusto.
TEODORO	Y ése ¿estuvo también preso?
MOLINA	No, porque a éste se la vendieron cobrando adelantado el precio, que fue mayor ignorancia, pero yo gozaba fiado y sobre mi palabra que las más veces es muy bellaca prenda.
TEODORO	¿Tenía padres?
MOLINA	Madre sola, y en ella todo un linaje, gran maestra de fingir virginidades; y tan regatona desta mercadería que tenía tienda pública.[4]
TEODORO	Pues los alguaciles y escribanos, ¿cómo no la denunciaban?
MOLINA	¿Cómo denunciar? Ellos eran los que más compraban.[5]
TEODORO	¿Qué me dices?
MOLINA	No se admire vuestra merced, que las flaquezas de la carne a todos son comunes, y en ellas tropiezan las personas de mayor estimación. No sentir los amorosos afectos es de bestias; sentirlos y saber resistirse es de hombres que ya son ángeles; rendirse a su violencia, si no es loable, es vicio con mucha disculpa.[6]

---

[4] Salas Barbadillo again includes one of his favorite topics—the business of repairing virgins. As in his other works, the industry is passed down through generations of women—a topos central to the female picaresque novel.

[5] Molina criticizes the hypocrisy of the *bailiffs* (**alguaciles**) and *clerks* (**escribanos**) of the court, who are corrupt and are likely to use prostitutes who later buy back their virginity. The two professions are often paired in satirical literature for their collaboration in falsifying documents according to their own interests (Crosby 280).

[6] Molina continues his discussion on hypocrisy in Salas Barbadillo's Spain noting that nobody is immune from *sins of the flesh* (**flaquezas de la carne**), and

Teodoro	Dices bien; y tanto, que has excedido el crédito de tu ingenio.
Molina	Pues no hablo con ánimo de ostentar agudezas ni de predicar desengaños, porque lo segundo no me toca, y lo primero no cae debajo de mi jurisdicción.
Teodoro	Vuelvo a preguntarte: ¿qué tenía aquella mujer cuya virginidad pagaste y no comiste, que siendo fea agradaba a tantos?
Molina	Haberla calificado el aplauso común de muchos necios por aliñada, airosa y bien entendida.
Teodoro	¿Qué goza con eso la sensualidad? Porque lo entendido es bueno para el alma; lo airoso, siendo su fundamento el aire, ni para el alma ni para el cuerpo; lo aliñado, en estando una dama desnuda, que es lo que se pretende, vienen a gozar más de sus aliños, sus cofres que el amante que la posee.
Molina	Según esa opinión de vuestra merced la mejor prenda en una mujer es la belleza.
Teodoro	Para la sensualidad así lo tengo entendido, y aun el alma no goza pequeña parte, demás de que deseo saber de ti qué tienes tú por buen entendimiento, porque mujer que procedía de ese modo podía ser aguda, pero no prudente.
Molina	No hablo en tan estrechos términos; el pueblo la daba este nombre, que no pone las cosas tan en su pureza, y yo sigo ahora la frasis común.[7]
Teodoro	¿Qué pretendía de ti?
Molina	Una cosa terrible.
Teodoro	¿Qué, por vida mía?
Molina	Pone horror el pensarlo.
Teodoro	Excusa las hipérboles y vamos al punto.
Molina	Quería que me casase con ella.
Teodoro	¡Cómo! ¿Eso se atrevió a pedir?
Molina	Para pedir esto y otra cualquier cosa todas las mujeres

---

moreover, honored professionals, such as bailiffs and clerks, are the most likely to commit these sins.

[7] **La frasis común**: *common language* (**lenguaje corriente**)

	tienen atrevimiento.
Teodoro	Tan natural es el pedir en ellas.
Molina	En nada se prueba más que en esto de los casamientos, pues es gente que aun pide palabras.
Teodoro	Piden lo mismo que dan, y muchas veces en lo mismo que dan se quedan.
Molina	¿Por qué gustan tanto de hablar?
Teodoro	Por ser este el campo donde se ejercita el mentir.
Molina	Admírome mucho de la osadía con que hablan siempre.
Teodoro	Eso nace de la superioridad que tienen en todos, porque vencidos de su apetito las oímos con veneración y respeto. Pasaríaslo en la cárcel muy triste.[8]
Molina	No, sino muy bien entretenido.
Teodoro	¿Aun aquel lugar es capaz de entretenimiento?
Molina	En la cárcel de Sevilla, sí; por la mucha variedad de delincuentes y la singularidad de sus humores.[9]
Teodoro	¿Es verdad esto que nos dicen en los entremeses?
Molina	¿Cómo si es verdad? No puede fingir tanto el arte en los teatros como allí obra la naturaleza;[10] todo aquello que cae debajo de lo posible sucede o ha sucedido. Quien con admiración lo niega son los necios, que les parece que no ha más mundo que aquel en que ellos nacieron, y todo lo que excede las fuerzas de su capacidad juzgan por imposible.
Teodoro	Según eso, cada día hay cosas nuevas que puedan entender unos hombres en otros.
Molina	Eso es tan verdad, que el mayor estudio que pueden hacer los hombres es aprender en las costumbres de los otros hombres qué deben huir, qué imitar; y en algunas cosas que

---

[8] Molina and Teodoro discuss a common anti-feminist belief that women ask too much, talk too much, and they are natural liars.

[9] The prisons of Seville were notorious for being entertaining and are depicted in picaresque literature as being quite colorful.

[10] Salas Barbadillo once again refers to the impossibility of art imitating truth. Teodoro refers to the **entremeses** which were short theatrical pieces performed usually during the intermission of a **comedia**. The subject matter is varied, but the pieces are comical and portray types.

	son inimitables por grandes, las alabanzas del autor de tan insignes criaturas.
TEODORO	¿Qué personas estaban entonces presas contigo dignas por sus hechos de la recomendación de la fama?
MOLINA	Muchas, y entre ellas un boticario, porque, sin ser examinado ni tener licencia, ejercitaba su oficio.
TEODORO	Pues ese ¿es delito?
MOLINA	No, por cierto, supuesto que todos saben una misma cosa.
TEODORO	Murió alguien con las medicinas de su casa?
MOLINA	No, señor; aunque dicen que las hacía imperfectas y tenues, siendo quizá aquella imperfección y tenuidad más útil a la salud humana, pues mientras menos robustas las medicinas debían de obrar más suaves y templadas.[11] Notable género de gente es ésta, pues sin más cantidad que cuatro raíces y un puño de agua se hacen tan ricos que compran después muchos bienes raíces;[12] purgan los cuerpos y las bolsas; ellos se untan con nuestro dinero, y nosotros con sus ungüentos, de modo que, a un tiempo, nos ensucian y nos limpian.[13] Tienen por flor sacarles a las rosas su generosa sangre, diciendo que con ella refrescan la nuestra; a un mismo tiempo quitan a los campos su pompa, a nuestros ojos su amenidad, y del malo nos sacan el bueno, y aunque salga el malo, también va a vueltas dél el bueno, supuesto que nos llevan el dinero. Son verdugos de todas las sabandijas de la tierra, tanto, que aun hasta los lagartos no perdonan, de cuya ponzoña hacen oro, sutileza que no la han alcanzado

---

[11] Pharmacists were the source of much criticism and satire during Salas Barbadillo's time for diluting medicines (Crosby 53). Ironically, however, Molina states that this pharmacist's medicines were better for being less strong.

[12] **Sin más cantidad...**: play on the double meaning of **raíz**: *pharmacists become rich from using just four medicinal roots* (**cuatro raíces**) *and a flask of water, and later they are able to buy property* (**bienes raíces**).

[13] **Se untan con...**: Molina again uses a conceit, playing on the double meaning of **untarse / ungüentos**: *pharmacists line their pockets with our money* (**se untan con nuestro dinero**), *and we smear ourselves with their ointments* (**y nosotros con sus ungüentos**), *cleaning us out while at the same time leaving us soiled.*

	los alquimistas, por donde sospecho que deben de tener familiares, confirmándome más esta opinión el ver en sus casas tantas redomas.¹⁴ Este boticario cuya vida refiero era algo apasionado por el vino, y así, se decía en el lugar que a un mismo tiempo destilaba aguas y trasegaba vinos;¹⁵ prendiéronle por no haber querido ser tributario de los médicos, que su miseria fue el fiscal de su delito;¹⁶ desterráronle del reino y mandáronle que no usase el oficio; usó de su dinero, y volviendo a oírle le hallaron hábil en segunda instancia, y se hizo docto a fuerza de sus regalos, supliendo ellos la falta de estudios.
TEODORO	¿También los magistrados de Hipócrates se dejan sobornar?¹⁷
MOLINA	Sí, señor; porque son los que están más acostumbrados a recibir, y no es mucho que se dejen torcer su brazo, si ellos propios le ponen en esa forma cuando reciben el dinero que les dan en satisfacción de sus visitas. Pasó el dicho en la cárcel algunos malos ratos, con que los demás los tuvimos buenos, porque aunque él era tan diestro en degollar lagartos, sus compañeros le daban las más noches culebra,¹⁸ con que era lo mismo que ponerle en prensa y hacerle destilar sudando el agua que él había destilado de otros.¹⁹

---

¹⁴ **Son verdugos de...**: pharmacists and physicians were often called *executioners* (**verdugos**) *for their questionable practices.*

¹⁵ **Destilaba... vinos**: play on the double meaning of **trasegar**, signifying *to decant* and also *to drink a lot*

¹⁶ **Prendiéronle por no...**: *they arrested him for not wanting to pay tribute to the physicians. Because of his greed, he was ordered not to practice his profession further. When given a second chance, he bribed the doctors with gifts, and the doctors forgave his lack of knowledge.*

¹⁷ **También los magistrados... sobornar**: *even physicians can be bribed*

¹⁸ **Le daban... culebra**: "dar algún chasco pesado, que suele ser con golpes" (DA).

¹⁹ **Aunque él era tan diestro... hacerle destilar sudando... de otros**: play on the double meaning of **destilar** meaning *to distill,* and in this case, *to sweat. Although the pharmacist was such an expert in distilling venom, he himself would be*

Teodoro ¡Buen humor!
Molina Pues no era este el mejor de los que nos entretenían.
Teodoro A lo menos tú le pintas tan bien que es muy entretenido; debe de tener en tu boca algunos más granos de sal, y esta es la causa porque muchas cosas son mejores en la relación que en el hecho.[20]
Molina Bastárame a mí para desvanecerme haberle pintado con fidelidad, porque los pintores, unas veces liberales otras escasos, siempre quitan y ponen en la verdad el más o el menos.
Teodoro Perdonar se debe la ignorancia donde no se ha introducido la malicia.
Molina En el menos peca siempre la ignorancia; pero en el más es delito conocido de la lisonja.
Teodoro Parece que nos hemos pasado de los boticarios a los pintores, y no sé que en nada tengan similitud.
Molina Los buenos dignos son de veneración y alabanza, los malos peores son que esotros para la República, porque disfaman a la naturaleza en las copias de varias criaturas suyas así animadas como inanimadas; a éstos los llaman pintamonas,[21] y para acertar más bien a merecer este nombre, deben de copiar siempre de sí propios.
Teodoro Dejémoslos vivir, coman con su oficio, pues no nos retratan las costumbres.
Molina Así lo dijo un gran Monarca, prudente por su profundo ingenio, y poderoso por su extendido imperio.
Teodoro Las sentencias son comunes para todos; en él pudo tener mayor grandeza y autoridad que en mí, pero no el mejor sentimiento. ¿Qué más presos te acompañaban?
Molina Uno estaba en mi propio aposento por casado dos veces, y era graciosa prisión la nuestra, porque él estaba en ella por

---

distilled (sweat) when the prisoners would punch him in prison (**dar culebra**).

[20] Teodoro reiterates the importance of a good storyteller, a common theme in Golden Age literature.

[21] **Pintamonas:** *a very bad painter* (LAR)

	haberse casado, y yo por no quererme casar.
Teodoro	¿Tan amigo era de bodas ese hombre?
Molina	Con tanto extremo, que en la cárcel se quiso casar tercera vez; de modo que trató de cometer en ella el mismo delito que en ella purgaba.
Teodoro	Si discurriste con él algunas veces sobre la materia, ¿qué razones daba para su intento?
Molina	Razones, ni él las tenía ni yo se las pedía, porque los demás compañeros hacían siempre la conversación juego, sin que diesen sus burlas ni aun un lugar pequeño para las veras. Fue el caso gracioso, que la segunda mujer tuvo más calidad y hermosura, y así la dotó en la misma cantidad de dote que la otra le había traído; de modo que con una misma hacienda dotó y fue dotado.
Teodoro	¿Qué le dieron por pena?
Molina	Condenáronle al remo.[22]
Teodoro	Esa pena ya se la tenía él en su casa casándose dos veces; no le castigara yo de ese modo.
Molina	Pues ¿cómo?
Teodoro	Que viviera ocho días en una misma casa con entrambas.
Molina	Pues señor, la justicia es mucho más piadosa; hasta ahora no han querido admitir las leyes un modo de castigar tan cruel.
Teodoro	Al fin, dime: ¿con qué te libraste tan presto de la prisión?
Molina	Con mi dinero, porque consintiéndome condenar, pagué la condenación sin resistencia, dejando muy amiga a la que antes fue mi mayor persecución.
Teodoro	No fue tu desdicha muy grande, pues que se remedió con el dinero.
Molina	Pues, ¿cuál no se remedia con él?[23]
Teodoro	La mía.
Molina	¿Cuál es?

---

[22] **Condenárle...**: *as punishment, the man was sent to row in the galley of a warship*

[23] For Molina, all problems can be solved with money. This is a common philosophy among the **gracioso** of the **comedia** whose focus generally is money and food.

Teodoro	Amo a un imposible.
Molina	¡Cómo! ¿Es alguna mujer de pincel o mármol?
Teodoro	No, sino de carne.
Molina	Pues si es de carne, su propia materia la facilita.
Teodoro	Será eso para con otro más dichoso que igualmente la pretende conmigo para mujer; rima es de entrambos, pero parece que se le inclina más a mi competidor; mal dije parece, porque conocidamente me lleva la victoria.
Molina	¿Y cuál es primo más cercano?
Teodoro	El otro, en mi opinión, pues es el más querido.
Molina	¿Prefiere a vuestra merced en calidad, o en hacienda?
Teodoro	En hacienda bien sé que es inferior, su calidad no la conozco.
Molina	Si en hacienda le hacemos conocida ventaja, venceremos la empresa.
Teodoro	A mucho te ofreces.
Molina	No sino a muy poco; a mucho me ofreciera si intentara esta conquista sin interponer de por medio la hacienda; sepa yo quién es la persona, que yo he de proponer estas bodas y conseguir con brevedad el efecto dellas.
Teodoro	No quiero, que tienes mala mano para casar.
Molina	No por no haberme yo querido casar dejaré de saber casar a otros; antes pienso que en esta materia de casamientos el que mejor sabe huirlos, sabe mejor acertarlos.
Teodoro	Sólo en éste padece excepción la regla. ¡Ay bellísima Flora!
Molina	¿Cómo? ¿Bellísima es, y con suspiro? Si siempre que vuestra merced la nombra suspira, mucha cosa le tiene el nombrarla.
Teodoro	¡Cómo! ¿Puede ser emulación?
Molina	Paso por amor de Dios, quédese esto de emulación para los versos, o para la prosa muy grave, y no se admita en una conversación corriente como la nuestra.[24]
Teodoro	No me limites el lenguaje en tiempo que todos le tienen tan

---

[24] Molina chastises Teodoro for being a melodramatic, foolish lover, as found in poetry, when he speaks Flora's name with a *sigh* (**suspiro**).

libre. Vamos a tratar del remedio más conveniente, aunque si el morir ha de ser el último y el más verdadero, mientras más le dilato menos estimación hago de mi desengaño.

Flora y Camila

FLORA ¿Cómo has venido tan tarde esta mañana?
CAMILA Porque lo fui anoche de tu casa, y mi marido me pide los celos que nunca tuvo.
FLORA ¿Quién le ha enseñado esa mala doctrina? ¿Celos te pide el día que has comido a costa ajena?[25]
CAMILA Algunas veces es necio.
FLORA Pues disimúlale ésas por las muchas que debe de ser discreto.
CAMILA Discreto, nunca; socarrón y profundo en malicias siempre.
FLORA Al fin él concede con la cabeza todo cuanto se le dice; pues si con ella concede, no tiene más que conceder.
CAMILA Hale puesto en cuidado el habérsenos pasado cerca un Portugués rico, y siente que, teniendo fama de miserable, intente ser mi galán.
FLORA Pues mirad, amiga, en eso alguna razón tiene.
CAMILA Pues, señora, ríñalo con él y no conmigo, que yo no puedo quitarle a nadie sus intentos.
FLORA No; pero podréis estorbarle que no pasen adelante, y eso querrá vuestro marido.
CAMILA En la opinión que él y yo estamos no puedo, porque cualquiera quiere atreverse a lo que sabe que otro se atrevió.
FLORA Decís verdad, que de las cosas que están en tienda agravio se hace en negarlas a unos cuando se dan otros.
CAMILA Por esto es la mayor de las desdichas caberle a una mujer en suerte un marido necio.
FLORA Amiga: la desdicha está en no poder vivir nosotras sin marido, porque como entre los hombres el mayor número es el de los necios, pocas veces se encuentra con los discre-

---

[25] **A costa ajena**: *at someone else's expense*

	tos, y tan pocas, que éstos dicen que son los que no se casan, y que si lo hacen, luego quedan necios, de modo que es fuerza que seamos súbditas de la necedad.
CAMILA	La sujeción, sea el superior quien se fuere, es la mayor de las desdichas, pues cuando acierta a ser necio, ¿qué tormento podrá compararse con ella?
FLORA	Ninguno.
CAMILA	Pues, según esa razón, mi desdicha de consuelo carece.
FLORA	Antes vos carecéis de semejante desdicha, y viene a sobraros el consuelo, pues en vuestra casa vuestro marido es el súbdito y vos el superior; en vuestra casa título tiene sólo de marido, y bien sabéis vos que para casaros con él le examinásteis con más rigor que Marcela a Estacio;[26] de modo que con justa causa entra en el número de los maridos examinados. ¿Quedó ahora en casa?
CAMILA	Y durmiendo.
FLORA	Cierto que tenéis talle de decir mal de los muertos, pues lo hacéis de los dormidos, que son su verdadera imagen.
CAMILA	Según esa regla nunca tuviera libertad de poder murmurar de él, porque nunca le veo tan despierto que, a mi parecer, deje de estar algo dormido.
FLORA	Eso es lo que más le abona.
CAMILA	También fuera yo de esa misma opinión si no estuviera dormido y despierto, usando de lo que él quiere y para lo que él quiere.
FLORA	Con todo eso, no le trocaríades por otro.
CAMILA	Soy enemiga de hacer cambalaches,[27] porque siempre hay grande engaño en ellos, y no querría engañarme en cosa que tanto importa.
FLORA	Tanto os pueden dar de más a más por vuestro marido, que os esté bien el tocarle.
CAMILA	No, amiga, que para precio de un buen marido ningún

---

[26] This is a reference to another of Salas Barbadillo's picaresque texts, *El sagaz Estacio, marido examinado* (1620).

[27] **Hacer cambalaches**: *to trade things of little value* (MOL)

dinero es suficiente; así lo sintió aquel poeta que dijo:

A un honrado marido que callar sabe
no hay tesoro en las Indias para pagarle.

FLORA El que yo pretendo para mí de las Indias viene.
CAMILA Pues si él es como ha de ser, mayor tesoro traerá en su condición que en su riqueza.
FLORA Hanme dicho que llegó ya de Sevilla un criado suyo llamado Molina, que él me alababa mucho por persona de excelente humor, y no puede dejar de serlo hombre que le ha cobrado toda su hacienda y ha puesto en Madrid, parte en barras de plata y oro y parte en letras, ciento y veinte mil pesos; ofrecióme que en llegando me le enviaría para que me entretuviese con su conversación, y confieso que ya deseo comunicarle por lo mucho bueno que han comunicado sus manos, que es fuerza que sea bien entendido un hombre de tanta cuenta y que con tanta gente armada se ha sabido entender, si no es que ya don Teodoro, después que se halla tan rico, sienta en los ardores de su amor templanza, y vuelva sus humildades en desprecios.
CAMILA Tal no creo, sino que un hombre recién venido llega cansado, y más cuando al cansancio se le aumentó el guardar hacienda ajena, que este es el mayor de todos, y mucho más grave mientras un hombre más honrado y mira por las cosas de su dueño como por las propias; yo vi tan ciego a Teodoro, que juzgo imposible el temor de tu pensamiento, aunque no le culpo, que siempre tuve el recelar los daños por acción cuerda.
MOLINA Dios sea en esta casa.
FLORA ¿Quién es quien viene?
MOLINA Un criado de don Teodoro mi señor, y de vuestra merced en ser suyo. Molina soy, bellísima señora. Yo soy aquel siervo tan celebrado de su dueño; yo soy aquel que desde Sevilla

a Madrid ha venido embarrado,[28] y no sucio, porque en vez de barras de lodo traje barras de oro;[29] demás de que cuando trajera barras de lodo, me los limpiaran las barras de oro, que quien tiene virtud de sacar la mancha de un linaje, mejor la quitará de un vestido;[30] yo soy aquel navegante de la mar y de la tierra: navegante de la tierra digo, porque en ella no he padecido pocas tempestades en defensa de tan hermosa doncella como es la hacienda de mi amo: dije doncella, porque la hacienda de un miserable siempre se está virgen;[31] yo soy también el que vino desde Guadalquivir a Manzanares con el alma de papel librada en cuatro libranzas, y tan clara que la pudiera deletrear un niño, porque la traje toda en letras;[32] yo soy aquel que desde aquí ha de pasar a Segovia, no a enlutarse con sus bayetas, ni a refinarse como los paños,[33] sino a armar con la señal de la cruz todo este oro y plata que he traído, para que así se defienda mejor de tantos enemigos; yo soy el oriplateado y el platidorado, porque todo lo que duró la jornada dormía entre barras de los dos metales;[34] aunque no dormía, porque

---

[28] **Embarrado**: *rich*

[29] **En vez de... traje barras de oro**: play on the double meaning of **barra**, signifying both *mud* (**barras de lodo**) and *bars of gold* (**barras de oro**).

[30] **Que quién tiene virtud... un vestido**: *it's easier to clean a stain off of clothes than it is to clear a family name*

[31] **La hacienda de un miserable...**: *the fortune of a miser is always untouched*. Molina plays with the image of Teodoro's fortune being a virgin.

[32] **Letras**: Molina plays on the double meaning of **letras** signifying both *letters of the alphabet* (*so clear that a young boy could write it*), and a *bill of exchange* (**letra de cambio**).

[33] **Yo soy aquel... mejor de tantos amigos**: *I am the one who will go to Segovia* (an important 17*th* century center for textiles and other materials), *not to wear mourning clothes, nor to be refined like* **paños** (*the material the mourning adornments* [**bayetas**] *were made of*)

[34] **Yo soy el... de los dos metales**: a witty comparison of the *silver* and *gold* (**dos metales**) he brings and the fact that he slept between *two metal bars* while in prison (**dormía entre barras de los dos metales**).

	siempre quitan el sueño a sus mayores amigos; congojábame mucho el verme entre ellos sepultado, y entonces conocí que, en siendo sepulcro, tan penoso es el de plata y oro como el de barro; mas viendo a vuestra merced con ese cabello tan lucido, confesaré de aquí adelante que respecto de él es metal vilísimo el oro que yo he traído entre manos, y así ese como es tan noble, no sólo deja traerse entre manos, pero ni aun entre ojos, porque con sus rayos los ciega, con su fuego los abrasa, y se ha de tener por premio que se digne de cegarlos.
FLORA	El señor Molina sea bien venido, que aunque es tan grande hablador como el camino que de las Indias a España ha traído, me alegro mucho de conocerle y de oírle.
CAMILA	Por lo menos, aunque su merced no nos lo hubiera dicho, en su largo hablar se conocía que venía de tierra donde se crían los papagayos.[35]
MOLINA	Y aún deseo volverme a ella.
FLORA	¿Por qué tan presto?
MOLINA	Porque he hallado este lugar lleno de muchos hombres cansados, y en dos días que ha que vine y visité esa que llaman calle Mayor, que yo la intitulo estanque de coches y ciudad con casas de madera (porque esto parecen en ella los coches parados y detenidos)[36] he visto infinito número de cansados.[37]
FLORA	¿Qué género de hombres halla vuestra merced merecedores de ese título?
MOLINA	Muchos: irélos nombrando, guardándoles su anterioridad conforme a sus méritos. Cansados, y aun cansadísimos, son

---

[35] **Donde se crían los papagayos**: *where the parrots dwell*. This is an allusion to Molina being a chatterbox and to the New World.

[36] **Estanque de coches**…: a reference to the many carriages in Madrid that were used as mobile sites for prostitution. For this reason, Madrid's central street, **la calle mayor**, has become a *pool of carriages* (**estanque de coches**) and a *city with wooden homes* (**ciudad con casas de madera**).

[37] **Cansados**: types of people he is *tired of*.

unos hombres cuya calidad, cuyo ingenio se funda en la gala de los vestidos, preciándose como pájaros del ornamento de sus plumas;[38] éstos, que son muy bien entendidos en el lenguaje de los sastres y mercaderes, porque hablan siempre en la propiedad de sus términos, ociosos, sirven de dar al pueblo ocupación con su ocio, porque, paseando continuamente sus calles, le embarazan por no tener otro oficio; tropezamos con ellos siempre, y yo dejo con esto probado mi intento, pues viene a ser cansancio de los pies y de la vista.

CAMILA   Otra cosa tienen más de cansados, y es lo que presumen de nosotras, en daño nuestro y en favor suyo, cuando entienden que no miramos por ellos.

FLORA   Basta ya de éstos; prosiga vuestra merced con su cansancio.

MOLINA   Cansados son, y muy cansados, unos mozuelos oficiales de la pluma,[39] sobre cuyo fundamento aspiran a novia noble y hermosa y a dote rico y seguro; afectados y desdeñosos, todo lo presumen y todo lo ignoran, creyendo que todas las facultades se reducen al conocimiento y formación de cuatro números de guarismo,[40] y viviendo siempre entre cuentas vienen a perder la razón y se quedan brutos; pero, al fin, como tienen pluma vuelvan, que también son animales los del viento como los de la tierra; pero, en virtud de las plumas, se adelantan aquellos a estotros y gozan de lugar superior. Mas si me oyera ahora mi dueño tuviérame por más cansado que a todos éstos, pues no cumplo con la comisión que él me dio, y vendría a quedar en su opinión por mal ministro de embajadas.

FLORA   Pues ¿qué es lo que quiere?

MOLINA   Una empresa grande: comunicarse con las estrellas y beber su luz.

---

[38] **Son unos hombres... ornamento de sus plumas**: *elegant or presumptuous men who only know how to dress well*

[39] **Mozuelos oficiales de la pluma...**: *men who take advantage of their intellect*

[40] **Números de guarismo**: *numerals*

FLORA	Debe de estar loco.
MOLINA	No; sino muy cuerdo.
FLORA	Pues, ¿cómo es eso posible?
MOLINA	Celebrando bodas con vuestra merced, sino es que por este camino venga a ser más imposible; porque si vuestra merced conoce de sí, como las demás, que nadie la merece, perdemos el tiempo, y con él los ruegos y los pasos.
FLORA	No soy vana ni presumida.
MOLINA	La justa estimación no se llama vanidad.
FLORA	Señor Molina: en llegando a hablar de mi persona no consiento burlas.
MOLINA	Vuestra merced es quien hace burlas nuestras veras; mi dueño se ha sacrificado todo a vuestra merced y pone a sus pies los ricos despojos que trae de las Indias. Parécele que si vuestra merced es Sol, no es mucho que la rinda en el oro el mismo metal que engendra; y sin duda que es Sol, porque a mí de mirarla me duele mucho la cabeza.
CAMILA	Señor Molina: mire vuestra merced que también suele doler de hablar mucho, y ha dado vuestra merced causa bastante para semejante achaque.
MOLINA	Si de eso doliera ya no tuviera yo, ni los que conmigo habitan, salud en este miembro, Rey de los demás.
CAMILA	¡Qué magnífica elocuencia es la de vuestra merced! Con todo cumple; nada se deja por decir.
MOLINA	Ya, señora, yo estoy viejo, y no hablo como solía en los verdores lozanos de mi mocedad, entonces era tanto lo que yo hablaba, que las picazas, papagayos y catalinillas,[41] tordos y demás sabandijas locuaces podían reverenciarme por el ídolo de la verbosidad;[42] verdad es que desto se les seguía un notable daño, porque donde yo estaba callaban, y así fui a un tiempo el rey de los habladores y el autor de

---

[41] **Catalinillas**: derived from **catalnica**, "La hembra del papagayo pequeño" (DA).

[42] **Las picazas... ídolo de la verbosidad**: *crows, parrots, songbirds, and other talkative creatures revered me as the idol of verbosity*

	los mudos, supuesto que todos de oírme enmudecían. Pero, señora: volviendo a mi embajada, pido resolución.
CAMILA	Amiga: es justo, despáchale y muy bien al señor Molina.
FLORA	El despacho es que dé muchas gracias a mi primo por la merced que desea hacerme y buenas esperanzas, asegurándole resolución breve y gustosa.
MOLINA	Nunca fue mala en siendo breve; pero de vuestra merced no me aseguro.
FLORA	Doña Camila me fía.
CAMILA	Yo la abono.
MOLINA	¡Cómo! ¡Vuestra merced es mi señora doña Camila, ruiseñor con alma racional y jilguero con ropa y basquiña?[43] Por Dios que no pienso desabrigar esta silla hasta que vuestra merced me azucare y almibare los oídos con su dulcísima voz;[44] y por que vuestra merced no tenga vergüenza, para que la pierda, cantaré yo primero, que vuestra merced, por no oír la mía, tendrá por partido aventajado rendirse a mis ruegos.
CAMILA	Yo, señor, no sé cantar.
MOLINA	No me replique, y advierta que hemos mandado, que se cuenten las melindrosas entre las necias.
CAMILA	Pues también las grandes músicas entran en este número, y así por entrambas partes me toca el título.
MOLINA	Ea, venga el instrumento, que quiero desafiar a vuestra merced.
CAMILA	Yo me doy por vencida.
FLORA	Esa es vileza; por mi vida que han de cantar entrambos, que yo me ofrezco a ser desapasionado juez.
CAMILA	El juramento de esa vida obliga a mayores demostraciones.
MOLINA	Yo empiezo, y antes de poner mano a las armas estoy rendido; digo pues:

[43] **Ruiseñor con alma...**: *nightingale with a rational heart and goldfinch with women's clothing*

[44] **Hasta que me azucare y almibare los oídos**: *until you sweeten and honey my ears with your sweet voice*

Aquel Dios ciego y malsín
preciado de ballestero,
causa de muchos achaques
y achaque de muchos necios.
Aquel hijo tan desnudo
de la estrella doña Venus,
que, aun estrella, es tan salida,
que es la que sale primero,
dio un flechazo a don Apolo,
dios tan prudente y tan cuerdo
que de cochero se sirve
por no sufrir a un cochero.
Porque, si aun siendo tan viles,
son los cocheros soberbios,
¿qué hicieran si ellos pensaran
que había un cochero en el cielo?
A la rubia caballera
no tuvo el rapaz respeto,
que no habiendo entonces tantas
fue notable atrevimiento.
Mal ferido el dios luciente
no hizo llamar a los médicos,
que él sabe que saben poco
como el que fue su maestro.
Suspiros de fuego arroja,
y no es encarecimiento,
que antes lo fuera mayor
si los vertiera de hielo.
Suspira por doña Dafnes,
doncellona de aquel tiempo,
muy preciada de ser virgen:
que estaba el mundo muy necio.
Requebrarla quiso Apolo,
y comparóla a sí mesmo,
porque la llamó su sol,
que aunque es común, es requiebro.

Y no volviéndose atrás
en sus encarecimientos,
sus ojos la llama a voces
el que es los ojos del cielo.
De noche ronde su calle
disfrazado y encubierto,
que él da lugar a la noche
por que le hallen sus deseos.
Excúsase con ser virgen,
y Apolo dice risueño
que él es quien todos los años
se está en Virgo un mes entero.
La virgenota rebelde
le mira con grande ceño,
que, como es hija de río,
es fría con mucho extremo.
La cortesía le niega,
del desén pasó al desprecio,
que el pagar la cortesía
no es favor, ni puede serlo.
Apolo siente el mal trato,
mas, negando el sentimiento,
mesurado y boquirrubio
se lamentó a lo discreto.
De las estrellas se queja,
y andaba muy majadero,
si él las da ración de luz,
en no vengarse pudiendo.
¡Qué poco se parecía
a los señores que hoy vemos,
que aun a quien más bien los sirve
pagan la ración a trechos!
¡Qué desdichado fue Apolo
en no amar en estos tiempos:
bajara en su coche al Prado,

y en fe dél le hablaran luego.⁴⁵
Determinóse a forzarla,
y ella, que entendió el intento,
corrió más que él que en un día
da una vuelta al mundo entero.
Vásele por pies la moza,
y aunque él la sigue en el viento,
la halla en árbol convertida
dando más leña a su fuego.
Abraza sin alma un tronco,
y yo no me admiro desto,
que las damas que hoy se abrazan
aún lo sienten mucho menos.
En laurel se vuelve, un árbol
de más pompa que provecho,
alcázar de ruiseñores
truhanes de los desiertos.
Para coronar poetas
señala sus ramas Febo,
que aun de árbol que no da fruto
se coronan los ingenios.
No es mucho los desvanezca
estando en sus sienes puesto
un árbol que sólo sirve
de ser lisonja a los vientos.
Volvióse Apolo a su casa
admirado del suceso,
y puso cortinas negras
a su coche el dios flamenco.
Todos disculpan a Dafnes
con su propio nacimiento,
que si fue su padre un río,

---

⁴⁵ **Qué desdichado... al Prado**: Molina inserts a contemporary and satirical reference to Madrid's Prado as a marketplace for all kinds of business including prostitution. See Act II, *pg. 187.*.

	será un peñasco su abuelo. Refiere Ovidio esta historia, aquel narigudo ingenio que, siendo en sangre latino tuvo nariz en hebreo.
Flora	¿Habéis visto con cuán buena gracia lo ha cantado, siendo también ello mismo en sí muy gracioso? La destreza no admira, pero el donaire cierto que entretiene y agrada; y los bríos de doña Dafnes me contentan mucho; porque, aunque su fin no fue muy para envidiar, por lo menos hoy se viene a ver sobre las cabezas de los hombres más famosos del mundo, como son los poetas y los soldados, gente que toda sabe dar heridas, siendo más peligrosas las de la pluma que las de la espada.
Camila	Ahora, señora mía, digámoslo todo: don Apolillo anduvo lerdo. ¿Es posible que no había en aquel tiempo como en éste quien llevase mensajes de amor,[46] pues siendo este Dios tan gran músico, que toda la vida anda cargado de instrumentos, no sabe que ninguno suena bien sin tercera?
Flora	Estaba el mundo como dice el romance, y nosotras habemos referido muchas veces, muy diferente; no había Prado como ahora donde, enlutándose el cielo, se desenlutan mil corazones. Aquella traslación que se hace de cuerpos vivos de unos coches a otros no estaba tan recibida en uso; ahora los mismos coches son lechos portátiles. ¿Qué no encubren? ¿qué no saben? Pues aquello de hacerse estanques de la calle Mayor, cuya agua detenida tal vez suele oler mal, porque la acontece llevar muchas inmundicias, tampoco se practicaba, pues, si a Apolo le faltaron semejantes medios, ¿qué mucho que no lograse sus fines?
Molina	Paréceme a mí que la doña Dafnes debía de ser una doncellona muy terca, y aun inhábil para el servicio de la naturaleza, y su fin nos lo muestra, pues quiso más volverse en un

---

[46] **No había en aquel tiempo...**: Camila alludes to the common use of a go-between who would have pleaded Apollo's cause to Daphne.

	leño que aumentar hombres al mundo; pero ¿sabe que me admira que siendo tan antigua se usasen ya entonces los dones, que yo los tenía por más modernos?
CAMILA	Los dones muy antiguos son en el mundo en la gente ilustre; lo que hay en esto moderno es habérseles atrevido la gente baja;[47] y es que, como por el ponérselos no se paga tributo a Su Majestad, y cada uno presume de sí que es tan bueno como el que mejor, todos se hacen con estos dones donados de la nobleza; yo conocí un hidalgo tan apasionado de los dones, que los duplicaba, porque, llamándose Juan Jerónimo, firmaba don Juan Jerónimo don, y lo mismo hacía con los apellidos, de modo que, siendo con esto muy miserable, tenía en sus nombres lo que no en sus manos.
MOLINA	Verdaderamente que yo ya dispensaría con que se los pusiesen todos en común, como cayesen sobre nombres que tuviesen blanda y acomodada disposición para recibirlo, como es decir don Sancho, don Lope, don Rodrigo, don Fadrique, don Alvaro y otros infinitos que tienen sonora cadencia con el don; pero ¿quién no extraña en sus oídos oír don Lázaro, don Gil, don Lucas, don Alberto, don Atanasio, don Leandro?[48]
FLORA	Sabe vuestra merced que me parece a mí que fuera bueno que hubiera un juez ante quien se pidiera licencia para poner el don, y se diera la razón y causa que había de servirle de fundamento, como si dijésemos, el caballero alegase que tenía concedido de la fortuna don de nobleza, y a este título era muy justo que se le concediese. Al buen poeta por el don que le concedió la naturaleza en serlo, y al perfecto músico por la misma razón, discurriéndose en este modo en todos los que tuviesen gracias ilustres y particulares; esto me parecía a mí muy puesto en razón, y no que estén los dones en el mundo como bienes de mostrenco,[49]

---

[47] The misuse of the title **don** is a favorite topic of satirists of the 17th century.
[48] **Don Lázaro, don Gil...**: a list of surnames that are distinctly of low-birth.
[49] **Y no que... mostrenco**: Flora maintains that the title **don** is not *ownerless*

	que los puede tomar cada uno como y cuando quisiere, sin que nadie se lo impida.
CAMILA	No me agrada, reina; porque en señalándoles juez era poner en juicio una cosa que sola la estima quien está fuera de él. ¿Los dones habían de andar subiendo y bajando tribunales, y escritos en demandas y repuestas? No, señora; no, amiga; que no son merecedores de tanta estimación.
MOLINA	Señoras mías: ¿no saben que me parece que interponiendo estas pláticas tratan de estafarme lo que canté, supuesto que se divierten y no me pagan con la debida retribución?
CAMILA	Por mi vida que se engaña, porque canto yo mucho mejor que su merced. Ahora venga el instrumento, que quiero castigarle los bríos y darle a entender que es necio el que presume de sí tanto, lleno de fantástica confianza; digo pues:

El fugitivo Troyano,
hijo de la gran ramera,
la primera que en el mundo
contrató con la belleza;
la que hizo juros los rostros,
y que una tez blanca y tersa
se vendiese, si no a varas,
a buen ojo, en mala venta;
Eneas, digo, el buen hijo
que tomó a su padre a cuestas
agradecido a los dioses
de ver a su mujer muerta,
libró a su padre del fuego,
y si él se lo pidiera,
se le volviera a entregar,
porque a su mujer le quema.
Con su hijo el caro Ascanio
a los vientos se encomienda,

---

property (**bienes de mostrenco**) and should not be free for the taking.

acción bien desesperada,
pues que a tal gente se entrega.
Embárcase en una flota,
no como las que hoy navegan,
de quien al fin son piratas
las cortesanas sirenas,
pues las nobles barras de oro
de que el Potosí se empreña,
y ellas traen con tal peligro,
gozan seguras y quietas.
Al fin, después de embarcado,
tuvieron una pendencia
los vientos espadachines,
duendes del agua y la tierra.
El vino que el tabernero
tiene guardado en sus cuevas
nunca murió más aguado
que él allí morir espera.
Socorrióle al fin su madre,
a quien el mar reverencia
por ser hija de su espuma,
con que viene a ser su nieta.
Llegó a Cartago, ciudad
que en los pañales se muestra
niña, que verse gigante
espera entre las estrellas.
Llena de cal y de yeso,
toda es polvo y toda es piedra;
polvo que le mata el vino
en los peones que reman.
Reman dije, porque tanto
trabajan sus flacas fuerzas,
que en lo que allí se ejercitan
son unas nobles galeras.
Hace Dido que la obra
camine con mucha priesa,

porque siempre las mujeres
apresuran lo que intentan.
Eneas, puesto a sus pies,
que es grande gitano Eneas,
entre pullas y lisonjas
la dijo desta manera:
«Ampara, Reina, a un troyano
que tiene tan mala estrella
que el fuego le echó en el agua
y el agua le echó en la tierra.
Ningún elemento quiere
darle en sí casa perpetua,
pues cual si fuera pelota
con él se burlan y juegan.»
Casa de posadas pide
a la castísima Reina,
con que la vino a tratar
peor que a una mesonera.
Mas ella, que era bonaza,
agradecida y risueña
agrados mostró en los ojos
y en la boca mintió perlas;
que, como mienten las damas
toda la vida con ella,
aun los dientes, que son hueso,
quieren que perlas parezcan.
No tienen ellas la culpa,
sino la mala conciencia
de lisonjeros amantes
y desalmados poetas.
Al fin la Reina le dice:
«Esta ciudad será vuestra,
tendréis mi mesa y mi casa;»
mucho dijo, y más le queda.
El la refirió su historia
con sus fábulas en ella,

que así las refieren todos
los que autorizarse intentan.
Fuéronse una tarde a caza,
y entrándose en una cueva,
haciendo tálamo el suelo
celebran bodas violentas.
Ceñudo estuvo Himeneo
con la cara rostrituerta,
y el no bailar en la boda
fue presagio de tragedia.
Echando culpa a los hados,
gente de quien no se apela,
el Troyano al mar se vuelve,
que le excede en la fiereza.
Cuando Dido supo el caso
llora y suspira, que intenta
crecer con su llanto el mar
y dar al viento más fuerza.
Dio gritos desesperados
y matóse con violencia;
lo que habló fue como loca,
lo que obró fue como necia.
A fe que no se matara
a tener por consejera
una dueña de este siglo,
que repiten para eternas.[50]
Los suyos la levantaron
un gran sepulcro de piedra,
que, como andaba la obra,
hubo bastante materia.
No la ponen epitafio,
porque es grande impertinencia
hablar con los pasajeros,

---

[50] Again, Camila comments on the contemporary use of the *go-between* (**consejera**).

que es gente que va de priesa.

MOLINA Confiésole a vuestra merced que el romance es de muy buen gusto, y que haberla oído me le ha puesto a mí mucho mayor; canta vuestra merced con excelente aire; verdad es que esto no se les debe agradecer a las mujeres, porque son siempre bien servidas deste elemento; si le tienen en la cabeza no es mucho que se les baje a la garganta, pues el camino es breve, aunque como el viento es desvanecido todo lo que fuere bajar lo hará de mala gana, no obstante que yo veo que vuestras mercedes le tienen hasta en los pies, pues cuando andan van por ese lugar con tanta ligereza; de modo que justísimamente se podrá decir por sus personas que son unas bellísimas ventosas desde los pies hasta la cabeza.[51]

CAMILA Notable modo de celebrarme lo que he cantado; estas llámense injurias que no alabanzas.

MOLINA Tiene vuestra merced maravillosa garganta y excelentísimo quiebro de voz, plega a Dios que no sea lo mismo en la voluntad, que sucede en las mujeres cada día. Pues si hablo del instrumento, vuestra merced le toca de modo que, como dicen, le hace hablar; siendo él tan poco vengativo, que a las heridas que vuestra merced le da con esas manos, responde con acentos sonoros; pero ¡qué mucho, si están sus mayores regalos en las mismas! ¡Oh cielos! ¡Qué miro! ¡Qué veo! El instrumento es marfil; las cuerdas son plata, y las manos cristal; quien tal escucha, para no rendirse había de ser piedra.[52]

FLORA Maravilloso humor es el deste hombre, doña Camila. Digo

---

[51] Molina compares Camila to the wind and generalizes that women talk too much. Excessive talking causes them to become flighty, whimsical, and promiscuous (**van por ese lugar con tanta ligereza**).

[52] After having insulted Camila, Molina uses excessive flattery and poetic clichés to compare Camila to an instrument: [*she is*] *an instrument made of ivory, with vocal chords of gold, and hands of crystal*. His lack of sincerity adds to the insult.

	que los encarecimientos con que me le pintó su amo no lo fueron, sino justísimos aprecios.
MOLINA	Pues la elección del romance historial del troyano Eneas, por competir con el que yo canté de Apolo y Dafnes, arguye ingenio: que no lo es pequeño saberse acomodar al auditorio mostrando juntamente valor en querer competir con armas iguales. Estaba considerando yo qué bien pareciera vuestra merced si en uno de los teatros públicos cómicos bajara rompiendo los aires en una nube, y haciéndolos magníficos con su voz.
CAMILA	Al fin he de ser yo el blanco, mude vuestra merced plática, o váyase, que le debe de estar aguardando su amo cuidadoso de la resolución desta embajada, y es bien despenarle, pues ha sido tan buena la repuesta.
MOLINA	Nunca yo vendí mis pasos tan baratos; tenga paciencia, que otras veces me ha esperado de más largas jornadas, aunque nunca con tan grandes intereses, porque toda su hacienda no vale tanto como esta buena nueva que yo le llevo. ¿En cuánto le parece a vuestra merced que le estafe?
FLORA	Pues, ¿conmigo lo consulta?
MOLINA	No, sino con mi señora doña Camila; aunque también puedo con vuestra merced, porque este oficio, en siendo mujeres, todas le saben; pero no me digan nada, que yo soy tan hábil que no he menester maestro.
FLORA	¿Cuándo volveremos a vernos?
MOLINA	Mañana, y muy temprano, confiado de que en esta casa, como está en ella siempre el sol, no puede amanecer tarde.
FLORA	¿Qué os parece deste negocio?
CAMILA	Que camina bien, y aún yo tengo de hacerle que camine más aprisa, porque todas las bodas donde hay engaño se han de hacer con mucha prisa, por que no tenga lugar de abrir los ojos el que va ciego.
FLORA	Bien decís; pero primero que os veáis con don Teodoro quiero que hablemos de nosotras, porque he consultado sobre cierto punto a un letrado, y hasta saber su resolución las diligencias que sobre esto se hacen son inútiles y aun

	sobradas.
CAMILA	El negocio es vuestro, y mi voluntad tan vuestra como el negocio; de él y della podréis disponer como a vos mejor os pareciere.

Vanse. Sale don Teodoro solo

TEODORO	¡Oh Amor, Dios vanísimo y aleve! Dame licencia para que publique tus afrentas; pues me has hecho tantas injurias, rey por tiranía que avasallas las almas cuya naturaleza divina las hizo libres, pregunto: ¿qué has querido de mí que yo no haya hecho? Pues si me debes esta obediencia, ¿por qué no me pagas con alguna liberalidad? Aunque con menos me contentara yo, con que no me dieras competido, a quien viera mejorado en favorable fortuna; siempre he de ser yo el blanco de tus desprecios, haciéndome con unas mismas facciones la guerra, aunque en diferente sujeto. No me espanto de que antes que pasase a Indias siendo pobre me despreciase aquella gitanilla humilde, en la sangre digo, que en la belleza tan ilustre oriente tuvo como el sol. Pero ahora que vuelvo de las Indias rico, armado de oro y diamantes, mucho siento que me quites de las manos los triunfos para darlos a quien, no siendo mejor que yo en calidad ni en partes personales, me viene a estar muy inferior en hacienda, sería buen consejo sacarle al campo y pedirle que desista de la empresa, haciendo que consigan las armas lo que no pudieron los ruegos. No será demasía que yo mate con la espada a quien más riguroso me quita con sus celos la vida. ¿Merece que yo haga esta ejecución por mis manos? No, sino con las ajenas, que bien puedo matar a traición a quien con ella me mata, que la muerte de los celos alevosa es, y por tal contarse tiene. La muerte que se da con veneno ¿no se refiere entre las más impías traiciones? Pues los celos, ¿qué son sino veneno, y el de mayor ponzoña y rabia? Ya tengo prevenidos los ministros para la ejecución, que en este lugar de todo hay oficiales, y los de la muerte no son los

	menos primos, porque se ejercitan mucho y no con poco provecho; ya les he dado un poco de dinero a cuenta y espero a que vengan a recibir el orden.
Cespedosa	¡Ah, sor compadre! Mande voacé[53] que abran.[54]
Calvete	Y sea luego, sor compadre.[55]
Teodoro	Ellos son. Entren vuesarcedes, señores hidalgos.
Cespedosa	Hidalgos dijo voacé, y ¡por Cristo! que tiene razón, porque no hay gran señor de España de todos los que beben agua que tengan tan buena sangre como yo, porque la mía es toda de vino de lo caro.
Teodoro	¿Y ya esta mañana habrán hecho vuesarcedes la razón?
Cespedosa	Luego que amanece yo y el sor mi compadre procuramos ponernos en ella, para estar deste modo todo el día con buena cuenta y razón.
Teodoro	¿Beberían vuesarcedes otra vez?
Cespedosa	Por la buena cortesía, y aun otras dos veces; que somos muy cortesanos, aunque nos ve voacé en este hábito grosero.
Calvete	Ahora no se hable más en vino, sino agüemos la conversación tratando de enviar a beber a aquel pobrete el agua bendita de la pila de su parroquia.
Cespedosa	Ahora, señor: también es eso cosa muy fuerte, no vendré en ello; ¿no basta matarle sino enviarle a beber agua? Yo firmaré de mi nombre que por ninguno de cuantos delitos se cometen en este mundo merece un cristiano tan impío castigo.
Calvete	Pues qué, ¿quiere voacé que muera a secas?
Cespedosa	No, sino bañado en su sangre, que por lo que se parece al vino clarete[56] me alegro de verla.

[53] **Voacé: vuestra merced.** A common variation in **germanía**, the language of the rogues.

[54] **Cespedosa**: a name given to one of the two thugs hired by Teodoro to kill Federico. The name alludes to a type of a country bumpkin, who comes from an uncultivated land (Crosby 313).

[55] **Calvete**: the name of the other thug Teodoro hires. **Calvete** is a derogatory name that alludes to his baldness (Crosby 284).

[56] **Vino clarete**: *light red wine*

CALVETE   A mí por lo que se le parece me pesa de que se derrame.
CESPEDOSA   Vamos al caso: ¿Cómo quiere voacé que muera este su competidor? ¿A qué hora? ¿De cuántas heridas y con qué instrumento?
TEODORO   En las heridas no pongo número; los instrumentos y la hora tampoco lo señalo; el modo de la muerte quiero que sea con extremo rabioso.
CESPEDOSA   Ya yo le entiendo a voacé; matarémosle a talegazos de arena,[57] y después de haberle bien molido, porque no quede en duda el hecho, le daré dos mohadas,[58] con que será imposible, que, si Dios no hace milagro, vuelva a la comunicación de los vivos.
CALVETE   Pues esta noche no habrá más cierto correo para el otro mundo; y más que hago pleito homenaje de no darle ninguna herida en los pies, porque no vaya cojo[59] en un camino que es tan largo.
CESPEDOSA   Paso, paso; ya esta muerte corre por cuenta mía y no por la de voacé; al punto le quiero volver de contado todo el dinero que me ha dado en señal.
TEODORO   Pues, ¿por qué?
CESPEDOSA   Porque tengo hecho voto de matar sin ningún interés, y sin hacer costas a la parte, a todos los hombres de semejantes señas, y no cumpliría yo con mi conciencia si por esto recibiese dineros. Mande voacé que se nos enseñe la casa, que presto la dejará y ocupará la sepultura.
TEODORO   Suspéndase por hoy, y volvámonos a ver mañana.
CESPEDOSA   ¿Cómo que se suspenda? Vive Dios que he de matar al primer hombre de melenas rubias[60] que encontrare.
TEODORO   Vuesarced lo hará mejor que lo dice.
CESPEDOSA   Y como que lo haré mejor que lo digo, porque aquí digo que le mataré, y allá le mataré con efecto.

---

[57] **Matarémosle a talegazos de arena**: *we will kill him by stoning him to death*
[58] **Le daré dos mohadas**: *I will stab him twice*
[59] **Porque no vaya cojo**: *so that he won't go crippled to his grave*
[60] **Melenas rubias**: *long blond hair*

TEODORO	¡Oh, amigo! ¡Oh Molina! Seas bien venido.
CALVETE	¿Es éste el que hemos de matar? ¡Muera!
TEODORO	Ténganse vuestras mercedes y váyanse con Dios, que yo les avisaré, como tengo dicho, para su tiempo.
CESPEDOSA	Compadre, vámonos; que esta muerte está muy fiambre.
CALVETE	La muerte siempre es plato fiambre.
CESPEDOSA	Sí; pero el darla a otro ha de ser por medio de la cólera caliente, y aun del vino, porque yo sin él no engendro cólera.
MOLINA	Señor: pues ¿qué pretende vuestra merced destos pícaros, que pensé que no se fueran de aquí sin ponernos en algún disgusto considerable?
TEODORO	Que maten a Federico; que me venguen de sus celos.
MOLINA	¿Estos se habían de atrever a desnudar la espada contra un hombre de bien y conocido? ¿Estos que pregonan vino y son todos vinagre?[61] Sepa vuestra merced que los tales, aunque traen los mostachos como olas en la tempestad, criminales y vueltos al cielo, amenazan con fuego, viniendo a ser todas sus hazañas humo, y el coronista[62] dellas el viento; y no de todas el viento, que tal vez los pregoneros públicos les sirven en este oficio; pero es en otro género de hazañas, como es mudar una casa sin voluntad de su dueño, y escalar una faldriquera sacando della una bolsa doncella recogida,[63] dando para este oficio fiadores muy abonados, como son sus espaldas y su garganta; pero la garganta es fiador que no puede pagar segunda vez.[64]
TEODORO	¿Qué tenemos de tu embajada?
MOLINA	Ella escuchó apacible y me respondió con el mismo agrado;

---

[61] **Pregonar vino y vender vinagre** is a common saying meaning, *they claim it is wine, but they sell vinegar.*

[62] **Coronista**: *cronista* or *chronicler.*

[63] **Una bolsa doncella recogida**: refers to a *wallet* or *purse.* The purse is intact, like a virgin.

[64] Molina alludes to the potential dangers of hiring these two **pícaros** to kill Federico; they are notorious criminals.

	paréceme que para ser esta la primera proposición, el negocio está en muy buenos términos, y que no puede dilatarse mucho tiempo su efecto.
TEODORO	Para mi ardiente deseo todo es mucho; ¡ay, amigo! yo me abraso, y con tanto extremo, que mi propia solicitud me imposibilita los remedios. ¿Cómo podré yo vivir con tanta dilación?
MOLINA	Pues ahora le damos principio.
TEODORO	Ahora llego yo a mi fin.
MOLINA	¡Oh común lenguaje de los amantes: con qué felicidad mueren y resucitan! Bien dicen que amor es niño, y se conoce bien en los mismos efectos de los que aman, pues por pequeños accidentes ya lloran, ya ríen.[65] Vuestra merced haga actos de hombre valeroso y gallardo, y no se deje con tanta facilidad sujetar desta pasión.
TEODORO	¿Pues de qué pasión se dejan sujetar los hombres valerosos y gallardos si no es desta?
MOLINA	Así en esta flaqueza como en otras no hemos de mirar a los ejemplos de los que se dejaron rendir, sino a los que vencieron; pues esto segundo viene a ser más útil para la comodidad y más honrado para la opinión.
TEODORO	En este negocio no te pido consejos, sino diligencia.
MOLINA	Yo la pondré bien grande, aunque no puedo dejar de darle a vuestra merced un consejo.
TEODORO	¿Cuál es?
MOLINA	Que no vuelvan más a esta casa aquellos pícaros que hacen oficio de ser valientes, pues sólo sirven de poner desautoridad en ella y en el dueño. Federico no sé yo que ofenda a vuestra merced en nada, pues iguales calidades tiene para lo que intenta menos el ser adinerado, que con esto le hemos de hacer nosotros la guerra, que el verdadero matarle será con las armas de los doblones;[66] demás de que

---

[65] Molina again makes fun of Teodoro's foolish and melodramatic language, which is typical of the courtly lover.

[66] **Armas de los doblones**: *Teodoro's fortune*

	cuando él hubiera hecho una grave ofensa a vuestra merced no habían de ser éstos los ejecutores de la venganza.
Teodoro	Viva porque tú lo quieres y porque es razón, que la ceguedad del amor me hace cometer desvaríos semejantes. Ahora, ¿qué debemos hacer nosotros para que esto tenga conclusión más breve?
Molina	Hablar a doña Camila, que al fin, como quien la asiste a su lado, la tiene ganada el alma por los oídos; y aun hacerla un regalo y darla una muy buena joya, que no hay tales memoriales ni que tanto les acuerden a las mujeres nuestras pretensiones como las joyas que las dimos, porque las traen siempre delante de los ojos.
Teodoro	La advertencia es muy buena; vamos luego, que quiero que la joya que se le diere sea elección de tu buen gusto, para que con esto salga la dádiva lucida.
Molina	Dádiva que ha de ser joya de diamantes en sí misma lleva el lucimiento.

Vanse. Sale Federico solo.

Federico	Oh noche, mientras más obscura más hermosa para los ojos de los amantes, que hallan padrino en tu silencio para sus amorosos hurtos; hoy, que es fuerza apartarme de los ojos de Flora, a quien he debido la voluntad que nunca podré pagarla, quiero llegar a despedirme de sus rejas cantando todo lo que a sus alabanzas debo. Sean estos últimos suspiros significación de mi agradecimiento, pues quiere amor que aquello que nunca amé cuando lo poseía lo adore cuando ya es forzoso perderlo. Pero antes que cante los versos que celebran sus perfecciones quiero despertarla con los primeros que me ocurrieren, para que éstos sirvan de dar a los otros la disposición necesaria:[67]

---

[67] Federico's love poems to Flora are conventional and typical of the courtly tradition in which the **dama** is idolized and praised for her beauty.

Viendo los años más bellos,
tan pocos que aun no son cinco,
y más que bellos y pocos
ingeniosos y entendidos,
contempla Albanio en la tierra
de los cielos un prodigio,
admiración de los hombres
en el sujeto de un niño.
Aunque su exterior belleza
trae desprecios de Narciso,
competencias para el Sol
y ornato para los ríos,
la pureza de su alma,
a quien no manchan los vicios,
más enamora ostentando
ingenio claro y festivo.
Nobilísimo en la sangre,
aunque esto es bien conocido,
presenta de su nobleza
su condición por testigo.
De sus padres vive ausente,
que apenas han merecido
el dulce nombre de padres,
pues se privan de tal hijo.
Negarse a un gozo tan alto
o es desdicha o es delito,
si ya no es entrambas cosas
siendo él della principio.
Albanio rompió el silencio,
y alegre y enternecido
de ver maravillas tantas,
esto sintió, y esto dijo:
Si te logras tantos años
como yo a los cielos pido,
felices prosperidades
a la patria pronóstico,

que si méritos se premian,
los tuyos han de ser dignos
de gobernar pueblos grandes
con virtud sin artificio.
Renacerá el siglo de oro
para ser eterno siglo,
y no como fue el pasado
mortal, breve y fugitivo.
Darán los arroyos plata,
arenas de oros los ríos,
donde hallará tu desprecio
más causas de ser lucido.
Capaz de todas las ciencias
serás, que en tu ingenio miro
pacíficas sus verdades,
sus errores desmentidos.
Tan osado te contemplo,
tan animoso y altivo,
que le deberás a Marte
darte excesos de sí mismo.
Trofeos tendrás copiosos
del gran planeta rendidos,
padre de tantos ingenios
bizarros y ostentativos.
Crece hasta que las estrellas,
que son del cielo presidio,
en tus plantas se coronen
dando más luz en tal sitio.

Ya en la ventana veo indicios de que me escuchan, y así quiero cantar las alabanzas de la que, siendo su dueño, también lo es mío:

Tus alabanzas ilustres
piden templado instrumento,

pincel feliz en colores
y alma de luz en los versos.
Esta empresa, que era grande
para la lira de Orfeo,
digna de voz más canora,
de mejor pluma sujeto,
asunto es de mi cuidado,
que no se atreve soberbio,
sino fiado en las alas
nobles que le da el intento.
Cualquiera cabello tuyo
es un sol, con que así vemos
más soles en tu cabeza
que hay estrellas en el cielo.
El es corona en tu frente,
que allí en lugar tan supremo
alumbra, por que veamos
tantos milagros y extremos,
cuya blancura apacible,
siendo a la nieve desprecio
y admiración a los ojos,
consigue dos vencimientos.
Cuanto es blanca, es bien formada,
que aquel divino Maestro
previno perfecta forma
para un color tan perfecto.
Aunque en lugar inferiores
se ven con lucido imperio
los ojos que, siendo rayos,
los buscamos para espejos;
prisiones dulces de amor
de tan superior efecto
que, cuando están más abiertas,
tienen más presos sus presos;
tan verdes, que lisonjean
a los humanos deseos,

juntando para más daño
lo tirano y lisonjero.
Las mejillas son Abriles,
en cuyos campos amenos
amor vence desafíos
niño y valiente guerrero.
Con veneración las mira
humilde, y reconociendo,
que debe al sitio sus glorias
más que no a sus brazos mesmos.
La nariz que las divide,
bien delineada, fue exceso
del pincel, tal que imitarla
no podrá en otro sujeto.
En cuyos labios y dientes
traslados del Alba vemos,
sin las pensiones del llanto,
porque siempre están risueños.
Mas nadie debe fiarse,
porque hace la risa en ellos
lo que en la Sirena el canto,
alevoso cuanto tierno.
La garganta, en cuyo hermoso
campo cristalino vemos
tanta vena azul, parece
cielo en parte, en parte celos.
El talle, proporcionado
y airoso, consentimiento
dio al pincel para imitarle
la proporción, no el despejo.
Lo demás que los vestidos
encubren, el pensamiento
aun no se atreve a pintarlo
por no encenderse en su fuego.
La elección de su buen gusto
en las galas con exceso

vence la pompa de Abril
en su fértil nacimiento.
Cuantos la ven tan curiosa,
alegres y satisfechos
confiesan que sobra el arte
en natural que es tan bello.
Su ingenio, que es superior,
con alentados esfuerzos
sabe premiar las verdades
despreciando engaños ciegos.
Con tan altas perfecciones
aprisiona entendimientos,
que quien las conoce más
es quien se defiende menos.
Manzanares, aunque humilde,
es el feliz tesorero
de estas riquezas, que al Tajo
dieran nombre más excelso.
Yo, pues, que las reconozco,
las admiro y las celebro,
dando a mi musa y al Sol,
a ella gloria, y a él tormento.

                Esta ventana han abierto, y parece que me llaman. ¡Oh mi señora! ¡Oh mi dueño!

FLORA   ¡Oh amigo, oh Federico! Entra, que aunque te agradezco la música, la nota que has dado con ella te reprendo. Otra vez no despiertes a los vecinos cantando, porque en vez de estimárselo a la causa por quien se canta, se lo murmuran; y gozándolo ellos como entretenimiento, quieren que en ella haya sido liviandad.

FEDERICO   Al fin, señora, con brevedad, desde anteanoche que fue la última vez que nos vimos, me ha sucedido una desgracia que, sobre la del no verte, viene a ser incapaz de consuelo, porque me priva deste bien por muchos días, y podría ser que años. En compañía de cierto poderoso, yo y los amigos

	que sabes suelen acompañarme, matamos a un hombre; cayó en manos de la justicia uno de los de nuestra cuadrilla, de quien se puede fiar menos que de los demás; está condenado a tormento, y dice que se le dan mañana en la noche, y antes que él cante en nuestro daño he querido cantar a tu puerta en tu servicio, y despedirme deste modo para engañar al dolor antes que engendre copiosas lágrimas, porque si se lloran las que se deben, copiosas han de ser, y muy copiosas.
FLORA	¿No entrarás a despedirte de más cerca?
FEDERICO	No; que he sentido gente en la calle, y si acaso me buscan a mí, no quiero que me cojan entre puertas. Adiós, señora; adiós, mi dueño.
FLORA	Él se fue, y yo quedo más admirada que triste, porque este hombre me había de venir a ser de embarazo para mis bodas; quizá de la inquietud de su camino empezará la quietud de mi sosiego.

Vase Flora. Salen Teodoro, Molina, Cespedosa y Calvete

CALVETE	¿Al fin dice voacé que suele aquel mozuelo rondar estas rejas, y que no quiere que le sacrifiquemos en esta calle, sino que, sacándole della con buenas palabras pongamos en otra su matadero? Nosotros le excusaremos esta noche de no deber nada.
MOLINA	¿Cómo?
CESPEDOSA	Porque la mayor deuda es la de la muerte, y se la ayudaremos a pagar.
MOLINA	Mas ¿qué sería si les hiciese a vuesarcedes huir?
CALVETE	¿Qué llama huir? Apenas habremos visto al de la capa verdosilla[68] cuando haremos que, revolcado en su sangre, se vuelva roja.
MOLINA	Luego, tintoreros son vuesarcedes de paños; ¿adónde tienen el tinte?

---

[68] **Capa verdosilla**: *greenish cape*

CESPEDOSA   En esta espada, ¡vive Cristo! en esta espada; al fin él trae capa verdosa, por Dios que le hemos de marchitar la esperanza.
MOLINA   ¡Oh, qué amigo es vuesarced de verter sangre!
CESPEDOSA   También sabré yo matarle sin sacarle ni una gota sola, que a los amigos que quiero yo que mueran limpiamente los meto con mucha curiosidad una almarada[69] por cierta parte del cuerpo, y se quedan dormidos como si fueran unos pajaritos.
MOLINA   Luego ¿hombre es vuesarced que mata a sus amigos?
CESPEDOSA   Pues óigame voacé: la hora que ellos han de morir, cuando lo tienen determinado así sus contrarios, ¿no es mejor que lo haga yo y me lleve el provecho, y no un extraño, que los matará con menos voluntad y poco cuidado?
MOLINA   ¿No sería mayor amistad avisar al amigo para que se guardase?
CESPEDOSA   No, señor; porque yo debo guardar principalmente fidelidad al que me encomienda la muerte; porque de no hacerlo así se perdería el crédito y se acabaría nuestro oficio, siendo esto en daño de la comunidad de los que profesamos vivir matando.
MOLINA   ¿Y hay de vuesarcedes número señalado?
CESPEDOSA   No, señora; sino tenemos un superior, a quien reconocemos todos, con cuya licencia se hiere y mata.
MOLINA   Y el que mata sin licencia suya, ¿qué pena tiene?
CESPEDOSA   Yo diré a voacé. Hácese con esta distinción: si el que mata ejecuta entonces alguna venganza propia, ninguna: porque no es bien que a nadie se le aten las manos para sus mismas causas; pero si lo hace por oficio y no se examina primero, buscámosle todos en cuadrilla y matámosle a dedadas, a soplos, y aun solamente con el espanto de ver que venimos a matarle.
MOLINA   Notable jurisdicción.
CESPEDOSA   Conviene así para el buen orden de lo que se mata, porque

---

[69] **Almarada:** *sharp sword with three blades* (MOL).

	si no, se harían muchas muertes con poca justicia; acá, primero que se condene a hombre a muerte, se mira bien si la merece o no, y hasta que se justifique la causa no se ejecuta.
MOLINA	¿Y son vuesarcedes muchos?
CESPEDOSA	No, señor; porque el examinador es riguroso, y en no siendo personas muy hábiles no las aprueba, y así deste modo los negocios se hacen a satisfacción de las partes, y nosotros quedamos muy bien aprovechados; es verdad que de dos meses a esta parte nos ha impuesto una obligación nueva, pero muy piadosa, y es que manda que del dinero que nos dieren por cada muerte, le digamos tres misas al difunto, con que él es de opinión que esto se hace con buena conciencia y sin quedar ningún escrúpulo.
MOLINA	Con notables ignorancias viven estos hombres, y mayores es la de mi amo, pues se fía dellos; pero yo, con la capa verdosa que tengo prevenida, volveré a sacarle a él de tan ciego engaño, y a darles a ellos su justo castigo. Señor: yo me voy.
TEODORO	¿Dónde?
MOLINA	Al punto vuelvo.
TEODORO	¿Dónde se iría éste?
CALVETE	No le dé a voacé cuidado, que su persona más estorbaba que servía, y no es reputación nuestra que se diga que en compañía de tantos matamos a este mozuelo, a éste que, sólo el saber que pasea de noche con capa conocida y señalada, me ha puesto voluntad de pegarle, porque es demasiada confianza. Oye voacé, sor Cespedosa, paréceme que yo, como más antiguo, le entraré por el lado derecho, y voacé por el izquierdo, y atravesándole entrambas espadas toparemos punta con punta, dejando voacé a la mía el primer lugar.
CESPEDOSA	No reconozco antigüedad a voacé, porque en un día nos escribimos en el libro, y esto basta, que no es bien que hagamos pendencia por lo que no nos toca.
CALVETE	Pues, ¡cuerpo de Cristo con voacé! Si quedamos iguales,

	¿quién se ha de llevar la capa verdosa, que le estoy muy aficionado?
Cespedosa	Esa yo se la doy a voacé en cortesía, y más la daga, como yo me lleve el broquel y la hoja.[70]
Calvete	Toque voacé esa mano, que vive Dios que es buen amigo y bien partido; de esa suerte quedamos concertados.
Teodoro	Parece que he oído toser.
Cespedosa	Señitas[71] viene haciendo el caballero verderoncito; lo mismo es que haber dado aldabadas a la puerta de la muerte.
Teodoro	A toser ha vuelto.
Calvete	Déjele voacé que tosa, pues esta ha de ser la vez postrera.
Teodoro	Por Dios que entra pisando firme, y él es, que ya le he reconocido en la capa.
Cespedosa	Yo también, y me ha puesto mayor gusto de matarle el verle pisar brioso, pues por lo menos ocupa un hombre de bien sus manos y su espada en la muerte de un mozuelo alentado.
Calvete	Parece que él mismo se nos acerca, y es demasiado atrevimiento.
Teodoro	Señores: ya tengo advertido que no se ha de inquietar esta calle, y que me le saquen della con buenas palabras.
Calvete	Eso será conforme la ocasión que él nos diere; óiganle que no sé que ha dicho; mas ahora vuelve a hablar tan embozado que apenas sé si tiene rostro de hombre.
Molina	Oyen, hidalgos: déjenme libre la calle que la he menester desocupada para ocuparle en cosas de mi gusto.
Calvete	Este mozuelo debe de estar loco.
Cespedosa	¡Muera, muera!
Molina	Vosotros moriréis, gallinas; vosotros, pícaros en cuadrilla.
Cespedosa	¡Vive Cristo que lo toma muy de veras! Poco sabe de burlas Caballero: detenga la espada.
Calvete	¿Ya de qué sirve que la detenga si yo estoy mal herido? Pero no seré yo hijo de mi padre si le esperare el segundo golpe.

---

[70] **El broquel y la hoja**: *shield and sword*
[71] **Señitas**: *signals*

Cespedosa	Pues yo les deberé aún mayor victoria a mis pies, porque me tengo de ir aun sin haber recibido el primero.
Molina	¡Oh bellacos, oh viles! ¿Aquí me dejáis las capas y las espadas por que, embarazado con ellas, no os siga?[72]
Teodoro	¿Hase hecho a ningún hombre tan pesada burla? Este hombre ha reñido correspondiendo a las obligaciones de su sangre; pero déjame picado, y es fuerza que yo haga en él lo que éstos no han hecho. Deteneos, caballero; esperaos, Federico.
Molina	Ni soy caballero ni Federico. Molina soy que, buscando prestada esta capa verde, he querido fingirme Federico para que viendo vuesarced a sus ojos el presente estrago,[73] conozca que traía su vida entregada en las manos de la muerte, pues venía fiada a semejantes pícaros.
Teodoro	Oh amigo, dame los brazos; tú me has restituído por lo menos la reputación, que la hubiera perdido aquí si me encontrara con el verdadero Federico. ¿Qué se dijera mañana de mí en esta Corte? De un notable descrédito has librado con esta estratagema a mi fama; pero no puedo dejar de reírme en medio de la gravedad de tan justas veras, aunque parezca que mezclo con ellas las burlas.
Molina	Pues ¿de qué se ríe tanto vuestra merced?
Teodoro	De ver que habían hecho partición entre sí de la capa verdosa de Federico, y juntamente de su daga, broquel y espada, y hallo a tus pies, por trofeos, las espadas y las capas de los que blasonaban tanto;[74] de modo que dejaron aún mucho más de lo que llevar entendieron.
Molina	¡Jesús, señor! Está vuestra merced muy engañado; nunca

---

[72] Salas Barbadillo is parodying the **comedia de capa y espada** in which two men competing for the hand of the same woman resolve their dispute by using capes and swords. Traditionally, in the **comedia de capa y espada**, the cloaks are taken as a spoil by the victor. Here Cespedosa and Calvete cowardly run away when they are only verbally threatened by the man they believe is Federico, leaving their capes behind.

[73] **Estrago**: *ruin*

[74] **De los que blasonaban tanto**: *those who boasted so much*

	creyeron ellos menos, sino que se persuadían a que nunca había de llegar la ocasión.
TEODORO	¿Qué te parece que hagamos destas capas y espadas?
MOLINA	El trofeo es tan ruin, aunque habido en buena guerra, que, supuesto que viene a ser el vilísimo despojo de unos pícaros, es bien dejarle en el suelo, de donde le alcen otros de su calidad y condición.
TEODORO	Por Dios, señor Molina, que por notable camino ha llegado vuesarced a quitar capas.
MOLINA	Yo no se las quité, que ellos se las dejaron; dejando esta vez en mis manos lo mismo que ha quitado a tantos de los hombros.
TEODORO	¿Sabes que me parece, que ya que dejamos las capas por ser tan infame ropaje, y que estará sahumado con pastillas de Alaejos y Sanmartín,[75] nos llevemos las espadas por si acaso hubiere alguna dellas digna de que se la ciña un hombre de bien.
MOLINA	Obedezco a vuestra merced, aunque yo no me ceñiré ninguna dellas, aunque sea del mismo *Ioannes me fecit*,[76] porque estos cobardes la habrán enseñado su propio oficio.

Vanse. Salen Flora y Camila

CAMILA	Ya me valen tus bodas una joya muy rica. Mira se las desea Teodoro, pues procura comprar las esperanzas dellas a tan lucido precio.
FLORA	Ahora solicita lo que es imposible, y pretende conquistar con ruegos y dádivas lo que está muy lejos de tener efecto.
CAMILA	¿Cómo? ¿Has mudado de opinión?
FLORA	Oye y advierte: Yo consulté el caso deste matrimonio mío

---

[75] **Sahumado con pastillas de Alaejos y Sanmartín:** *perfumed with wines from Alaejos* (Valladolid) *and San Martín de Valdeiglesias* (Madrid). *These were two fine wines during this period.*

[76] **Ioannes me fecit**: *John made me.* This is an allusion to an inscription on swords made by the famous Cuéllar artisan, Juan de Lobíngez (Sieber 83).

con un letrado muy amigo, y me dice que no será válido, y que podrá anularse siempre que Teodoro llegue a entender el engaño que se le ha hecho dándole mujer diferente de la que él piensa; y que para desposarme conforme a lo que tiene recibido la iglesia tengo de decir los verdaderos nombres de mis padres y el mío, y juntamente su naturaleza y calidad; según esto, toda nuestra industria y estudio queda en vano, mas tengo un espíritu tan alentado y brioso, que nunca he desesperado del buen logramiento desta empresa. Oye que el que viene es Teodoro; escucha, por Dios, que ya entra acompañado de Molina, y verás mi resolución gallarda.

TEODORO ¿Era tiempo, señora prima, que vuestra merced me permitiera la amena vista de su rostro, cuya belleza florida eterniza Abriles y Mayos?

FLORA Señor don Teodoro, ya ha llegado el día en que yo, contra mi naturaleza y costumbres, tengo de hablar desengaños; yo soy la misma que en Cantillana vuestra merced llamaba el Sol de Egipto; hija de padres tan humildes como el mundo conoce, heme mudado el nombre y apellido por encubrir, viéndome con hacienda, la mala voz de mi fama; viva soy, nadie lo dude, que las cartas que vinieron de Zaragoza testificando mi muerte yo las fingí y hice echar en el correo; según esto, ni vuestra merced me querrá por esposa, ni yo me desconsolaré de la pérdida, porque con mi hacienda y mi cara hallaré muchos dueños conforme a mi calidad.

TEODORO Señora, señora: ¿qué dice vuestra merced?

FLORA Señor, señor: lo que digo es cierto.

TEODORO Muerto soy, Molina, si no me llevas en brazos hasta el coche; en esto no sé qué me crea ni qué me dude.

MOLINA Vamos, señor, que en casa diré a vuestra merced lo que en este negocio siento.

FLORA Este hombre va con la disposición que yo he menester. Tú, amiga, has de llegarte luego a su casa (asegurándote, si concluyes mi pretensión, mil escudos de oro que están en aquella escribanía, que te los daré con ella propia); dirásle, pues, que esto que aquí le he dicho no es verdadero, sino engaño y ficción para quedarme libre y casarme con Federico, de quien le asegurarás que estoy muy enamorada; porque si la pasión le ciega, podrá ser que se arroje de golpe, y se precipite con facilidad; que los celos sobre tanto fundamento de amor suelen hacer prodigios grandes. Si se casa, desengañándole yo delante de los testigos y el párroco, aunque tú le engañes, será el matrimonio válido; y si después de ti formare queja y te dijere algunas injurias, podraste desagraviar con los mil escudos, que yo ya entonces te habré dado, y reírte de sus amenazas.

CAMILA Has discurrido tan aguda, tan asadamente, que lo que dilato la ejecución de tu pensamiento le ofendo. Voy luego volando, por que no pierda por mi pereza lo que por sí propio merece.

Vanse. Salen Teodoro y Molina

TEODORO Huye de mí, Molina, que por lo bien que me has querido me pesa hacerte partícipe deste veneno que traigo en el alma; todo soy peste, todo fuego. ¡Qué gran desdicha es para los tristes que no pueden tener otro consuelo hallar dificultades en la muerte! Parece que cuando es más necesaria se niega como imposible una cosa que en todos es tan natural, y que forzosamente habemos de pasar por ella. ¿Qué sientes de aquella respuesta? Dime, por tu vida, ¿qué te parece?

MOLINA Señor: en mi opinión mucho tiene de engaño y embuste, pues pienso que, como mi señora y tu prima muestra tan buena voluntad a su primo Federico, y tiene noticia por vuestra merced propio de aquella Gitanilla de Cantillana y de lo mucho que las dos se parecen, ha levantado esta fábrica espantosa. ¡Jesús, Jesús, y qué agudo es el ingenio de las mujeres para un enredo!

TEODORO En peor estado está siendo de esa suerte.
MOLINA ¿Por qué?
TEODORO Porque eso viene a consistir en falta de voluntad, y la suya

	es tan libre que será imposible vencerla.
Molina	Todas las cosas son al ingenio del hombre posibles.
Teodoro	Sino es ésta, porque la voluntad de una mujer, cuando es tan gallarda, ni se sujeta ni se persuade.
Molina	Señor: aquella silla que entra en casa es de Camila; sin duda que viene a ser embajadora de algunas alegres nuevas.
Teodoro	Bajemos a recibirla hasta el zaguán, y tú abre con esta llave los aposentos bajos, porque quiero excusarla el trabajo de subir las escaleras.
Molina	Por mayor y más penosa escalera le ha llevado ella a vuestra merced, pues le hace subir por una esperanza tan larga.
Teodoro	Siempre el amor dilata sus conquistas por ilustrar más con esto sus hazañas.

Vanse. Salen Flora y Federico

Federico	Aunque aquel preso, haciendo más de lo que de él se esperaba, negó en el tormento, es fuerza irme, porque estoy muy culpado de muchos indicios y no pocos testigos. Esta cadenilla que me has dado para alivio de mi vida te agradezco mucho, que, aunque a quien anda receloso de verse puesto en las cadenas de una prisión pudiera servirle de agüero, el ser ella de oro todos los agüeros quita. La traza que has elegido para la conclusión de tus bodas es ingeniosa, y me parece imposible que deje de tener efecto, y a fe que no haga ningún daño que cuando llegue aquí Teodoro te vea conmigo, pues, encendido en más graves celos, se persuadirá con mayor facilidad a las razones de Camila.
Flora	Óyete que estos que vienen son ellos. Apártate aquí a un lado, y escucharás las razones que viene diciendo.
Molina	Ya yo le había prevenido a vuestra merced, antes que llegase a casa la señora Camila, de que esto era embuste; malo está de conocérsele a mi señora doña Flora en la gravedad de su semblante que es mujer principal y noble.
Federico	Aun éste, con ser tan astuto y socarrón viene engañado.
Flora	Gracias a Camila, que habrá hecho su papel ingeniosísima-

mente.
TEODORO	Por Dios que está mi prima con su primo Federico.
CAMILA	Mucho me temo que nos hayan ganado por la mano.
TEODORO	Por si no lo han hecho quiero yo adelantarme: ¡Mi señora doña Flora, prima, hoy es el día que vengo a celebrar bodas con vuestra merced!
FLORA	Ni yo soy prima de vuestra merced ni me llamo Flora. Según esto nuestras bodas no podrán celebrarse, porque mi nombre es Gabriela y mis padres unos gitanos humildes.
CAMILA	Oye, que vuelve a la porfía.
MOLINA	Ya esta es más obstinación que agudeza; vuestra merced procure revencerla con el modo que le tengo aconsejado.
TEODORO	Yo acometo con toda resolución. Señores: sean vuestras mercedes todos los que están presentes testigos como yo don Teodoro doy la mano de esposo a la señora Gabriela, constándome que es hija de padres gitanos y humildes.
FLORA	Testigos son vuestras mercedes todos los que lo oyen.
TODOS	Sí, señora.
FLORA	Pues de ese modo, yo le doy la mano.
MOLINA	Vive Dios, que ha dado la mano con mucha facilidad, y que me hace sospechar que es verdad lo que ella nos dijo de sí, y que lo tuvimos por mentira.
TEODORO	Si lo fuere ya está hecho; no hay sino tener prudencia y silencio; volverme con ella a las Indias, donde pasará por mujer de la calidad que yo quisiere darla, que verdaderamente yo estaba tan enamorado, que esto no podía tener otro medio para mi remedio.
FEDERICO	Vuestras mercedes se gocen muchos años, que yo desde aquí tomo la posta y me parto a Barcelona.
TEODORO	Este se va despechado y celoso de haber conseguido el bien que yo poseo; según esto, mi esposa no es tan humilde como se hace.
MOLINA	Sin duda, y presumo que debió de hacer esta ficción para ver hasta dónde llegaba la fineza de la voluntad de vuestra merced
TEODORO	Todo lo hemos atropellado; ruego a Dios que nos haya dado

	lo que más nos conviene.
FLORA	Esta llave, amiga Camila, es de la escribanía que te ofrecí con los mil escudos de oro que dentro tiene; haz que te la lleven luego a tu casa, segura de que siempre hallarás en la mía buena voluntad y correspondencia.
CAMILA	Mil años te goces con todas las felicidades que se suelen juntar en un buen casamiento, y de aquí adelante, pues tan bien has sabido valerte de tu entendimiento para tu bien, no te llamen la Malsabidilla, pues con esto te apartas de todo mal, sino la sabia y prudente Flora.[77]

FIN

---

[77] Now that Flora has confessed, is married, and finally a woman with social status, she has lost the name **malsabidilla** and will remain simply **sabia**. This ambiguous conclusion seems to problematize the successful ascent of the **gitana** to **dama** and her impending trip to the New World where she will not be questioned about her lineage.

Albanio a Laura

Silva

 Templado mi instrumento
para tus alabanzas, Laura mía,
a las musas provoca y desafía
siendo justo y loable atrevimiento,
porque en la ocupación de tu alabanza
se califica más mi confianza.
¿De qué no fuera liberal contigo
mi generoso amor? ¿Qué no te diera
si ejecutar su voluntad pudiera?
Del laurel donde halla verde abrigo
el ruiseñor, que muestra más verdores
en sus plumas retratos de las flores:
deste que con sus ramas imperiales
a los reyes corona la cabeza,
estrado fabricara a tu belleza
sin dar admiración a los mortales,
porque en ti nada puede ser exceso.
Del águila, monarca de las plumas
violadores del viento,
que impera en la inquietud deste elemento
y no rinde su vista
a los rayos del Sol, que a más violencia
hace más generosa resistencia;
desta prodigio hermoso, a tanto hermoso
elemento lucido
la orgullosa altivez sacrificara,
con que en mayor empleo la ocupara;
que cuando se avecina a las esferas,
émulo de mudanzas tan ligeras,

y allí entonces su vista penetrante
cediera a tanta luz, y deseara
que fuego tan suave la abrasara.
Del clavel que se emplea
en la vista y olfato,
que a ella con sus galas la recrea,
ya él está con sus colores grato:
deste halago suave,
deste de campos cultos fiel decoro
a quien confía el Mayo su tesoro,
la presunción rindiera,
con que de sí ha creído
que es la mayor beldad que ha conocido
mortal naturaleza
propagando su honor en su belleza.
Y no sólo en la tierra me quedara,
pues subiendo a los cielos
que, sin tener envidias visten celos,
entre fijas y errantes
estrellas te ofreciera
la que hace alcázar de la cuarta esfera,
cuyos rayos triunfantes,
siendo fuente de luz, honran al cielo
y administran belleza a todo el suelo.
Mas ya que es imposible
a mi mano ofrecerte
esto, que aún juzga el ánimo pequeño
don para ti, de más grandezas dueño,
pues vale más un alma
que todos los demás caducos bienes,
y tantas presas en tus lazos tienes,
del ingenio que es parte
del alma la más noble,
este parto consagro a tu belleza,
porque en naciendo goce de nobleza.
Que tal vez divertida

de las varias labores
con que produces en el lienzo flores,
siendo pincel la abuja
que copia cuanto fértil, cuanto ameno,
el magnánimo Abril concede al prado
que fue del hielo bárbaro ultrajado,
darás algunas horas
al estudio de libros diferentes,
no para que en prudencia te acrecientes,
sino para premiar los estudiosos
que alegres y animosos
escribirán con nueva gallardía,
viendo que les espera
amanecer tal día
que les ha de premiar la lisonjera
luz de tus bellos ojos,
que nadie ha pretendiendo más despojos.
Recibe mi deseo,
y en él también recibe
el alma que en tu luz alienta y vive,
hasta que llegue el día
que todo me conceda a tu alabanza,
porque me adula tanto mi esperanza,
que esta gloria me ofrece
y con empresa tal me desvanece.
Cantaré tus vitorias
juzgadas imposibles
por ser a nuestros ojos invisibles,
que las almas rendirse a tus ardores
no pueden ser vitorias exteriores:
cuanto más escondidas
dignas de mayor precio y de más fama
por ser su autor tan generosa llama.

Printed in the United States
77438LV00002B/319-366